ESE INSTANTE

SILVIA CHEREM

T0281948

ESE INSTANTE

SILVIA CHEREM

En un segundo la vida se fractura y todo se desgarra:
crónicas sobre una mujer que sobrevivió a un tsunami;
el infierno del atentado a las Torres Gemelas;
la cuadriplejia tras un accidente mortal inverosímil;
dar a luz con sida; la desaparición de una hija,
y tres muertes y una resurrección por covid-19.

Prólogo de David García Escamilla

AGUILAR

Ese instante
En un segundo la vida se fractura y todo se desgarra: crónicas sobre una mujer que sobrevivió a un tsunami; el infierno del atentado a las Torres Gemelas; la cuadriplejia tras un accidente mortal inverosímil; dar a luz con sida; la desaparición de una hija, y tres muertes y una resurrección por covid-19.

Primera edición: abril, 2021
Primera reimpresión: mayo, 2021
Segunda reimpresión: julio, 2021
Tercera reimpresión: septiembre, 2021
Cuarta reimpresión: octubre, 2021

D. R. © 2021, Silvia Cherem

D. R. © 2021, derechos de edición mundiales en lengua castellana:
Penguin Random House Grupo Editorial, S. A. de C. V.
Blvd. Miguel de Cervantes Saavedra núm. 301, 1er piso,
colonia Granada, alcaldía Miguel Hidalgo, C. P. 11520,
Ciudad de México

penguinlibros.com

ISBN: 978-607-380-041-9

Impreso en México – *Printed in Mexico*

A Karen, Laura, Fritz,
"Sofía", los Rishpy y Chava,
guerreros invencibles,
este libro se lo debo a ellos.

A todos los míos,
con el deseo de que
esos instantes imprevisibles
no acuñen el rumbo,
no nos derroten.

En especial a Silvia, Moy, Giselle, Nicole,
Moisés, Sylvia, Andrés y Vivian,
porque me emocionan sus caritas gozosas
cuando ven su nombre impreso
en las dedicatorias de su Abui.

Y a Moy, siempre a Moy.

Índice

Índice

Prólogo

Ese instante

Todos somos sobrevivientes. O casi todos. Tenemos cicatrices para probarlo, físicas y emocionales, memorias que a veces preferiríamos olvidar, dolores agudos clavados en nuestro vivir y pérdidas que, de sólo nombrar, avivan la herida. Para hacer reír a Dios, como todos sabemos, basta con hacer planes. Imaginarnos la vida y vivirla como si ya la hubiéramos recorrido. Pero cuando el camino pierde lo lineal, nos salimos en una curva y la vida como la conocemos cambia *en un instante*; asimilar la nueva realidad toma mucho tiempo, y aceptarla, más.

Cuando era pequeño, en un caluroso día de verano del sur de México, mi hermana y yo nos subimos al techo de la casa en que crecimos para bajar una pelota atorada en una enorme y florida planta de buganvilia. Yo tendría unos seis años y mi hermana, diez. Recuerdo escalar por un árbol, llegar al techo y tomar la pelota con profundo orgullo de haberla rescatado; luego dirigirme muy seguro hacia la otra orilla del techo para bajar. De repente las láminas se abrieron. Era un niño extremadamente delgado, pero por suerte no cupe en la abertura que mi peso provocó y quedé suspendido a unos seis metros sobre el piso del garaje. Ese instante pudo cambiar mi vida, o terminar con ella.

Hoy es sólo una anécdota, pero recuerdo la sensación de estar a punto de caer al vacío como si hubiera sido hoy mismo. ¿Cuántas veces hemos tenido esa sensación? ¿Cuántas veces se ha quedado en eso y cuántas ha pasado a ser una nueva realidad en un instante? Las historias que escribe Silvia Cherem dan cuenta de ello, del punto sin retorno, de *ese instante* en que no hay vuelta atrás. Da cuenta de sobrevivientes que decidieron, de forma plena y consciente, tomar en sus manos las riendas del futuro a pesar de que nada parecía jugar a su favor.

Dueña de una pluma prodigiosa y exhaustiva, Silvia narra seis historias con el eje conductor de un cambio de ruta inesperado, doloroso, determinante, pero no siempre sinónimo de destino. Es posible a veces apostar por la revancha. Las fuerzas físicas puestas al límite, los diagnósticos médicos retados, las lágrimas contenidas y las que no. Urgidos a vivir, el dolor lo pone a uno exageradamente receptivo, emulando a Benedetti. Hay quien maldice a Dios, pero lo cierto es que no hay ateos en las trincheras.

Como dice Silvia, a veces uno quiere llorar como si todas las lágrimas del mundo le pertenecieran. La recuerdo perfectamente la primera vez que la vi. Atorada en una situación editorial imposible, lo legal pesaba, pero no recuerdo que nada de eso haya minado la pasión con la que habló de otra sobreviviente, Esperanza Iris, para que su libro fuera publicado en Penguin Random House.

Estoy convencido de que uno escribe mejor de quien se parece a uno, por eso Silvia logra un libro que estruja el corazón, que coquetea con la fuerza de una novela de ficción, pero con la potencia inigualable de la realidad.

Ese instante es prueba de que vale la pena aferrarse a la esperanza cuando la realidad se nos estrella en la cara y, a pesar de visitar el infierno, volver.

David García Escamilla
Ciudad de México, otoño de 2020

Agradecimientos

La intención de publicar *Ese instante*, libro de crónicas de sobrevivientes, fue una constante durante años en mi "página de pendientes", esos listados que casi semana a semana actualizo, donde mezclo por igual cosas simples —anotaciones de trabajo diario, regalos de cumpleaños, propuestas por cumplir, llamadas a amigos o enfermos— con proyectos de largo aliento.

Mi plan era escribir un libro de crónicas que incluyera a personas que habían marcado mis días por su valentía frente a la tragedia. Vidas cimbradas por un relámpago repentino y estridente que detonó todas las certezas y que, con optimismo, tesón, resiliencia y visión de futuro, lograron reconstruirse. Amigos queridos que depositaron su confianza en mí, haciéndome partícipe de su dolor, de los miedos que roían sus entrañas, de su entereza para enfrentar ese instante fulminante que los había resquebrajado. Héroes que, de las cenizas y los escombros, forjaron barro nuevo para aferrarse a la vida.

A finales de diciembre de 2019, desayuné con David García Escamilla, mi querido editor y amigo, para brindar por el año que venía y plantear proyectos a futuro. Sentados en la comodidad de nuestras magnas aspiraciones, estábamos muy lejos de imaginar que 2020 sería un parteaguas, un año en el cual se detendría nuestro tren en marcha. Arrastrados por una locomotora de responsabilidades y deseos, zarandeados a merced por la rutina, conducíamos a toda velocidad nuestras existencias individuales y colectivas sin anticipar que el mundo se frenaría de tajo, doblegado ante la presencia de un minúsculo virus con corona, ese covid-19 que aún hoy dicta un severo ultimátum: llevarse consigo nuestras vidas y sueños, nuestras soberbias humanas.

David y yo barajamos planes, preocupaciones y aspiraciones. Le conté que en 2020 me volcaría a escribir varias cosas. Comenzaría la investigación para una novela sobre un tema histórico que a él le pareció interesante; elaboraría una serie de memorias de viajes con fotografías y, especialmente, concentraría mi energía en un libro de crónicas de sobrevivientes —este libro que hoy, querido lector, tienes en tus manos.

Ese instante convida las historias de protagonistas que, no obstante haber sido fraccionados por la desventura, decidieron sobrevivir. Luchar contra el dolor. Baldear el sufrimiento. Reinventarse con el impulso de haber visto frente a frente la mirada sedienta de la muerte.

Mi intención era entender, contextualizar, sentir en lo posible el sufrimiento que trae consigo la adversidad, esa que siempre acecha, esa que se esconde en una esquina ciega del destino y que, en un descuido, desperdiga ramalazos sin la menor compasión. Mostrar que la vida, por su condición azarosa, pende de hilos invisibles y endebles; que un simple instante puede romper las certidumbres para trastocarlo todo: la trama y la urdimbre, para reescribir pasado, presente y futuro, para brindar nueva autoridad a piezas del rompecabezas que, antes de la tragedia eran invisibles en el laberinto de la vida. Esos signos, letras y grafías que cobran nueva relevancia entre las huellas del camino.

En mi página de pendientes estaban estas historias que incluí, pero también enumeraba otras más, aún por escribir: el relato de una conocida que sobrevivió a un acto terrorista en África; el de un muchacho que fue destazado por un tiburón mientras surfeaba; el de una secuestrada que aún carga las piezas desordenadas de su penuria; también, la increíble historia de un narco que se enriqueció hasta la locura, cayó en la cárcel en Estados Unidos, se volvió testigo protegido y, finalmente, se regeneró abrazando esposa e hijos.

Sin medir las dimensiones del libro que pensaba escribir, cavilaba incluso que en *Ese instante* cabrían las semblanzas de grandes líderes con quienes tuve el privilegio de conversar largo y tendido, personas que se reinventaron a partir de las tragedias que dicta la historia humana, las pasiones y vilezas del poder. Me refiero a Elie Wiesel, sobreviviente del Holocausto; Sergio Ramírez, líder intelectual del sandinismo que sobrevivió a la ilusión perdida de la gran revolución, o Huber Matos, quien padeció cárcel, torturas y delirio a manos de Fidel Castro, su excompañero de luchas, con quien, en tiempos de rebeldía juvenil, había soñado con la gran utopía.

En febrero, un mes antes de que la pandemia nos paralizara para zarandearnos e insertarnos como actores en el escenario de una película de ciencia ficción sin final previsible, comencé a escribir de manera febril. A la primera que llamé fue a Karen Michan, sobreviviente del tsunami. Quería yo su venia para reescribir el texto seriado que había publicado en el periódico *Reforma* a un año de la tragedia, a fin de convertirlo en pieza fundamental de este libro. En 2005, Karen y sus padres, satisfechos con la publicación en *Reforma*, me habían pedido lacrar el archivo, evitar nuevas publicaciones a fin de que Karen pudiera "comenzar de cero": volver a casarse, tener familia, iniciar el futuro sin tacha. Pensaban que, con esa divulgación masiva, se cerraba el capítulo, se le había dado carpetazo, se finiquitaba el dolor.

En febrero de 2020 quise suponer que los quince años transcurridos de entonces a la fecha habían sido cuota suficiente para constatar que aquel tsunami no podía sellarse por decreto. Sospechaba que era una figura imborrable, una presencia permanente, un parteaguas desde donde Karen escribía la plana de cada día. Karen se había vuelto a casar, había sido mamá, también se había divorciado. Imaginaba yo que a su historia, tan leída en universidades, le había llegado el momento de ser parte de un libro. Karen estuvo más que de acuerdo. Por ello, rescaté notas y grabaciones, nos pusimos al día, refrendamos el cariño y la amistad, y colocamos en la perspectiva que dicta el tiempo el sentido de aquella catástrofe.

Llamé luego a Laura Iturbide, cuyo testimonio lo había publicado en una versión recortada en *Reforma* en 2006, a cinco años del criminal atentado contra las Torres Gemelas. Tenía blocs enteros de nuestros encuentros, posibilidades de narrar con nuevos ojos y palabras más precisas lo sucedido. Juntas recorrimos una vez más los pasos de aquella maldita transgresión humana que tantas vidas cobró. Nos inspiró, sobre todo, la conciencia de la gratitud. Haber sobrevivido aquella catástrofe sigue siendo para Laura —como lo es también para Karen— un diario recordatorio para sopesar la vida, para sonreír por el privilegio de amanecer cada mañana.

A Fritz Thompson lo conocí en 2008, si bien él no padeció un desastre natural ni las consecuencias de un atentado terrorista, es el ejemplo vivo de que todas las certezas pueden desaparecer en un instante, en su caso el momento en que una camioneta le cayó encima. De ser un joven con logros, sueños y conquistas, Fritz se convirtió en un harapo, en un despojo, en un cuadripléjico dependiente, incapaz de hallar dignidad en su vida o futuro previsible. Fritz, sin embargo, sacó la casta con la prueba más dura de su existencia y mostró que hasta la realidad más oscura puede revertirse, tener otro sentido, si hay disciplina, tesón, férrea voluntad y deseos de no claudicar. Y aun superando con inmenso sacrificio este accidente gravísimo, la vida lo volvió a probar con otro suceso mortal devastador.

Fritz y yo hemos mantenido una estrecha amistad a lo largo de más de una década. Agradezco haber sido testigo de su júbilo al ser padre, lo acompañé durante su proceso de divorcio, también, al despedir a su madre. Lo ayudé a editar sus libros, a presentarlos y, durante años, casi siglos, mantuvimos en el tintero el deseo de que yo escribiera su historia a mi manera, con mis lentes, con mi espejo y mirada, misma que hoy incluyo en este libro.

Sofía —simplemente Sofía, porque aún vive con miedo al estigma del virus de inmunodeficiencia humana— me confió sus más íntimos secretos con la consigna de que, cuando su hija fuera mayor de edad y estuviera al tanto del horror que ella había padecido, yo los hiciera públicos. Su testimonio quedó guardado en mi archivero durante trece años, en espera de un mejor tiempo. Para incluirla en este libro, la busqué hace unos meses especulando que quizá ella era ya una conferencista exitosa en el tema del sida. Para mi sorpresa, su anonimato sigue vigente, no así su negativa de hacer pública su historia velando algunos datos, como lo he hecho.

Con los Rishpy, Dania y Dror, mantengo correspondencia desde octubre de 2007. Los conocí seis meses después de la desaparición de su hija Dana, una israelí que se evaporó del mundo cuando vacacionaba en las playas mexicanas de Tulum. Tras una investigación a fondo, publiqué una crónica seriada en *Reforma*, que condujo a nuevas pistas. Sin embargo, el enigma sigue abierto y publicar su historia en este libro lleva implícita la necesidad de hablar de los feminicidios en México, una realidad que crece de manera proporcional al desdén de las autoridades. Durante años he mantenido la fantasía de cerrar el círculo de lo ocurrido a Dana para que sus padres puedan rezar un *Kadish* por ella, la plegaria en memoria de los muertos en la religión judía. Ellos ya no abrigan la esperanza de encontrarla viva, pero, hasta no saber lo sucedido, no podrán realizar el panegírico para que su alma descanse. Para vivir ellos en paz.

Hasta el último momento se integró la historia de Salvador Rivera, valiente adversario del covid-19, quien casi fuera de este mundo logró, como en un acto milagroso, vencer al demonio invisible de la pandemia.

Con esas seis historias, pulidas en plena reclusión durante la pandemia del covid-19, de frente a una de las adversidades más severas que se han vivido en tiempos modernos, me di cuenta de que, con varios cientos de páginas escritas, este primer libro de crónicas de sobrevivientes estaba completo. Es redondo, no cabe un relato más. Las otras crónicas que barajeé tendrán que esperar su tiempo, formar parte de otros libros que escriba en el futuro.

Lo que ni David García Escamilla ni yo concebimos aquella mañana decembrina que brindábamos por la vida fue que *Ese instante* llegaría en un momento justo para ser una necesaria fuente de inspiración. En este instante puntual en que la vida aún parece negra y cerrada.

Hoy cuando el camino amenaza con cortarse de tajo, los protagonistas de estas historias son modelos para seguir. Cada uno a su manera nos enseña que, con voluntad y agallas, inteligencia y fortaleza, podemos hallar veredas para renovarnos, para emprender el rumbo con humildad, para descubrir que el tiempo también ayuda a sanar. Como Fritz me dice a menudo: "La tragedia me enseñó una lección fundamental: a sonreírle al mal tiempo, a no detenerme, a esforzarme cien veces más."

Mi agradecimiento a los protagonistas de estas historias. También a Penguin Random House, la mejor editorial, mi privilegio. En especial, a Roberto Banchik Rotschild, su director; a David García Escamilla, director editorial quien, además de ser impulso y aliento, prologa esta obra con su generosa pluma; a la excelente diseñadora Amalia Ángeles y a César Ramos, un lujo en la edición de mis libros. Asimismo, al grupo de edición, al comercial, al de mercadotecnia, prensa y ferias, siempre solidarios y cariñosos.

Agradezco a Linda Cherem, mi adorada mamá, quien, como solía hacer mi papá: el ingeniero José Cherem, a quien tanto extraño, fue la primera en leer amorosamente todo el manuscrito en búsqueda de erratas. Mis suegros, Raquel y Salomón Shabot, cariñosos y solidarios, también lo leyeron durante el encierro en su casa. Dicharachero y simpático como es aún hoy a sus 92 años, el Chapo, como todos conocemos a mi suegro, me decía continuamente: "Está buenísimo, apúrate a sacarlo, no te lo vayan a madrugar..."

Moy, mi esposo, es mi amoroso cómplice, está a mi lado en cada paso, en éste y en todos los recorridos. Mis hijos: Salo, Pepe y Dorit, Raque y Jony son mi sostén, mi esperanza, son continuidad y gozo en la vida. Igualmente, sus peques, que están al pendiente de cada aventura de su Abui. Como les digo hoy, como les digo siempre, los amo y, en estos tiempos "covidianos", lo que más extraño es darles abrazos apretados, comérmelos a besos: Silvia, Moy, Nic, Gis, Andy, Moisés, Sylvia y Vivian.

Mis Amigas del Libro, como nos llamamos a nosotras desde hace treinta años cuando escribimos *Imágenes de un encuentro*, leyeron con cuidado cada línea y agradezco, como siempre, cada uno de sus comentarios y consejos, su ojo para detectar erratas fundamentales. Gracias: Esther Shabot, Ariela Katz-Gugenheim y Paloma Sulkin, porque sus reflexiones puntuales dieron precisión al texto, sumaron con creces. Por supuesto, no puedo dejar de mencionar a nuestra adorada Frida Staropolsky-Shwartz, quien hubiera sido la primera en leer un millón de veces cada letra escrita y, como solía hacerlo, me hubiera llamado para dictarme observaciones, siempre atinadas. Extraño sus telefonemas que siempre iniciaban con un cariñoso: "Silvina", como ella solía llamarme. Asimismo, Nadine Markova hubiera estado cerca con su pasión, animando cada línea, cada guiño.

Dana Gabriela Cuevas Padilla, Danita, lleva años de ser mi compañera en el proceso de investigación y corrección de mis manuscritos. Siempre le estaré agradecida por su cariño, su lealtad y su inteligencia. Mi muy querida amiga Lourdes Christlieb, talentosísima fotógrafa, me empujó a aceptar mis chinos, me puso en manos de Francisco Iglesias, decidió mi paleta de colores y capturó mi retrato "al natural" para la solapa de este libro. A Silvia Kalach y a mi hermana Sary, también les agradezco su cariño, su presencia y su lectura.

Al periódico *Reforma*, especialmente a Lázaro Ríos, René Delgado y Rosa María Villarreal, mi gratitud eterna. Asimismo, a quienes me ayudaron a llegar con algunos de los entrevistados en este libro o me brindaron información para completar los trabajos. En el caso de la historia del tsunami: la terapeuta Luna Nissán Barlavi, el rabino Abraham Tobal, Rafael Levy, Oshra y Eduardo Michan, padres de Karen. Mayra Ortega, mi compañera de primaria, me presentó a Laura; el doctor Francisco Moreno Sánchez, a Sofía. A Fritz lo conocí gracias al IPADE y, para escribir su historia, conversé largo y tendido con el neurocirujano Salvador Ruiz, el ortopedista José Cuéllar, con Leni Lenz de Thompson y Veronika Thompson Lenz, madre y hermana de Fritz. Asimismo, con Nelly Álvarez, quien fuera su pareja, con Eduardo Rivera Pérez, el diputado que presenció el accidente, y con Alberto Lenz, quien me corroboró algunas historias de la familia.

En el caso de Dana Rishpy, mi gratitud a Dania y Dror Rishpy, a Yosi Livne, el entonces embajador de Israel en México y al cónsul Itzhak Erez. También a los investigadores, amigos de la familia, testigos e informantes: David Dafni, Paul Lozada, Mark Stern, Mercedes Savignon, Amalia López Denigris, Eduardo Margolis y a quienes de manera anónima me ayudaron a obtener los expedientes que el gobierno se negaba a transparentar.

Para la historia final, agradezco mucho las largas horas de revelaciones de Salvador Rivera, gracias por su alegría inmensa de vivir. Gracias también a los doctores Francisco Moreno Sánchez y Raquel Mendoza, piezas fundamentales para entender la gravedad del milagroso caso.

Gracias a mis hermanos, a mi familia y, en especial, a mis amigas, cómplices amorosas en el camino. Gracias a todos ustedes, queridos lectores, que me brindan su cariño solidario para seguir adelante. Espero que disfruten *Ese instante*. Lleva impresa mi alma y mi pasión, también la de mis entrevistados que desafiaron la adversidad y nos brindan un ejemplo de vida, justo cuando es más necesario, cuando la fatalidad, la soledad, la desesperación y el cuestionamiento en torno al mañana están más presentes que nunca.

Hoy, cuando la vida está en pausa. Hoy, que nos mantenemos en vilo constreñidos a una hibernación forzada. Hoy, cuando cada uno de nosotros tendremos que sacar nuestra mejor versión, primero para sobrevivir, luego, para reinventarnos como humanidad, aventuro a que los protagonistas de *Ese instante* serán nuestro asidero.

Silvia Cherem S.
Ciudad de México, tiempos de "Su-sana distancia"
diciembre de 2020

El tsunami
de Karen y Jacobo

Sola en la hecatombe

Cuando la ola del tsunami los alcanzó, Karen y Jacobo se abrazaron por última vez. La fuerza y la velocidad del agua eran fulminantes, arrastraron a Karen en un remolino de escombros, troncos voladores, plantas extirpadas y cuerpos sin vida.

A punto de morir ahogada, su vida comenzó a proyectarse como un carrusel de imágenes, una tras otra. En un instante milagroso logró sacar la cabeza del agua, boqueó, jadeó y aspiró profundo, pero el mar, voraz e inclemente, traicionero y rencoroso, volvió a atraparla. La succionó sin compasión.

Minutos después, la marea comenzó a bajar y, sin entender qué le había sucedido, Karen quedó flotando entre cientos de sandalias anónimas y cuerpos inertes, en un marasmo de agua contaminada por letales desechos terrestres: techos, camas, ventiladores, pilotes, sillas, sombrillas, palmeras cocoteras...

Cuando al fin halló suelo, el mar la dejó de pie sobre un colchón. Estaba sola, sola en medio de la hecatombe.

—Jacobo, mi amor. ¿Dónde estás, Jacobo? Mi vida... ¡Jacobo!

Karen Michan fue una de las contadas personas que sobrevivió a la ola del tsunami que el 26 de diciembre de 2004 devastó el sureste asiático y borró del mapa islas y poblados, ensañándose con

21

Indonesia y Tailandia. Se contabilizaron en la zona alrededor de trescientos mil muertos. Entre ellos estaba Jacobo Hassan, el esposo de Karen. Ese viaje era su luna de miel.

En noviembre de 2005, a casi un año del tsunami, reconstruí con Karen su historia que fue publicada en los periódicos del Grupo Reforma a manera de crónica en siete entregas, comenzando el lunes 26 de diciembre de 2005, en el primer aniversario de la tragedia, hasta el 1 de enero de 2006.

A Karen, a quien yo no conocía, la contacté a través de Luna Nissán-Barlavi, su terapeuta, a quien convencí de hacer pública la historia arguyendo que podía ser un último eslabón en el proceso de sanación. Especialista en terapia de choque, Luna había comenzado a atender a Karen por teléfono, cuando ella aún estaba en Tailandia, en aquellos días en los que visitaba hospitales y morgues, con el miedo palpitante, aún con la esperanza de encontrar vivo a Jacobo. Al regresar a México con las manos vacías, con el corazón estrujado, padeciendo dolor e incertidumbre por la ausencia de su esposo, Karen siguió recibiendo terapia con Luna casi a diario.

En nuestra primera cita, en noviembre de 2005, una comida en un restaurante de buen pescado, Karen y yo logramos la suficiente empatía para quedarnos ocho horas de sobremesa. En los posteriores encuentros de trabajo, logramos desentrañar los recuerdos y los vacíos, escuchar los murmullos de aquella pesadilla, mirar de frente la amargura corrosiva. Reconstruir, en una pesquisa detectivesca, cada instante de lo sucedido, inclusive hallar en diarios europeos los nombres y los relatos de quienes la encontraron en los momentos más adversos, brindándole auxilio para sobrevivir.

Era la primera vez que ella contaba su historia a alguien ajeno y, como lo ha dicho, hacerla pública fue una manera de vencer un ciclo de dolor. Más allá de cualquier vocación amarillista coincidimos en que, si la gente conocía la tragedia, si el lector viajaba de su mano a Tailandia, si éramos capaces de transmitir los olores y los miedos, el terror de lo acontecido, el silencio borroso, colocaríamos su relato en el candelero para entender lo sucedido, para mirar de lleno sus cicatrices, para liberarla de culpas y malversaciones.

No cabía duda: su mundo y el de los suyos había estallado en mil pedazos. Algunos familiares y amigos, quizá por morbo o por una angustiosa necesidad de saber, la acosaban con mil preguntas. Otros, paralizados por la prudencia, por el deseo de no incomodar, mantenían un mutismo cómplice. Ella sentía una brutal necesidad de hilvanar lo acontecido, de organizar su pensamiento, de externar su historia, de encontrar el tono para armar el cuadro, el rompecabezas completo.

El tsunami asiático se convirtió en la marca explosiva de su existencia. Necesitaba darle orden y sentido, acomodar los pedazos, vencer el estupor de haber visto a la muerte de frente. Se sentía culpable por no haber sido capaz de ayudar a otros, resultaba agridulce el privilegio de saberse viva entre tantos caídos e intuía que publicar lo que padeció en un periódico de gran divulgación, como el *Reforma*, serviría para sanar.

En franca comunión tratamos de penetrar los pormenores, entender qué se llevó consigo esa descomunal ola que arrasó con todas sus certidumbres. Juntas revisitamos el pasado tortuoso, olimos la podredumbre, visualizamos aquellos instantes en los que casi murió en un mar revuelto para, luego, regresar a la vida.

La publicación serviría, además, como un mecanismo para contrarrestar los chismes, patrañas y tergiversaciones que circulaban porque, a sus espaldas, corrían mentiras como aquel reproche que se diseminaba: que por amor Jacobo había muerto para salvarla, que se había sacrificado por ella, como si sólo uno de los dos hubiera tenido licencia para sobrevivir.

Lo cierto es que a Karen Michan le tocó vivir. Ese fue su destino, su suerte. Y ésta, su historia, es la lucha que emprendió con garra y diente para resistir. Es también un obsesivo y enigmático relato de coincidencias y esquinas ciegas del destino. Es una muestra de que, pese a todas las adversidades en esta tragedia colectiva, Karen tenía que vivir. Vivir para contarlo.

El intempestivo tsunami de Karen

Cuando Jacobo y Karen soñaban con el futuro pensaban en una casa con dos perros y cuatro hijos, empalagosos como eran, deseaban abrazarse para siempre. Era ese su credo siendo novios, cuando se creían dueños del mañana.

Como en los cuentos de hadas, a su boda el 4 de diciembre de 2004 seguiría un viaje a la exótica Asia y una sempiterna historia de amor y prosperidad. Bien sabían que la vida no sería eterna, pero en las mieles invencibles de la juventud, quién podía haber sospechado que la biografía en común no alcanzaría ni siquiera el siguiente amanecer.

Los recuerdos de Karen se amontonan en la memoria. La anhelada luna de miel en el inolvidable paraíso de Phi Phi, con sus playas de arena blanca, colinas tropicales y mares color esmeralda, se interrumpió a las diez de la mañana de aquel 26 de diciembre de 2004, cuando el Mar de Andamán, brazo nororiental del Océano Índico, se convirtió en un torbellino endemoniado, en un maremoto devastador que arrancó construcciones, desenraizó palmeras ancestrales, asesinó inocentes y, como en zona de guerra, fue dejando sólo devastación a su paso.

Hasta ese momento en el vocabulario de ninguno de los dos jóvenes mexicanos, quizá en el léxico de casi nadie en el mundo occidental, existía la palabra tsunami. Televidentes del mundo entero, pasmados ante las imágenes noticiosas, constatamos la furia con que el mayor evento sísmico de los últimos cuarenta años fue borrando islas y playas del mapa de la Tierra. Se decía que la descarga de energía provocada por el maremoto fue mil quinientas veces mayor que cualquier bomba nuclear jamás detonada y que había incontables poblados sumergidos en densas capas de lodo.

Karen, a diferencia de Jacobo, fue de los contadísimos sobrevivientes que logró salir con vida del mar enrabietado de Phi Phi, ese archipiélago volcánico en la costa suroeste de Tailandia, donde una despiadada ola de entre veinte y treinta metros de altura convirtió en escombros y muerte todo lo que halló a su paso.

Phi Phi Don, la única isla habitada del archipiélago, cuya longitud total es de apenas 7.5 kilómetros de largo por 4 de ancho, alcanzaba entonces una población flotante entre turistas y pobladores de cerca de doce mil personas, su nivel más alto de la historia, y cuando menos una tercera parte de ellos: cuatro mil personas, se reportó desaparecida.

Quienes sobrevivieron sin rasguños, sin siquiera percatarse de lo sucedido, cuando llegó la ola estaban en las alturas de una colina, buceando en mar abierto o en el acogedor arrullo de un barco en altamar, donde las marejadas, como una paradoja, fueron imperceptibles. Karen, a diferencia, estaba con Jacobo en la playa, el sitio más comprometido y, como la mayoría que murió, fue revolcada, herida, deglutida por el mar, pero logró resistir, respirar y, pese a todas las adversidades de esta tragedia colectiva, emergió de la muralla de agua que convirtió a Phi Phi en una morgue flotante.

—Hay quien repite que ese 26 de diciembre volví a nacer —dice— y es cierto: mi vida cambió para siempre. Fui tan valiente que ni yo misma me reconozco. Sé que otros se quedaron en el camino, murieron. Es imposible saber por qué me tocó a mí sobrevivir, pero, por el motivo que hubiera sido, he decidido aferrarme a la vida. Seguro, aún tengo algo importante que hacer y lo haré, estoy convencida.

Esquinas ciegas del destino

La historia de Karen Michan está separada de manera abismal por un antes y un después. A los diecinueve años, en la boda de su hermano, conoció a Jacobo Hassan. No fue amor a primera vista, tardaría en aceptar sus llamadas, pero una vez que salió con él, se enamoró de su sentido del humor, de su capacidad de reírse, inclusive, de sí mismo. A los tres meses de noviazgo, en septiembre de 2003, mirando un partido de futbol americano, él le propuso matrimonio. Ella aceptó creyendo que era una broma.

Planearon la boda para el 27 de noviembre de 2004, sin embargo, ese día se casaba un familiar cercano y hubo que reprogramar la ceremonia y la fiesta para el 4 de diciembre. Bien lo dicen los viejos: es de mala suerte cambiar la fecha pactada para un enlace matrimonial. Y así, sin imaginarlo, eslabón tras eslabón, empezaron a partir de ese día a concatenarse las piezas que los condenarían a estar el día de la adversidad, a la hora exacta, ni un minuto más ni uno menos, en la isla de Phi Phi, donde habían planeado pernoctar dos noches de su inolvidable luna de miel. ¿Habrá sido de hiel? Sólo una letra del alfabeto pudo ser capaz de transformar el sentido de aquel viaje, de convertir el almíbar de la miel en una afrenta de hiel, de amargura, luto y melancolía.

Guillermo, su agente de viajes, conocido por ofrecer viajes matrimoniales de ensueño a precios de ganga, sugirió el bien ensayado paquete lunamielero en Oriente: incluía Hong Kong, Shanghái, Bangkok, Phuket, Singapur, Kuala Lumpur y Bali, parajes que, todos ellos, sonaban exóticos en los oídos de Karen y Jacobo; sobre todo, la isla de Phi Phi, con su playa perfecta, virgen e inaccesible, que Leonardo DiCaprio catapultó como uno de los destinos más populares de Asia, tras filmar ahí su película *La playa*.

Más de un amigo y familiar, incluido Isaac el hermano de Karen, les aconsejaron no pernoctar en Phi Phi. Todos coincidían en que, si ellos no iban a bucear, porque ese era el mayor atractivo, era mejor visitar la isla por el día, tomando un *ferry* de ida y vuelta desde Phuket.

—Está preciosa la isla, pero no hay nada. Mejor aprovechen su tiempo en otros lados —era la consigna de quienes habían caído en las redes de la mercadotecnia.

Ninguno de los dos quiso escuchar. Cuando Karen y Jacobo supieron que era el escenario de *La playa* se convencieron de que, en ese idílico sitio, querían quedarse no una, sino dos noches, para descansar, para vivir un romance tórrido e inolvidable. Como no les interesaban los deportes acuáticos ni los arrecifes de coral, Phi Phi sería la cereza del pastel de su luna de miel, el nido para el amor.

Ella cursaba el tercer semestre de la carrera de Comunicación, tenía veinte años y suponía que su vida, volcada a amarse, sería miel sobre hojuelas.

Jacobo, siete años mayor, se esforzaba por sacar adelante su pequeño negocio de computadoras y, forjado a la vieja usanza, soñaba con mantener a su mujer para siempre; si ella quería trabajar, le anticipaba, sería sólo para pagar caprichos, porque él sería el proveedor del hogar.

Días antes de la boda, contrataron a un fotógrafo para conservar sus últimas sonrisas de soltería. Portando *jeans* y camisa blanca, tomados de la mano en un parque de las Lomas de Chapultepec, quedaron fotos que tendrían nuevos significantes: se besaban entre el verdor de los árboles, se arrullaban en un puente colgante y, como niños, se trepaban en aros, columpios y resbaladillas.

La imagen que más les había gustado de aquel amplio estudio fotográfico decoró la entrada del salón en el que se festejó la boda. Como una paradoja, tres semanas después, a partir del día 27 de diciembre, sería la fotografía que Karen colocaría en todas las paredes de Phuket implorando ayuda, informes sobre el paradero de Jacobo.

Esa foto, que daría la vuelta al globo en noticieros televisivos de cnn y en las portadas de los principales periódicos del mundo, parecía una metáfora: Jacobo se columpiaba, estaba suspendido apenas por la fragilidad de unos cuantos eslabones, y Karen, de pie, bien fincada sobre la tierra, lo abrazaba intentando mantenerlo a su lado.

En Estados Unidos, Alemania, Argentina o Israel, por supuesto también en los periódicos del Grupo Reforma, se destacaba ese retrato de los mexicanos que padecieron aquella inconmensurable tragedia y, con el paso de los días, muchos alrededor del mundo se hermanaron con la tragedia de esta joven pareja. Rogaban que un milagro mantuviera también con vida a Jacobo Hassan.

Las despedidas

Karen odia meterse al mar, es marinera de tierra firme. Al llegar al puerto de Phuket la tarde del jueves 23 de diciembre, Jacobo y ella se informaron de las opciones para viajar a Phi Phi, a fin de reservar su viaje para el sábado 25. Había sólo dos opciones: en lancha particular, con no más de quince personas, un trayecto de hora y media; o un viaje en *ferry*, más barato y para doscientos pasajeros, un recorrido que demoraba el doble de tiempo, casi tres horas, en recorrer los 45.3 kilómetros de distancia entre ambas islas.

Sopesaron el tiempo de posible mareo y optaron por la lancha veloz, aunque tendrían que viajar ligeros. Como Jacobo era comprador compulsivo de baratijas, para aquel momento ya traían consigo cinco maletas. La única opción era dejarlas encargadas en Phuket con los representantes de la agencia de viajes, porque casi todo resultaba inútil para disfrutar dos días en una isla desierta. Les bastaba con un par de *shorts* y playeras, con trajes de baño y unas sandalias.

Recelosos y obsesivos, no estaban dispuestos a dejar sus compras atrás. Tan sólo una petaca era de puros zapatos porque en San Francisco, y luego en Hong Kong, Jacobo se había comprado más de diez pares. En el muelle suplicaron que los dejaran cargar con todo y, de tanto insistir, como había uno que otro hueco en la lancha cedieron, les permitieron abordar con tres maletas.

—Yo era muy desconfiada, a nuestros agentes de viajes, dos tailandeses muy amables y con enorme disposición a ayudarnos, los obligué a firmarme un papel diciéndome que me regresarían las dos petacas que les encomendamos. Fui tonta, creí que podían robárselas, ya luego, después del tsunami, me darían una lección de vida que jamás voy a olvidar.

El pensamiento de Karen resultó tan inapropiado ya que esas personas de origen humilde, individuos que perdieron casa y familiares en el tsunami, cuando supieron que Karen sobrevivió, la buscaron por cielo, mar y tierra para entregarle sus dos maletas y, como una paradoja, fue lo único que perduró de aquel viaje. De hecho, algunos de los objetos que estaban al interior de ellas son amuletos que, aún hoy, conserva con celo profundo: un llavero en forma de corazón, suvenir de Hong Kong; copias de bolsas de marca que compraron a precio de ganga en Bangkok; las filacterias de rezo de Jacobo; chamarras invernales, innecesarias pijamas y la única foto de la luna de miel, capturada días antes en Shanghái.

La lancha en la que viajaron, pequeña e inestable, se movió mucho más de lo que se hubiera agitado el *ferry* y Karen pasó el viaje vomitando. Al llegar, quizá anticipando lo que hubiera podido decirle a Jacobo a la siguiente mañana, ella pronunció una frase lapidaria:

—Creo que hoy es el peor día de mi vida.

La lectura de todos los sucesos quedó condicionada a lo que luego sobrevendría. Karen piensa, por ejemplo, que Jacobo tuvo oportunidad de despedirse de todos sus seres queridos cuando, unos días antes, desde Shanghái, logró comunicarse a México, encontró a toda su familia reunida y pudo hablar de forma individual con cada uno de ellos.

Luego, el día 24 de diciembre, en un café internet en Phuket, se sentó a escribirle un *mail* amoroso a Karen y un cariñoso recuento del viaje a cada uno de sus amigos, mensajes que, como una burla del destino, fueron recibidos cuando Jacobo ya había muerto.

A diez destinatarios, entrañables y cercanos, les escribió el mismo correo:

Hola a toda la banda, cómo están, espero que bien, nosotros estamos en phuket, tailandia, y mañana salimos hacia phi phi island, está todo de poca madre, la estamos pasando increíble, la huevita está sabrosa, espero que me contesten este mail con buenas nuevas de todos y mándenle mis saludos a sus esposas y novias y a todos los demás que no tienen mail. Saludos cuídense jacobo y karen hassan p.d. feliz hanuká, navidad, año nuevo.

En ese mismo café internet, al abrir su correo electrónico, se enteró de algo que, a posteriori, Karen pensó que hubiera podido modificar el rumbo de su historia. Guillermo, el agente de viajes, le escribió a Jacobo para decirle que, temiendo que los hoteles de Phi Phi no respetaran las reservaciones, porque la isla estaba atiborrada de gente, se atrevió a pagar las noches del PP Princess con la tarjeta de crédito de Isaac, el hermano de Karen, a quien tiempo atrás le había organizado su luna de miel. Se disculpaba por no haber tenido su autorización de primera mano, según dijo había tratado de comunicarse con Jacobo, pero no lo encontró y sin saber de qué otra manera podía proceder, optó por asegurar la reserva con ese recurso, el único que tuvo a su alcance.

Al leer el *mail*, Jacobo entró en cólera, estaba furioso de que hubiera cargado su habitación en la tarjeta de su cuñado.

—El tal Guillermo es un idiota. No se vale que se tome ese tipo de atribuciones, es para demandarlo...

Karen intentaba calmarlo:

—No te enojes, Jacobo, nos garantizó el cuarto. Sabía lo importante que era para nosotros ir a Phi Phi. Nos hubiéramos puesto como locos si nos quedamos sin hotel. Con mi hermano no hay problema, le pagamos regresando.

Sin embargo, en una lectura tardía de los hechos, a ratos piensa que todo hubiera podido acabar en una mentada de madre y no en una tragedia. Como suele suceder, porque desconocemos aquello que nos tiene reservada la existencia o el porqué ocurren las cosas, ese incidente nimio: que no hubiera habido hotel para dormir en Phi Phi, hubiera podido ser su pase a la vida, su salvaguarda, la contingencia para estar o no en el epicentro del desamparo, para sobrevivir como pareja.

Al final, bien lo sabemos, antes de que sucedan las cosas, no hay forma de descifrar si lo que nos acontece es producto de la mala suerte o de la buena suerte, porque la vida es incierta y enigmática.

Karen fantaseó durante mucho tiempo con el "y si hubiera", es decir con la posibilidad de haber regresado a Phuket la noche previa al devastador tsunami. Su sueño fue obsesivo, se veía con Jacobo, ambos gritándole majadería y media al inepto de Guillermo por no haber tenido dónde hospedarse en Phi Phi. Se percibía junto a Jacobo sobreviviendo al tsunami, viendo las noticias de aquella ola en la televisión abrazados en una cama, disfrutando la luna de miel en otro rincón de Asia.

Pero la cita con el destino estaba pactada, nada ni nadie pudo cambiarla.

El arribo a Phi Phi, el paraíso

Karen y Jacobo llegaron a Phi Phi alrededor de las cinco de la tarde del 25 de diciembre. Phi Phi, cuyo nombre deriva del término malayo para isla, es el vocablo con el que se designa el archipiélago tailandés y engloba seis minúsculas islas: Phi Phi Don, Phi Phi Ley, Bida Nok, Bida Noi, Koh Yung y Koh Phai, coloreadas de manglares y junglas, escarpados acantilados de piedras calizas, paradisiacas playas de arena blanca y agua color aguamarina.

Declarado Parque Nacional en 1983 por ser una de las mayores reservas de arrecifes de coral del mundo, el desarrollo turístico se limita sólo a Phi Phi Don, una isla volcánica de 28 kilómetros cuadrados de superficie total que, vista desde las alturas, asemeja una voluminosa pesa, como las que usan los fisicoculturistas. Dos circunferencias de verdes colinas tapizadas de exuberante vegetación están unidas por un estrechísimo istmo de arena blanca, el Village, un hilo de tierra plana que abraza por el norte la bahía Loh Dalum, y por el sur, la bahía Tonsai, formando dos playas privadas semicirculares con piletas de agua cristalina, fusión de los reflejos del cielo y la pureza del mar.

Esa espectacular franja de arena, tras la promoción de la película de DiCaprio, creció de forma exponencial y un tanto descontrolada con la construcción de cientos de hoteles y búngalos a pie de playa, dispuestos a albergar la demanda turística creciente que convertía a Phi Phi Don en el destino más atractivo de Tailandia.

Al arribar al muelle, Karen y Jacobo constataron que no había coches, bicicletas ni ningún medio de transporte público. Arrastrando las maletas, caminaron a su hotel, el PP Princess. El calor insoportable alcanzaba los cuarenta grados Celsius y aún así hubo que cargar las tres maletotas que se empeñaron en llevar, atiborradas de baratijas chinas y tailandesas. Karen cargaba una, Jacobo, dos, por ser el marchante favorito de los vendedores de copias.

El recepcionista del hotel les contó que Phi Phi, por vez primera en su corta historia, estaba a reventar: seis mil turistas se sumaban a los seis mil tailandeses locales, en su mayoría pescadores y prestadores de servicios para la creciente industria del turismo, casi todos ellos de origen musulmán.

Caminaron cerca de diez minutos más para llegar a su búngalo. De entre la centena de cabañas que tenía el hotel, les tocó la número 18, la última del lado norte. Dieciocho significa vida en hebreo, se sentían felices de que ese fuera su número de la suerte, el de su nidito de amor.

El paisaje era tan espectacular que lo único que esperaban era disfrutar una romántica puesta de sol. Se tiraron en la playa, desempolvaron sus libros: ella, uno de Sidney Sheldon; él, una novela de Danielle Steel.

—No nos cansábamos de agradecer por estar ahí. La vista era impresionante, la arena blanca como talco, el color del agua, transparente.

A su lado, unos muchachos jugaban futbol. Era tan angosta la faja de arena donde estaba el PP Princess que, con un simple impulso, estos jóvenes lograban que el balón llegara de una costa a la otra. Resultaba imposible imaginar aquella tarde idílica lo que el destino les depararía.

Abrazados Karen y Jacobo en un nudo, deslumbrados ante el teatral atardecer, el sol cayendo en el océano de los sueños, de la miel, pasando de intensos rojos y anaranjados a lilas y morados, era imposible imaginar que, a la mañana siguiente, ese blandengue hilo de tierra sería engullido por un océano iracundo porque el tsunami entraría por ambas bahías. Primero por la del sur, luego otra ola monumental remataría por la del norte y, como si no hubiera bastado con el poder destructivo de cada uno de esos muros de agua, las colosales olas todavía chocarían entre sí deglutiendo todo Phi Phi. Nada quedaría en pie. Ninguna construcción, nada del bullicioso mercado central de tiendas y bares del Village.

Todo ese idílico paisaje estaba a unas horas del instante fatal, de estallar en mil pedazos. Personas, barcas, búngalos, pilotes, camastros, ventanas, muebles, cables, tuberías..., todo quedaría irreconocible. Por la inaudita presión del agua embravecida todo se convertiría en astillas asesinas: todos los materiales de construcción fundidos en un promiscuo revoltijo con cachos de cemento, de vidrio y madera, las palmeras arrancadas de raíz, enlazadas con los cuerpos de individuos que morirían con los ojos abiertos, sellando su mirada con estupor, con la angustia y la pasmosa realidad de haber visto de frente el apocalipsis. Ahí en Phi Phi, sólo sobrevivirían ilesos los turistas hospedados en hoteles ubicados en las altas y rugosas colinas de la lujuriosa jungla tropical, en las contadas cabañas salpicadas entre plantaciones de cocoteros y árboles de caucho.

Esa tarde-noche anterior al tsunami, Karen y Jacobo constataron que la marea parecía bajar. Fueron conscientes de ello, pero no les inquietó, supusieron que esa era la normalidad en la isla. En realidad, nadie parecía percatarse, inquietarse por ello.

Karen recuerda con absoluta precisión cómo Jacobo, sin mayor preámbulo, le cerró el libro, la miró de frente y empezó a filosofar. Era insólito, no era su estilo.

—¿Sabes, Bebush?, si algo te pasara a ti, yo me moriría —le dijo.

—¿De qué hablas, Jacobo?

—No sé —insistió—. Siento ganas de decirte que me gustaría morir junto a ti.

—Ya, Jacobo, párale. Me sacas de onda con tu plática, tus ojos me espantan.

—Necesito decírtelo, debes saberlo.

—No me eches ese rollo, suena macabro, hablar de la muerte me da pánico. ¡Qué necesidad! Nunca te había visto así.

—Escúchame...

—Ya párale —lo interrumpió ella—, ¿qué te pasa, Jacobo? Mejor hablemos de lo felices que estamos juntos, de estar hoy aquí.

—Escúchame, Karen —imploró él—, quiero que te cuides, no podría soportar el dolor de perderte.

Fue una conversación extraña, de esas que ocurren una vez en la vida y que pudo haber pasado al olvido; una reflexión ante el deleite total del momento, producto de la paz de estar juntos, de amarse y festejar la suerte de coincidir en el tiempo, de estar vivos en ese paisaje magnificente. Pudo haber sido un diálogo frente al abismo de lo incierto, de cara a la fragilidad de la vida, al temor de perderlo todo, cuando uno siente rozar la cumbre de la dicha más absoluta. Y, sin embargo, ese incierto futuro estaba a la vuelta de la esquina, anclado en la mañana siguiente.

Sólo unas horas después de esa conversación, Karen buscaba empalmar los recuerdos, los trozos de memoria caprichosa y selectiva, empeñada en creer que Jacobo tenía que estar vivo, que juntos debían envejecer, morir de la mano, como él lo quería, hasta el final de los días.

El infierno

A las nueve de la mañana del 26 de diciembre los despertó su Hp iPAQ, el popular celular de Hewlett Packard que, durante la luna de miel, usaban sólo como alarma. Jacobo no se quería despertar, Karen lo tiró de la cama. Después de casi tres semanas de viaje y de mal comer, en ese hotel iban por fin a gozar de un buen desayuno, de un ansiado plato de frutas, exótico y bien surtido. El buffet estaba incluido, lo retiraban a las diez. Fastidiada de la comida oriental y de desayunar pizzas, sopas Maruchan y papas de cebolla que compraban en los Seven Eleven, Karen no estaba dispuesta a perdérselo.

Fue ese el despertar de la pareja el día fatídico. Después del almuerzo, caminando de regreso a su búngalo, quizá a las 9:40 de la mañana, Karen se dio cuenta de que la marea que ella vio distanciarse la noche anterior estaba ya en su sitio. Jacobo mencionó que quería aprender a bucear, iría luego a informarse. Al regresar a la cabaña, él se metió al baño, Karen se recostó. Sobre el bikini traía puesto su pareo, la etiqueta comenzó a picarle y la comezón fue el golpe de suerte que la levantó de la cama.

Aunque tiene fobia a los gatos, se le ocurrió buscar a una gatita que la noche anterior se paseaba con sus crías frente a su terraza. Al asomarse vio a mucha gente correr, alejándose del mar. La barra del bar, ubicada justo frente a su cuarto, no le permitía ver con claridad el horizonte. Los gritos y el estruendo eran ensordecedores. No entendía qué decían. En ese instante, escuchó una detonación como si un Jumbo se hubiera estrellado contra la isla, como si una bomba hubiera explotado en el mar.

Karen le gritó a Jacobo:

—¡Apúrate!, están todos huyendo como locos. No sé qué pasa.

Alcanzaron todavía a salir. Para tener mayor visibilidad, saltaron al búngalo vecino. Karen ya no alcanzó a mirar atrás. Se enfilaron al pasillo para llegar a la otra costa. La última imagen que recuerda es la de una muchedumbre emigrando, un universo de gente despavorida colándose entre las cabañas, perdida, sin saber a dónde dirigirse, buscando recovecos para alejarse de la ola, para alcanzar el otro lado de la isla.

Ella nunca vio el arribo de la mortífera ola. En sus recuerdos sólo quedó registrada la imagen de una señora de edad avanzada que fue apaleada por la fuerza del mar, la recuerda de pie, en la barda de su terraza, gritándole con desesperación a su esposo cuando el agua la engulló, la zarandeó y la escupió restregando su cabeza contra las paredes del búngalo.

El tsunami no dio tregua. La fuerza de la ola había viajado en mar abierto a más de novecientos kilómetros por hora desde que había sido desplazada por un terremoto submarino de magnitud 9.3 con epicentro en la costa occidental de Sumatra —uno de los más atroces registrados en la historia— y llegó a estallarse con menor velocidad y mayor altura en las costas de la isla. Tanto los que vieron el frente de la destructiva ola, como los que no tuvieron tiempo de tasarla, igual fueron succionados por ella.

Antes de llegar al PP Princess, el último de los hoteles en la playa norte, la cortina de agua que entró por Loh Dalum Bay ya había arrastrado a todos los turistas que estaban en la playa. Sorprendió a los huéspedes en las albercas del View Point, del Pavillion y del Charlie Beach, también a los que aún dormían con placidez en románticas camas de agua.

Nadie sabía en ese momento que la ola sísmica había entrado por el sur, y que, sólo unos segundos después, revolvería sus aguas con otra ola gigantesca que entraría por el norte. Así, quienes lograron huir de la mortífera cortina de agua de un lado, chocaron con quienes desesperados corrían del otro. Todos al final fueron acorralados, no hubo escapatoria.

Karen y Jacobo fueron de los últimos en salir. La gente delante de ellos ya estaba luchando con las fauces del agua, la mayoría sucumbía, moría ahogada segundos después.

Antes de que sus pies dejaran el concreto para comenzar a rozar la arena, Jacobo abrazó a Karen. El gigante muro de agua, veloz y colérico, así los alcanzó: los brazos de él ceñidos a la cintura de ella. Con pavor de morir, comenzaron a revolcarse entre las olas. La presión fue descomunal, resultaba imposible seguir abrazados, Jacobo le pellizcó a ella su brazo izquierdo, pero luego se soltó. Ambos trataban de llegar a la superficie, ambos necesitaban respirar. Con su mano derecha Karen lo buscaba, con la izquierda intentaba salir.

—Volteé mi mano hacia atrás y lo toqué. Estoy segura de que lo toqué —recuerda.

Fue la última vez. La fuerza y la velocidad del agua fueron fulminantes. Karen se revolcaba en posición fetal, se sabía sola. Junto a
ella, lacerándola, pasaban techos, ladrillos, paredes, vidrios, masas
amorfas, cuerpos, un mundo que buscaba esquivar y que era incapaz de reconocer. Quería respirar, quería salvarse.

Jacobo se lo había pedido una noche antes: "Quiero que te cuides,
no podría soportar el dolor de perderte." Esas palabras reverberaron
en su mente durante esa eternidad bajo el agua. Cuando estuvo a
punto de morir ahogada, su vida comenzó a proyectarse en su interior: instantes fragmentados, chispazos de su corta historia relam-
pagueando sin orden ni jerarquía.

Todo era vertiginoso. Su sobrino, hijo de su hermana, un pequeñito al que adora y que ese día cumplía dos años, la saludaba. ¿Era
un adiós? Jacobo la miraba amoroso. Le ponía en su dedo índice el
anillo de compromiso. Uno a uno, los invitados llegaban a la boda.
Los mismos asistentes trajeados arribaban, ahora, al sepelio de la
novia, se despedían. Sus padres echaban tierra sobre su cuerpo.

Karen intentaba evadirse, no toleraba el luto, las imágenes de la
muerte. Pensó: no lo puedo dejar, anoche se lo prometí, no puedo
morir. El aire se le agotaba. Cansada de luchar, asfixiada por no poder respirar, sintió que no resistiría ni un instante más. Comenzó
a dejarse ir, después de un eterno minuto bajo el agua salada, quizá poco más, milagrosamente logró sacar su cabeza. Jadeó, respiró
profundo y ganó segundos de vida antes de volver a la brega, force-
jeando, luchando de nuevo, engullida por ese mar embravecido que,
ensañado, cobraba más y más víctimas.

Con los ojos bien cerrados, como si ella supiera que sólo así pro-
tegería su vista del infierno, Karen siguió suspendida en un incierto limbo, dando voltereta tras voltereta, cargando pesadumbres
y angustias, resistiendo la fuerza despiadada del agua. Sola en la
inmensidad del océano no entendía qué sucedía, qué explotó, qué
clase de marejada era esa capaz de reventarle el pecho en dos. La
vida en dos.

Quizá pasó tres o cuatro prolongados minutos bajo el agua, es imposible saber el tiempo exacto, su suerte fue haber tenido un compasivo respiro intermedio, inhalar una bocanada de oxígeno que le permitió sobrevivir. La ola lanzó su cuerpo y lo dejó suspendido sobre una enorme montaña de ruinas de espaldas al mar.

Como una ironía del destino, cuando cobró conciencia, se hallaba de pie sobre un suave colchón. Estaba a casi cinco metros de altura de la playa —sí, sobre cinco metros de cascajo— y como a medio kilómetro del PP Princess, de aquel búngalo donde la recogió la ola.

Al atreverse a abrir sus ojos, respiró exaltada y comenzó a llamar incesantemente a su marido:

—Ja-co-bo, mi-a-mor. ¿Dón-de-es-tás, Ja-co-bo? Mi-vi-da... ¡Ja-co-bo! No me dejes sola, mi vida... Ja-co-booo...

Sólo el cínico rugido del mar lograba acallar sus desesperados lamentos. Su clamor era tan intenso que tardó unos segundos en escuchar a un hombre que gemía a su lado suplicando ayuda. Entre vidrios rotos, techos, puertas, vigas de madera y guijarros de concreto que unos minutos antes habían sido pared y cobijo, entre el ir y venir de las olas moviendo quebrantos, apareció el rostro tasajeado de ese joven. Había perdido un ojo, su cara estaba tan desgarrada que la marea se teñía de un rojo intenso, un rojo penetrante, acelerado.

Karen miró de reojo aquel cuerpo herido. Desde el tobillo hasta la cadera, sus huesos habían estallado, eran astillas reventadas germinando a flor de piel. Intentó ella desatorar una sábana para hacerle un torniquete, pero la tela estaba totalmente atascada entre los escombros.

—*Help me, I'm dying* —imploraba él.

—*Were you alone?* —ella, aún en *shock*, trataba de tranquilizarlo, de obligarlo a reaccionar, de mantenerlo despierto. Karen jamás había visto un muerto, no estaba lista para que éste fuera el primero.

—*No-with-my-girl-friend* —jadeaba, su respuesta era silábica, casi inaudible.

—*I was also with Jacobo, my husband.*

El joven se desangraba, se estaba yendo, ahí mismo, junto a ella.

Al constatar que el agua a su alrededor se tornaba roja, Karen escrutó su propio cuerpo. Ella también estaba lesionada, su sangre pegajosa escurría por varias rajadas, tenía cerca de una decena de heridas entre el tronco, los brazos, los dedos y ambas piernas. Nada parecía estar roto, podía mover sus extremidades, aunque su rodilla izquierda estaba molida; alcanzó a ver la redondez de su rótula, la desnudez de tendones y ligamentos.

—*Help-me*.

Esa voz implorante se quedaría por muchos años en la cabeza de Karen, en su corazón, como una culpa punzante, una exigencia que no la liberaba, no le permitía terminar de sanar. Le dolía ver la mirada suplicante de ese hombre al que no supo cómo ayudar. Al que no pudo auxiliar.

Karen escuchó gritos, más gritos. Otra vez, como antes de la ola. Alzó la vista. Sobre la azotea de un edificio de tres pisos, a la distancia, había decenas de personas gesticulando aterrorizadas, moviendo las manos como si increparan, como si quisieran despertar la atención de alguien. Otros más, en un edificio más bajo, no tan lejano, también vociferaban con igual tono, con la misma intención.

La llamaban a ella...

Ese grupo de turistas y tailandeses presenciaron todo desde las alturas. Vieron el arribo de las olas y, como en una película de terror, miraron la destrucción a su paso. Phi Phi se había convertido en zona de guerra. En epicentro de la desolación, del abandono y el miedo. De un silencio inhabitable. Contemplaron ellos con estupor la devastación absoluta y, sin concebirlo, miraban incrédulos a Karen que, como Ave Fénix, renació de las cenizas, de ese mar maldito que retomó la calma como si nada hubiera pasado.

Le gritaban, pero ella no parecía escuchar. Tenía la vista nublada, trastabillaba ofuscada, no paraba de buscar mediante alaridos a Jacobo.

—Jacobo, Jacobo querido, ¿dónde estás, amor mío? ¿Dónde estás?

Parecía anormal, una quimera, que alguien hubiera sobrevivido. No podían creer que de aquellas aguas malditas surgiera esa jovencita que, como el pájaro mítico, ofrecía esperanza frente a la muerte. La miraban absortos, querían ayudarla, asegurarse de que pudiera sobrevivir.

—*Leave him, leave him* —era el clamor unánime desde la azotea, cuando ella trataba de jalar una sábana para hacerle un torniquete a su vecino que se desangraba.

Karen creía que Jacobo podía estar en circunstancias similares a ese hombre, quería auxiliarlo, pero la tela estaba apresada y, al moverla, se removía más sangre entre los escombros.

—*Leave him, leave him.*

—*A new wave will come* —eso sí logró escucharlo Karen con toda claridad y, aterrorizada, se dispuso a obedecer.

El temor era que una nueva ola viniera. Había que irse, clamaban. El mar lucía manso, sosegado, una tina en proceso de recuperar su tono esmeralda. Había desgarrado las entrañas del mundo y ahora descansaba, pero, según decían —como eventualmente sucedió—, las réplicas no tardarían.

Karen oteaba de un lado a otro, tenía la esperanza de que Jacobo estuviera a su lado. Su nivel de alerta estaba al máximo, su cuerpo reaccionaba con una brutal descarga de adrenalina.

—*Come, now.*

—*Come!*

—*Come, we are leaving...* —era la voz de un joven.

Karen temió quedarse sola. Había que seguir, no veía a Jacobo por ningún lado. Respiraba ella de manera acelerada, su corazón palpitaba sin freno. Lejos de sentir debilidad o agotamiento, estaba dispuesta a emprender el camino. La lucha encarnizada por la vida apenas comenzaba...

Deambulando para sobrevivir

Ubicados detrás de una inestable barricada, dos jóvenes alemanes le indicaban cómo salir del atolladero en el que se encontraba, le señalaban el techo de un búngalo: el sendero improvisado, el laberinto que debía emprender para alcanzarlos. Paso a paso, ella fue abriéndose camino, sintiendo que, entre los despojos, pisaba cuerpos humanos.

—A consecuencia de lo que viví, jamás me permito caminar descalza. Es una manía. No soporto pisar el piso de mi casa, el pasto o la playa sin sandalias, sin zapatos o chanclas.

La imagen era apocalíptica. Todo el archipiélago estaba devastado, el paraíso había dejado de existir. Todo era fango y horror, desolación por doquier. Los caños se habían roto, la pestilencia no tardó en ser nauseabunda, a Karen la rodeaba un bosque de muertos. Individuos moreteados, inflados de agua salada, personas inertes atrapadas entre cerros de lodo, varillas, troncos, camastros y muros despedazados, un estallido de cascajo por doquier.

—Jacobo, Jacobo —insistía.

Deambulaba temerosa, espantada. Repetía el nombre de Jacobo mientras iba dando pasitos inciertos para llegar a la azotea donde estaban los dos turistas alemanes que dirigían su paso. Quería que a donde ella fuera, él supiera que lo llamaba, que estaba cerca.

Seguía a pie juntillas las indicaciones que le dictaban en inglés: pisa tal madero, camina a la derecha, trépate sobre esa viga de la izquierda, cuidado hay un vacío, ahora sube a ese techo... Sin embargo, de manera inesperada, se tropezó con el vidrio de una ventana que se hizo añicos y se desplomó al vacío. Karen descendió más de medio metro, hiriéndose aún más.

Su vida pendía de un hilo. Exhalaba un delirante ardor por sobrevivir, volver a la luna de miel que había dejado apenas esa mañana, cuando aún no imaginaba que la vida era incierta y que una tragedia podía cambiar todas sus certezas. Quienes sobrevivieron, incluidos Karen y los alemanes, temían que el iracundo mar regresara insatisfecho.

Se levantó con nuevos bríos para volver a subir. No había tiempo que perder, observaba a los germanos, unos desconocidos con los que con dificultad podía comunicarse, en sí el único hilo al cual amarrar su esperanza. Confió en ellos, cooperaba en todo lo que le dictaban creyendo que la ayudarían a encontrar a Jacobo, a alejarse del océano, a ponerse a salvo.

Lo que seguía no era fácil, había que colgarse de edificios en ruinas, ir saltando de un precipicio a otro rodeada de escombros, pesimismo y muerte. Exhausta, casi sin fuerzas, con los nervios agotados hasta el extremo, Karen, envalentonada, hacía lo que le pedían sin mirar atrás. Saltaba balcones, azoteas y abismos, apoyaba un pie y otro en búsqueda de piso entre amenazantes derrumbes, franqueando la profundidad de esa inconmensurable tragedia.

En un edificio maltrecho, se paralizó al ver el rostro de otro muerto, un hombre sepultado por una placa de cemento. Cerró los ojos, se quedó pasmada deseando no mirar más, pero era sólo el principio, no imaginaba aún la magnitud de aquel tsunami.

Sus guías, que lo presenciaron todo desde las alturas, insistían que el maremoto tendría réplicas, que llegaría otra ola a deglutir lo que había dejado pendiente. A diferencia de Karen, que sólo pensaba en Jacobo, que decía que no se iría de ahí sin él, ellos no tenían paciencia para demoras, buscaban con prisa la manera de huir a las alturas a fin de estar lejos de las costas y, ya luego, irse para siempre de esa isla infernal.

De ser cobarde e insegura, Phi Phi fue un magistral doctorado para quitarse todos los miedos. Ni ella misma entiende de dónde sacó el ímpetu para proseguir, para soportar tanto suplicio, para sobrellevar la soledad y el desasosiego, la miseria que miraban esos ojos vírgenes, veinteañeros.

Los dos jóvenes alemanes, musculosos y arremetidos, no cejaban, la tomaron bajo su custodia. Nada los haría flaquear. Dirigían su marcha, la obligaban a ascender, a ser fuerte, a saltar el abismo, a trepar sin miedo a pesar de que, malherida y cansada, se paralizaba a ratos, temerosa de saltar los despeñaderos.

Con láminas de techos arrancados de alguna vivienda, improvisaron una pendiente, una especie de rampa para favorecer su paso entre los copiosos vacíos. Karen obedeció. Sin embargo, al pisar las láminas hirvientes, se achicharró las plantas de sus pies. Iba descalza. Las llagas que adquirió en la huida serían un tormentoso recordatorio que perpetuaría el sufrimiento durante semanas.

Karen al fin logró llegar hasta el sitio donde estaban sus salvadores. Se convirtieron en tres mosqueteros, dos alemanes y una mexicana unidos por la lengua común de la supervivencia. Juntos deseaban ascender la tupida jungla para llegar a la cima, alejarse de ese mar que amenazaba con devorarlos. Adolorida, agotada y sedienta, Karen se detenía continuamente. Le dolían las piernas y los pies, todo el cuerpo.

Comenzaba a pesarle la tragedia, la tristeza de no saber dónde estaba Jacobo. Les dijo que no quería seguir. Sus ojos, sus orejas, su boca, sus heridas sangrantes y su intimidad estaban tapizados de fango y arena. De pus y sabor a sal. Sentía ahogo, veía y escuchaba poco. Comenzó a advertir luces pululando a su alrededor, puntitos destellantes, estaba mareada, su presión descendía a punto de desmayarse, tenía frío, no parecía tener fuerzas para resistir.

Por primera vez temió que Jacobo pudiera haber muerto, no daría un paso más. Ni uno. ¿Cómo salvarse ella sin su marido? ¿Cómo sobrevivir sin él?

Sus salvadores, de quienes hoy lamenta no recordar siquiera un nombre, le insuflaron confianza en el mañana. Según ellos, Jacobo viajó como ella entre las olas. Según ellos, él estaba también intentando sobrevivir en otro rincón de Phi Phi. A Karen no le quedó otra opción que creerles. Era la única forma de proseguir, de hacer un nudo en la quebradiza cuerda del desconsuelo en la que se balanceaba. Ese credo era su sostén en el abismo, su posibilidad de aferrarse a la liana de la vida, de soportar para no caer al despeñadero.

Eran apenas las once de la mañana, el sol todavía no llegaba al cenit. Hacía tan sólo dos horas, ella y Jacobo desayunaban con gozo. ¿Despertaría en algún momento de esa asfixiante pesadilla?

Mientras los dos alemanes estudiaban la zona para decidir cómo proseguir, Karen se apoyó en un tambo que desbordaba agua salada, no había dónde sentarse, no había una sombra para atrincherarse del calor infernal. A ratos escuchaba la voz herida de alguna víctima, lamentos suplicantes, pero, por más que buscaba ella con la mirada atenta, a nadie veía. Quizá esas voces hormigueaban en su interior, quizá bullían en su imaginación, producto del cansancio, del agotamiento, del sopor que la condenaba con un aterrador miedo a la muerte.

A medida que ascendían entre la tupida maleza, podía constatar, cada vez de manera más nítida, el alcance de la zona devastada. El paraíso se había convertido en un nauseabundo cementerio. Los montículos de escombros, cascajo y ruinas estaban desperdigados por doquier.

Karen seguía llamando con desesperación a Jacobo. De tanto gritar estaba ronca, iba perdiendo la esperanza, también la voz. Probó hacerle promesas a Dios, iría contra sí misma a cambio de encontrarlo. Sería más piadosa, se apegaría a los preceptos de su religión, respetaría *shabat*, dejaría de comer mariscos, consumiría sólo carne *kosher*, normas en las que nunca creyó, reglamentos que a ella jamás le habían interesado.

Mientras cavilaba, los sorprendió una nueva ola. Desde lejos se veía enorme, implacable. Era una réplica. La distancia y la altura que ellos habían alcanzado impidió que el agua los alcanzara. Si ya fueron dos o tres muros de agua capaces de aniquilar, por qué no serían más, pensaba Karen. Tenía pánico de volver a ser deglutida por el frenético mar, por el irascible Poseidón que, sin piedad, era capaz de arrasar con todo.

Surgían nuevos montañistas de distintos horizontes, alpinistas sin rumbo, cada uno iba inventando su ruta, sendas improvisadas con frágiles báculos de madera. En aquella jungla de salvajes, porque todos parecían haber perdido el pudor y la humanidad, Karen recuerda haber visto a jóvenes deambular desnudos, en especial quedó grabada en su memoria la estampa de una chica, tambaleándose en ese subibaja del destino, que cubría sus senos con un pequeño *back pack*.

¿Quién era ella misma?, se preguntaba Karen. Cobró entonces conciencia de su cuerpo. Traía puesto su bikini con estampado de tigre, su piel estaba ulcerada de sol y ausencias, tenía heridas en brazos y piernas, tenía costras de sangre fresca.

Al llegar a la azotea del edificio en el cual se encontraban, no hallaron cómo seguir. Rodeados de abismos y vacío, el camino se agotó. Para subir más había que descender a los pisos inferiores de ese edificio o tratar de bajar abrazando el áspero tronco de alguna palmera, como lo hacen los changos o los bomberos. Karen no se animó, nunca lo había intentado y les anticipó que acabaría rodando por el barranco. Estaba demasiado lastimada. Las palmeras, infestadas de bichos, lijarían e infectarían sus heridas.

Lograron vislumbrar un balcón semidestruido que podía servirles de escalón para ingresar al edificio. Las construcciones habían quedado inestables y, sin más, se derrumbaban, pero había que perseguir esa opción, la única que les quedaba. Para llegar al balcón había que brincar a un enorme cilindro, un movimiento arriesgado. Karen no estaba dispuesta a quedarse atrás y, muerta de miedo, saltó la tupida jungla.

Encontró un tendedero con ropa que se secaba al sol. Sin pedir autorización, porque no había a quien pedir nada —Phi Phi era territorio de nadie—, tomó un nuevo uniforme: unos shorts azules con amplio resorte, una playera roja que tenía bordado el distintivo "STAFF" y unas chanclas de plástico que pertenecieron a alguien mucho más alto que ella. Prendas raídas como su cuerpo marchito, mudas que, en los días subsecuentes, se convertirían en su única certeza.

Con otra playera que ahí halló se hizo un torniquete en la rodilla, había que parar el flujo de sangre porque su cuerpo era banquete de nubes de moscos. Los millones de insectos en esa densa espesura se regodeaban con las heridas de Karen.

Entre más altura alcanzaban, entre más remontaban, más horrendo parecía el panorama. Parecía como si un gigante hubiera llegado a pisarlo todo: las construcciones de cartón o lámina, modestos hogares de tailandeses en la montaña, estaban tan destruidos como los bellos y turísticos búngalos de la playa.

—¡Otra ola! Viene otra más —gritó alguien aterrorizado.

No hacía falta conocer las diferentes lenguas para entender el pánico: el nuevo dialecto que unía a los fugitivos, el código que homogeneizaba y amalgamaba a los sobrevivientes por igual. Los pobladores tailandeses y los turistas emergían de agujeros, la isla era un avispero de almas desprovistas que huían aterradas, temiendo esa nueva ola, una réplica más del maremoto que, desde temprano, asolaba el sureste asiático.

Con el grito de alarma todos comenzaron a correr. Karen se distrajo, se quedó atrás y no vio para dónde se fueron sus amigos, sus faros de esperanza. Pensando que se habían subido por una escalera, tomó ese rumbo y se adentró en lo que parecía un bar. Por más que buscó, no los encontró. Sus amigos alemanes no estaban ahí. Nunca más los volvería a ver.

Karen quedó varada en aquel bar, convertido en ese momento en un sitio de depravación en el que no halló solidaridad o certezas. Las paredes estaban desgajadas, el sitio era inestable, sostenido por frágiles pilares, había agujeros por doquier que permitían mirar el exterior, ver a las víctimas que trataban de cruzar la jungla tropical.

Por absurdo que parezca, al interior de aquella taberna proliferaba la locura, los vicios y el desenfreno, capaces de salir a relucir en momentos críticos. Un buen número de tailandeses se empinaba las garrafas de aguardiente como si no hubiera posibilidades de un mañana. Algunos otros, insaciables, se robaban botellas de alcohol, esas que hacía unas horas estaban destinadas a provocar el júbilo de los visitantes.

Karen se atrevió a agarrar dos botellas de agua. Con una de ellas se limpió las heridas de sus piernas; con la otra, sació su insoportable sed. Una mujer de piel negra lloraba angustiada en un rincón, no había forma de tranquilizarla. Karen estaba sola, sola y con miedo. Dependía sólo de su inventiva para sobrevivir.

Pensó en columpiarse en una liana para intentar cruzar el abismo, tratar de tomar impulso y aterrizar en el camino bajo los árboles, como lo hacían otros. Le dio terror no sostenerse, sus brazos se desguanzaban, parecían incapaces de aguantarla. Cuando finalmente se aventó, su chancla salió volando y, por voltear a verla, perdió el equilibrio y comenzó a rodar metros abajo, al más profundo vacío.

Al verse sola una vez más, comenzó a subir arrastrándose de espaldas. La rescataron unos travestis tailandeses que la escucharon cuando cayó de bruces. Estos hombres afeminados, con pechos, maquillados de mujer, fueron sus nuevos aliados en la batalla de la supervivencia. Se sorprendieron al verla tan abatida, parecía un espectro, una muerta en vida. Le compartieron agua de sus botellas, la consolaron un momento, sólo un momento porque cada uno seguiría su rumbo.

Agotada y solitaria, sumida en el desconsuelo, de nuevo llegó al bar de las paredes agujeradas. Ahí no había ningún occidental, sólo tailandeses. Sin fuerzas ni esperanza se sentó a llorar, como aquella mujer con la que se cruzó un rato antes. Era la primera lágrima que Karen soltaba. Bastó comenzar, abrir la llave para perderse en su propio tsunami de inmensa frustración, tristeza, miedo y agotamiento.

No tenía a quién seguir, no tenía una mano amiga, ningún líder, nadie a quien encomendar su destino. No supo dónde ni cómo perdió a Jacobo. No supo en qué momento perdió a sus amigos alemanes. No sabía quién era. No sabía qué hacía ahí, protagonista de esa inmensa tragedia, en esa isla perdida en Asia, una tierra que jamás imaginó conocer y a la que, si vivía, jamás volvería.

Eran apenas las doce del día y estaba sola, más sola que nunca, sin la mínima esperanza de sobrevivir.

Desde la cima

No había por dónde subir, dónde sentarse. Cada pequeño espacio de ese bar estaba copado por personas traumatizadas, los lloriqueos y lamentos de los humildes tailandeses eran incesantes. Karen también estaba acongojada, no podía parar de sollozar. Su alma hervía, no daba más.

Pasó una eternidad hasta que se atrevió a levantar la cabeza. A través de un agujero, de ese cuadro de esperanza que le servía para mirar el exterior, vio a un occidental escalando, a punto de brincar.

—*Do you speak English?* —le gritó ella.

—*Yes, of course* —asintió.

Era sueco, su nombre era Christian Abt. Huía con Lyons Narumon, su novia tailandesa, originaria de Phuket. Invitaron a Karen a unirse a ellos, su objetivo era el mismo: ascender.

Los locales insistían que venía una ola más. La más violenta de todas, decían. El pánico se generalizaba. Había que huir antes de que ésta llegara, antes de que se ensañara con desaparecer la totalidad de Phi Phi. Antes de que los matara a todos.

Karen no podía moverse. Las heridas de su rodilla eran profundas, el malestar de tantos golpes laceraba su cuerpo. Christian la jalaba, Lyons la empujaba. Ellos también se habían hospedado en un búngalo del PP Princess, pero, justo en el instante de la devastadora ola, estaban haciendo su *check out* en la recepción del hotel, alejada del istmo de arena blanca. El agua no los había tocado.

En aquella jungla cerrada, los árboles y la exuberante vegetación iban oscureciendo el entorno, sellando la entrada de luz. No se veía más la playa. Proliferaban los insectos. Se deslizaba una que otra serpiente entre la maleza provocando pánico entre la horda de desplazados. Las ramas, al ser pisadas, latigueaban. Una de ellas rebotó con fuerza en la pierna de Karen, se le enterraron nuevas astillas mugrientas en la rodilla, no había forma de parar los chorros de sangre.

Christian buscó un tronco para que Karen pudiera sentarse, para tener un respiro y tratar de curarla. Traía consigo una mochilita con medicinas, le dio un Dolac y le untó antibiótico en las heridas para tratar de evitar infecciones. Los mosquitos, sin embargo, se ensañaban con ella, la picaban sin clemencia.

Juntos y abrazados lloraron, estaban aterrorizados. No se veía perspectiva alguna de salir de aquel encierro, de esa prisión que en un santiamén dejó de ser isla paradisiaca para convertirse en el más ruin de los infiernos. Durante dos o tres horas más ascendieron, trepándose por las enredaderas, tendiéndose la mano para escalar aquel terreno abrupto sujetados de lianas improvisadas.

La vegetación era tan espesa que a ratos parecía de noche. Olía a fresco, a mojado. En el camino, Christian iba removiendo su mochila en búsqueda de su celular, pero, por más que escarbaba, no lo hallaba. A medida que se aproximaban a la cima, aparecía más y más gente, 95% de ellos eran tailandeses.

No había cómo seguir subiendo ni dónde sentarse, cada pequeño espacio estaba copado por personas histéricas que no soltaban su pedazo de tierra, que no eran capaces de cobijar a nadie, de mostrar la más mínima solidaridad. Era una lucha por la supervivencia en la que cualquiera resultaba enemigo. Nadie estaba dispuesto a ceder su sitio, la única certeza en ese momento de crisis.

Christian, Lyons y Karen decidieron descender un poco, quizá del otro lado encontrarían espacio para refugiarse. En la terraza de una cabaña, escucharon el lamento de una niña tailandesa que le contó a Lyons que había perdido a toda su familia. Ahí llegó también un aldeano en busca de lesionados, traía una maleta de primeros auxilios, quería ayudar.

Poco a poco iban arribando más personas. Karen era la más malherida de todos y, de facto, se convirtió en el foco de atención. Ella era la única milagrosa sobreviviente de "la ola", como le llamaban a la tragedia natural. Paciente en ese improvisado "hospital", ella recibía atenciones. El aldeano le untó un desinfectante rojo en casi todo el cuerpo y le dio toallas sanitarias para cubrir sus heridas. Ella insistía en contar su historia, quería ayuda para localizar a Jacobo. La gente la escuchaba estupefacta, Lyons traducía al tailandés.

De una de las cabañas en la zona, salió una pareja. Acababan de despertar, para ellos apenas amanecía.

—*Qu'est-il arrivé?* —preguntó él, horrorizado al ver a Karen.

—*What-ha-ppened-to-you?* —insistió ahora en inglés con acento afrancesado.

No sólo escrutaba las innumerables heridas de Karen, también su lastimosa mirada, su cara blanca color papel, cincelada con rajaduras, su greña de león salvaje erizada, anudada y cubierta de ramas, endurecida con arena y escombros.

—Regresé de la muerte —les dijo.

La metieron a su cuarto a limpiarse, le rogaron que no se mirara en el espejo, pero resultó inevitable. Karen vio su reflejo y se quedó pasmada. Su rostro sonámbulo era prisionero de la tragedia.

—Parecía que había ido a la guerra, que me había explotado una bomba en la cara.

Mientras Karen usaba el baño, Christian y Lyons le contaron al francés y a su novia lo que se había vivido en la isla. Ellos no lo podían creer, habían tenido la suerte de estar dormidos en lo alto de una colina, de no haberse enterado de nada. Empáticos y solidarios, le ofrecieron su cama a Karen, también un refresco y unas papas de alga que había en el servibar de su cuarto. Un par de horas después, Karen sabría que la mujer no era francesa, sino latinoamericana, y que el esfuerzo por entenderse en inglés había sido estéril.

Karen se recostó, no pudo dormir. Cada diez minutos brincaba sobresaltada, recordaba el ahogo, la desesperación bajo el agua. Las imágenes volvían una y otra vez. También el miedo, la asfixia, la incapacidad de respirar. Ella no quería descansar, prefería buscar a Jacobo, encontrarse con él.

Se levantó, salió del cuarto y vio a Christian hablando por celular. Había encontrado su aparato. Según sabrían después, escasas llamadas salieron de Phi Phi, quizá no más de diez, porque las líneas telefónicas se cayeron con el tsunami. Christian pidió ayuda para Karen. Ella, a su vez, le pidió el teléfono prestado y logró llamar a México. Eran las cuatro de la mañana cuando Oshra Michan, la mamá de Karen, contestó entre sueños.

—Mamá, no sé qué pasó, vino una ola.

—No te entiendo, Karen, estoy dormida. ¿Estás bien?

—Sí estoy bien...

—Entonces, luego nos hablamos. Es de madrugada, Karen.

—Mamá, escúchame. No sé si Jacobo está vivo o muerto, la isla está destrozada —sus palabras surgieron atrabancadas, eran balas de metralleta.

—¿De qué hablas, Karen? ¿Una ola?, mejor no te acerques al mar.

—No encuentro a Jacobo.

—Búscalo, ha de haber ido a dar una vuelta.

—Mamá: escúchame ¡Despierta! La isla desapareció, fue espantoso, casi me muero ahogada —parecía más serio de lo que Oshra estaba dispuesta a escuchar.

—¿Dónde estás, Karen? ¿Dónde?

—Prende la televisión, mamá, hay dos helicópteros sobrevolando la isla. Parecen estar filmando, a lo mejor sale algo en la tele.

—¿Dónde estás, en una isla?

Aún amodorrada, creyendo que era una pesadilla de esas que lo despiertan a uno, de esas que se quedan en las sombras de la noche, Oshra obedeció a su hija y sintonizó CNN, sólo por si acaso algo estaba sucediendo en Asia.

Comenzó a ver imágenes y se fue de espaldas. Habló entre cinco y diez minutos más con Karen. Su niña no paraba de llorar, más cuando se enteró de que la noticia era internacional, que aquello que llamaban tsunami había llegado exigiendo cientos de miles de víctimas.

En la cima de la montaña, Karen era la única sobreviviente del tsunami, la única que había salido de la ola misma, la única persona que requería asistencia médica de urgencia. Desde tierra, todos hacían señas a los helicópteros, querían sacar a Karen de ahí, sus lesiones estaban supurantes, infectadas. Sin embargo, quienes los tripulaban buscaban noticias, no heridos. Daban vueltas en el dramático cielo como si no escucharan, como si no tuvieran respuestas, como si no hubiera soluciones, nada que ofrecer.

El francés asumió la obligación de sacar a Karen de Phi Phi por vía marítima, cuanto antes. Sin temor a nuevas réplicas, porque él no tuvo conocimiento de primera mano de lo sucedido, se dispuso a descender al muelle, a la playa. Un par de horas después regresó esperanzado. Dijo que una lancha de carga desvencijada estaba por irse y que, aunque había como trescientas personas formadas con su equipaje esperando la hora de marcharse, el marinero había aceptado llevarse a Karen antes que a nadie.

Encontrar a ese amable y solícito francés fue una fortuna más del destino de Karen. Si ella se hubiese quedado un día más, como les sucedió a otros lesionados que pasaron más de cuarenta y ocho horas en la isla hasta que llegó la ayuda inicial, probablemente hubiera adquirido septicemia, porque la infección se hubiera propagado a su tracto sanguíneo; si hubiera sobrevivido, quizá hubiera padecido la amputación de algún miembro gangrenado.

Adolorida, incapaz de apoyar sus pies hinchados y malheridos, Karen cojeaba descalza, no soportaba la rodilla, no toleraba ninguna chancla o zapato. Tenía la sensación de estar rodeada de muertos. El mar, a lo lejos, lucía bello, transparente e indefenso, como había estado hacía veinticuatro horas, cuando en lancha de lujo Karen Michan había llegado a la isla paradisiaca con Jacobo Hassan, su esposo.

Acompañada de su aliado francés caminó durante cuarenta minutos hasta Tonsai Beach, donde se embarcaría en un carguero rumbo a Phuket. Para ese momento, se contabilizaban cientos de desaparecidos. Había cadáveres cubiertos con sábanas, otros, comenzaban a mosquearse a la intemperie.

Una madre movía los cuerpos buscando a su bebé ahogado. Karen también los escudriñó en busca de Jacobo. Deteniéndose uno a uno les miraba las manos, las piernas, evitaba los rostros. Se sentía afortunada de no encontrarlo, aún tenía la esperanza de hallarlo con vida.

El olor era fétido. Los insectos y gusanos lo invadían todo: comida, desperdicios y muertos. El Hotel Holiday Inn, parcialmente dañado, se convirtió en hospital. Los camastros y los sillones que sobrevivieron al desastre servían de camillas. En realidad, eran más los muertos que los heridos.

Había demasiados buscando huir, filas interminables de personas con sus maletas. La playa era inmunda, un campo de batalla donde todo estaba de cabeza. Había montañas de cascajo y cadáveres por doquier. Más de cincuenta toneladas de basura en una isla que quedó devastada casi en su totalidad.

Karen se subió a la pequeña barcaza con una treintena de almas perdidas. La lancha estaba tan sobrecargada que temió ella que fuera a hundirse en el océano. No viajaré así a Phuket, decidió con absoluta firmeza. Oteó en busca de algún *ferry* de turistas y justo vio uno, a punto de salir. Quería llegar a un hospital lo antes posible y logró convencer a los marineros de que se la llevaran.

La esperanza

En el *ferry* había cerca de doscientos cincuenta pasajeros. Algunos turistas que, por increíble que pareciera, paseaban sin saber la magnitud de la tragedia. También había gente queriendo huir y lesionados que, como Karen, se sumaron a la embarcación.

Viajaron durante tres o cuatro horas. Karen ni siquiera se acordó de marearse. Al barajar los recuerdos, se lamentaba de haberle dicho a Jacobo, unas cuantas horas antes, que había pasado "el peor día de su vida". ¡Qué ilusa, qué tonta fui!, pensó. Y es que tan sólo un día antes era una joven romántica que no conocía la palabra tragedia. Inmadura como era, consideraba que un simple mareo era una maldición. Jacobo no estaba ahora para escuchar sus disculpas, para que ella pudiera decirle que jamás se quejaría por tonterías, que no volvería a vomitar por una simple indisposición.

—No estuvo conmigo ese 26 de diciembre para comentarle que ahora sí había sido el peor día de mi vida. El peor, porque me iba de

Phi Phi sin él. El peor, porque había padecido el infierno mismo. El peor, porque aún no sabía qué me deparaba el futuro.

A las diez de la noche de ese mismo 26 de diciembre, Karen arribó a Phuket. Se había embarcado de día y en el trayecto del *ferry* fue oscureciendo. Iba ella tan abrumada, pidiendo que anotaran a Jacobo en las listas de desaparecidos, que ni siquiera constató que el mar estaba calmo, que el sublime atardecer intentaba teñir el porvenir de renovadas esperanzas.

En una ambulancia, con otros seis heridos, fue transportada al hospital Vachira, una institución gubernamental de escasos recursos. Fue ella de los primeros lesionados de Phi Phi en llegar a ese hospital viejo y bastante sucio. Había cientos de heridos de Phuket y, con el paso de las horas, ese hospital, que concentró a los damnificados de todas las islas tailandesas, se convirtió en un hervidero.

En los pasillos, los voluntarios brindaban atención médica a quienes iban llegando. A Karen la cosió un enfermero ahí mismo en el corredor porque los quirófanos estaban ocupados, le inyectó lidocaína en cada una de las heridas y sin mucho oficio le dio unas cuantas puntadas en la rodilla, en el tobillo derecho y en la pantorrilla izquierda. La herida del brazo derecho, bastante profunda, ni siquiera la vieron, ni ella ni el hombre que la atendió.

A quienes circulaban en esos pasillos hospitalarios, Karen los abordaba con la misma letanía.

—*My name is Karen Michan, I'm looking for Jacobo Hassan. Please help me* —quería que alguien se apiadara de ella, que la ayudaran a encontrarlo.

Cuando terminaron de suturarla, se fue renqueando a buscar a Jacobo en todos los rincones del hospital. Al no encontrarlo, buscó a quienes organizaban algunas listas de desaparecidos para escribir su nombre. Así, junto al nombre de Karen Michan: *Injured*, quedó el de Jacobo Hassan: *Missing*.

Intentó hablar a México, no pudo, las líneas estaban saturadas. En un cuarto al fondo de aquel hospital, había una cartulina en la que anunciaban *email* gratuito. Había tres computadoras desocupadas. En México eran las once de la mañana. Entre sus amigos del Messenger sólo estaba conectado Dor Lavi, su primo de Israel. Le escribió:

Dor: Comunícate a mi casa, pídeles que se metan a Messenger.

Asimismo, mandó un mensaje a sus amigos.

Salo, Marc y Jacobo: Hola, soy Karen, acaba de pasar un desastre natural en la isla, yo estoy bien, pero no sé nada de Jacobo. No sé si está vivo o no. Por favor comuníquense a mi casa, díganles que estoy bien, que se conecten a Messenger.

Ansiosa y con el deseo de hablar a casa, buscaba a algún otro conocido conectado en la computadora. Mateo, un amigo de la universidad, estaba enlazado en la red, pero no respondía. Le acababa de escribir a Karen un mensaje antes de desconectarse.

Karen: no te preocupes por tus materias, ya te arreglé todo, disfruta tu luna de miel.

La confianza renovada

—Karen Michan... Karen Michan... —un enfermero la voceaba en el hospital.

Al toparse con ella en un pasillo, le dijo con enorme emoción que habían encontrado a su esposo, que Jacobo estaba vivo en el mismo hospital, que tenía mucha agua en los pulmones. Unos minutos después, entró una llamada del consulado de México en Tailandia a la recepción del hospital, buscaban a Karen para festejar con ella la maravillosa noticia.

La cónsul le dijo que el embajador mismo se encargaría de llamar a México, de hablar con sus familiares para transmitirles la buena nueva: Jacobo había aparecido.

El enfermero supuso que Karen no podía dar un paso y la sentó en una silla de ruedas para llevarla al encuentro con Jacobo. Tenía las extremidades vendadas, gran parte del cuerpo y de su cara moreteados, se veía exhausta, muy maltratada. Sin embargo, impaciente por la lentitud con la que la trasladaban, Karen se levantó de la silla para ir por su propio pie.

Buscó entre los heridos, entre los cientos de lesionados hacinados en cuartos y pasillos. Los corredores se habían atestado de enfermos, de gente en crisis, no había ni un rincón para sentarse. Había hombres con vidrios encajados en el cuerpo. Otros, molidos de dolor, con huesos dislocados o fracturas a flor de piel. Casi todos los pacientes eran hombres, ninguno era Jacobo.

La única mujer que Karen encontró era una israelí que lloraba desconsolada. Según dijo, había estado inconsciente varias horas, el tsunami la había sorprendido mientras dormía con su novio, los arrastró, los deglutió y él, como Jacobo, estaba desaparecido.

Karen escuchó historias, se estremeció ante cada relato, sentía que habían pasado siglos desde el día de su boda, desde que comenzó la luna de miel, desde que llegó a Phi Phi y dejó de ser una niña. Se sentía una vieja de veinte años cargando una exorbitante penuria en tiempos de apocalipsis.

¿Era el fin del mundo?

Estaba anclada a ese mar, algo le susurraba, algo le gritaba en un dialecto desconocido que no era capaz de descifrar.

Jacobo seguía desaparecido. ¿De dónde había salido la información de que estaba vivo, de que estaba ahí mismo en el hospital Vachira? Pegada sobre una mampara afuera del hospital había una lista de ingresos de pacientes. El 276 en la lista era Jacobo Hassan, el 277, Karen Michan Hassan. Era imposible que sus nombres fueran subsecuentes, Jacobo no había llegado con ella. Tantas veces había dado su nombre y el de Jacobo, que seguramente alguien confundió los datos y los anotó a ambos como sobrevivientes. Todo había sido un doloroso malentendido.

A la una de la mañana regresó al cuarto de las computadoras. Logró captar señal de internet y abrió su *mail* para ver si alguien le había escrito. Encontró un mensaje de Jacobo, se emocionó hasta las lágrimas, pero bastó abrirlo, leerlo, para constatar que era una cachetada del destino: eran palabras que él le había enviado dos días antes, ahí mismo, cuando disfrutaban de Phuket.

Mi vida solo quiero decirte q te amo, q estas dos semanas q hemos vivido juntos como esposos han sido las mejores de mi vida, juntos vamos a ser los más felices del mundo. Te amo hoy y siempre.

Karen se quedó paralizada, aturdida, era incapaz de contener las lágrimas. Comenzó a recordar cada instante de esos quince días de luna de miel. Se veía cantando con Jacobo las canciones de Blanca Nieves en el parque de San Francisco. Lo imaginaba corriendo para que la cámara de nuevo los perpetuara juntos y abrazados, inclusive en ese espantoso hospital que era un hormiguero de almas despojadas, desnudas de futuro, a las que les había pasado encima un tsunami.

Deseaba con todo su ser que aquello se convirtiera en recuerdo, en un mal trago, una página de su historia en común que pudieran contar a sus nietos. Transitaban en su pensamiento los coqueteos, los besos, las caricias. Las exóticas frutas que se dieron de comer en la boca, el paseo en una lancha en Bangkok. El pánico de ella y las carcajadas de él en la rueda de la fortuna de Hong Kong. Las miradas en el metro de Shanghái. Los últimos momentos en Phi Phi.

Extrañaba su argolla y su anillo de compromiso que se había quitado en la cabaña, un instante antes del tsunami. Anhelaba encontrar a Jacobo, nada más le importaba en esta vida. Mientras cavilaba, vio que su familia al fin se conectó al Messenger. Estaban todos juntos, sus papás y los de Jacobo, sus hermanos y cuñados, festejando la noticia, es decir, el "milagro" de haber encontrado a Jacobo.

La emoción les duró sólo ese ratito en que se juntaron en una casa para celebrar, a esperar que Karen y Jacobo se conectaran juntos al Messenger. Aquella madrugada del 27 de diciembre, él seguía desaparecido.

Karen necesitaba a su familia más que nunca, estaba sola, enferma y sin fuerza. Había que seguir en la brega de la vida, había que seguir buscando a Jacobo.

—No te preocupes, Karen, mis papás y los de Jacobo irán para allá —le dijo Isaac, su hermano—. Mientras, mis amigos estarán ahí en un ratito para ayudarte.

—¿Qué amigos? —preguntó ella, sabiendo que cruzar el océano desde México podía tardar treinta y seis horas de viaje o más.

—Rafa, Abraham, Marcos y Moy estarán ahí contigo en quince minutos. En quince, cuando más —ahora sí la sorprendió.

Karen no lo sabía, pero, los amigos de toda la vida de su hermano habían estado en Phi Phi el día 26 y se habían salvado del tsunami por mera casualidad. A la hora del maremoto ellos viajaban en el *ferry* que había salido a las nueve de la mañana de Phi Phi rumbo a Phuket. Su vuelo rumbo a Bangkok era esa misma tarde, y los amigos habían discutido si debían embarcarse de Phi Phi a Phuket a las nueve de la mañana, como lo haría con suma antelación un abuelito si va a tomar un avión, o a las once, para disfrutar de un buen sueñito y gozar del paraíso hasta el último instante, como lo haría cualquier chamaco que cree que el futuro le pertenece.

Por temor a no encontrar lugar en el *ferry* de las once, se fueron a las nueve. Fue un golpe de suerte. Esa decisión en apariencia intrascendente —esa casualidad o causalidad, porque a las nueve o a las once hubieran tenido suficiente tiempo para llegar al aeropuerto si no acontecía ninguna eventualidad— fue lo que les salvó la vida. En altamar el tsunami no se sintió, este tipo de tragedias naturales son inofensivas si uno está a la mitad del océano.

Lo que sí sucedió fue que el *ferry* quedó anclado a mitad del océano durante varias horas porque el capitán recibió órdenes de alejarse de las costas. Los cuatro mexicanos, según contaron después, estaban furiosos, sin entender nada. Acusaron al capitán de inepto. De ser un necio que, por "miedo a las olitas", se detuvo. De ponerse a tomar el sol. Decían que por culpa de ese marinerito incompetente perderían su vuelo.

Ni aún llegando a Phuket, donde había muertos y heridos, estuvieron dispuestos a dimensionar la tragedia. A pesar de que el taxista les anticipó que el aeropuerto internacional estaba cerrado, se empecinaron en que los llevaran porque, según decían, apenas tenían tiempo de abordar.

—No captamos que hubiera pasado algo delicado, hablaban de una ola, de una *big wave* y, la verdad, nos parecía una exageración. Sólo nos dimos cuenta de que podía ser algo más grave cuando, instalados en el hotel, cerca de la medianoche, encendimos las noticias de CNN —señala Rafa Levy, el mejor amigo de Isaac Michan.

Llamaron a México para anticipar que estaban bien, que no podían salir de Tailandia de modo alguno: ni en avión, carretera o barco. La mamá de Moisés Bissu les dijo que era urgente que llamaran a Isaac, el hermano de Karen. Fue así como esa madrugada llegaron al hospital Vachira para encontrarse con Karen.

—A nosotros no nos quedaba duda de que Jacobo también andaba por ahí, nunca nos pasó por la cabeza que pudiera estar muerto —añade Rafa, quien entonces tenía veinticinco años.

Al verlos, a Karen se le iluminaron los ojos, el destino se los había mandado. No los veía desde el día de la boda. Los abrazó sin querer soltarlos y, acurrucada en sus hombros, lloró para sacar todo lo que tenía contenido. En realidad, aún no entendía qué había sucedido. Sólo decía que una ola llegó, casi la ahogó y que logró salir de ella. Insistía en que había que buscar a Jacobo.

A diferencia de ella, hecha un despojo, ellos estaban perfumados, recién bañaditos. Se quedaron atónitos ante la estampa lastimosa de

Karen. Estaba herida, vendada, aún con los pelos erizados. Ella, que tanto se preocupaba siempre por estar arreglada, era un harapo. Le dolía hasta el último hueso. Estaba sucia y maloliente, destrozada.

Los Cuatro Fantásticos, como ella los bautizó, se organizaron para buscar a Jacobo en las cinco clínicas y hospitales de Phuket. Ella llevaba casi veinticuatro horas sin comer ni dormir, pero nada importaba, tenerlos era un alivio, un refrescante interludio, una posibilidad de renovar la búsqueda de Jacobo.

Dejó en manos de sus amigos investigar, decidir, asumir el liderazgo de qué hacer a cada instante. Ella pasó el resto de la noche conectada en internet con amigos y familiares. Escribió el nombre de Jacobo en una infinidad de bases de datos de personas perdidas.

Isaac, su hermano, mandó la foto del columpio que se habían tomado ella y Jacobo, unos días antes de la boda. Estaba en su computadora. Fue esa imagen la que añadieron a las listas de desaparecidos que comenzaron a fluir de manera cibernética en Tailandia y el resto del mundo.

En los diarios de México también se lanzó la voz de alerta: ella y Jacobo, dos mexicanos en su luna de miel en Asia, habían padecido el tsu-na-mi, palabra desconocida, ahora célebre, que cobraba un significado portentoso con las imágenes repetidas de la ola, de sus víctimas, de los estragos que dejó a su paso.

Todos los medios del mundo estaban ávidos de información, de carnita, de sustancia para explicar lo sucedido. Un tsunami, esa ola tan grande como un rascacielos, esa marejada veloz y poderosa se tornó sinónimo de la furia iracunda del mar, de la rabia de la Tierra. Significaba una metamorfosis de la placidez del océano, un ensañamiento capaz de masticar y vomitarlo todo, de arrasar con la vida y el sosiego.

A fin de hacer público el rostro de Jacobo, Karen y sus amigos imprimieron cientos de copias de la foto del columpio, para pegarlas en el City Hall de Phuket y en todas las mamparas a su alcance. A Tailandia llegaban aviones con reporteros del mundo entero cargados con cámaras y micrófonos, dispuestos a hacer pública la lista de desaparecidos. Un periodista latino de Reuters prometió reproducir la foto de Karen y Jacobo. Les ofreció divulgarla, les prometió que todo el mundo sabría que Jacobo estaba perdido, que había que encontrarlo.

Una búsqueda infructuosa

Moy Bissu, Rafael Levy, Marcos Attie y Abraham Farca, hospedados en el Hotel Metropol de Phuket, le dieron a Karen ropa y cobijo. Intentaban que descansara, ya había padecido demasiado.

La mañana del 27, con enorme dificultad, trató de darse un baño. Tenía heridas profundas. La del brazo, sin costura, no paraba de sangrar. Sus dedos rebanados le impedían lavarse y le resultaba imposible que el agua penetrara su cabello, saturado de ramas, arena, nudos y hojas. Se vistió con la ropa de sus amigos, con sus enormes trusas.

Trató de dormir. Fue imposible. Las imágenes de la ola que apenas veinticuatro horas antes llegó a su vida, la despertaban agitada, no sabía dónde estaba. Temía estar cerca del mar, que todo recomenzara otra vez. Abraham Farca, el más joven de los amigos, se quedó con ella mientras los otros emprendían la búsqueda. Trataba de tranquilizarla, pero no había forma. La pesadilla volvía y volvía.

Un joven chileno, alto y flaco, bien parecido, tocó con insistencia a su puerta. Le contó a Karen que había conocido a sus amigos mexicanos en el hospital. Se llamaba Aurelio Montes. También venía de Phi Phi. También estaba de luna de miel y se había hospedado en el PP Princess. También él buscaba a su esposa.

Desde la montaña, mientras rapeleaba, vio cómo la ola se fue tragando la isla, arrasando con todo. Su mujer, Francisca Cooper —Francis, como él le decía— estaba nadando en la alberca. Había sido el único momento de su viaje en que se separaron. Se resistía a creer que estuviera muerta. Lloraba desconsolado.

Compañeros del mismo dolor, Aurelio y Karen regresaron al hospital para seguir buscando a sus respectivas parejas con el resto de los amigos mexicanos que llevaban muchas horas sin sueño ni alimento.

—Aurelio se volvió como un hermano nuestro. Buscábamos a Francis y a Jacobo, ambos eran nuestro objetivo —recuerda Rafa Levy.

Esa tarde supieron que arribaría un barco con setecientas personas provenientes de Phi Phi, llegarían ahí los últimos sobrevivientes. A los heridos los atenderían en el hospital Vachira y en las otras clínicas de Phuket; a los damnificados los concentrarían en el City Hall y a los cadáveres, en la isla de Krabi.

Karen tenía tanto frío que no percibía el agobiante calor, era muy posible que tuviera calentura. Aun así, salió con sus amigos a buscar a Jacobo. El tiempo pasaba y no hallaban señales de su existencia. Ninguno de quienes llegaron ese día a los hospitales había sobrevivido a la ola, todos eran heridos con rajadas leves que presenciaron el tsunami desde lejos.

Comenzaba a sentir cansancio, le dolía todo el cuerpo, desde el dedo gordo hasta el último músculo del torso y los brazos. Los moretones se extendían, las heridas seguían sangrando. Además, había tragado tanta agua, se había impregnado toda ella de ese mar iracundo, que de todos los orificios de su cuerpo seguía brotando arena. De su nariz, pelo y orejas salían sedimentos. No escuchaba bien, sentía presión en los oídos, estaban taponados.

Karen comenzó a flaquear, comenzó a perder la esperanza. Se preguntaba cuántos muertos habría. A ratos regresaba al internet y expresaba su desconsuelo a amigos y familiares que, desde la paz de México, la criticaban. Le decían que no podían entender su "actitud negativa". Le exigían que dejara de quejarse, que no debía claudicar. Le aseguraban que viviría un milagro. Insistían que debía de sentir gratitud, que Jacobo estaba vivo, que todo era cuestión de fe.

Entre más reproches, más lejos se sentía de sus amigos y familiares mexicanos. Vivían realidades distintas. Había estallado un abismo entre ellos. Lejos de sentir aliento o consuelo al comunicarse con los cercanos, la devoraba la opresión y el miedo. Sobre todo la culpa, por ser incapaz de franquear, como ellos, los muros de la esperanza.

A las afueras del City Hall, ella y los Cuatro Fantásticos comenzaron a subir a los camiones en los que venían los pasajeros del *ferry* que acababa de llegar, se treparon a más de una veintena de ellos. Mostraban la fotografía de Jacobo a todos los pasajeros, a quienes se les cruzaban en el camino les preguntaban si lo habían visto.

—Sí —respondió un hombre—, viene en otro camión. Yo lo vi, estoy seguro. Se embarcó en Phi Phi.

Una vez más era un falso alarde de optimismo. Jacobo no estaba en ningún lado, Jacobo no estaba ahí. Sin darse por vencidos siguieron yendo de un lado a otro. Tomaban turnos, estaban empeñados en buscar incluso bajo las piedras.

Los reporteros y las antenas de todo el mundo estaban en la zona. Asimismo, los representantes de embajadas. Karen contaba con el auxilio solidario de los representantes de México en Tailandia y, aprovechando que Oshra, su madre, es israelí, pidió también apoyo de la embajada de Israel.

Le pidieron signos particulares de Jacobo. Fue recordando: cicatriz en forma de i latina en la rodilla; tornillos, placa de metal y cicatriz en forma de z en la muñeca izquierda; rayas en la frente; cicatriz de un lunar que le quitaron en el cachete derecho y otra en la nalga. Dijo también que tenía pie plano y estaba circuncidado. Le solicitaron placas de los dientes. Acordó que las pediría a sus familiares en México.

El gobierno tailandés comenzó a pegar en una pared las fotografías de los muertos. Eran seres amorfos, irreconocibles. Estaban desfigurados, hinchados por los golpes y el agua: narices infladas, ojos saltones, rostros verdosos, morados o negruzcos, en todos los casos eran caras y cuerpos putrefactos, carne irreconocible en proceso de la más cruel descomposición. No podía ni siquiera definirse si la víctima había sido oriental u occidental, joven o viejo, negro o blanco, hombre o mujer.

Los expertos aconsejaban enfocar la atención sólo en la forma de las cejas, en las entradas del cabello. El número de fotos de cadáveres era creciente. Algunos, con los ojos bien abiertos, parecían sorprenderse del horror que los alcanzó. ¿Cómo podía uno soportar tanta crueldad?

Los amigos de Karen seguían revisando los hospitales de Phuket buscando a Jacobo y a Francis. Ninguno de los dos aparecía. La mañana del día 28 se animaron a ir a la morgue de Krabi, donde además de un hedor insufrible, había cientos, miles de fotografías de muertos.

¿Podían aún estar inconscientes?

—Desde ese día yo perdí la esperanza —es la voz de Rafa Levy—. Si no estaban en los hospitales, porque revisamos cama por cama, si no habían dado señas de vida, estaban muertos. La dimensión de las pérdidas era inmensa. Cada historia era una tragedia. Había miles de niños huérfanos, millares de desaparecidos, la devastación tenía cientos de miles de nombres.

En México, la fotografía de Karen y Jacobo seguía apareciendo en las primeras planas de los diarios, en todos los noticiarios de televisión. Ella no imaginaba que todo el país sabía su catástrofe. Era ella el rostro mexicano, se había convertido en una figura pública.

Gente que tenía años de no verla, le mandaba mensajes. Se multiplicaba la misma cantaleta: le exigían que fuera fuerte, como si no lo hubiera sido, que debía mantener la serenidad y la esperanza. Con frases hechas le solicitaban rezar, ponerse en manos de Dios-todo-poderoso-que-todo-sabe, Dios-todo-piadoso-que-todo-acomoda, Diosito-que-siempre-busca-el-bien.

Algunos más, como si vieran una bola de cristal, insistían en que era un asunto de paciencia y calma, de optimismo, de poner buena cara porque todo volvería a la normalidad. Una persona, inclusive, relató que había hablado con una vidente y que Jacobo estaba desmayado, bajo el cuidado de unos nativos en una isla cercana. Dijo que se recuperaría.

Todos se sentían con la capacidad de dictarle cómo proceder. Esas cucharadas de esperanza a granel, a ella la quebraban. Deseaba encontrarlo, sí, lo deseaba con todo su ser, pero deseaba también empezar a vivir su duelo, aceptando la verdad.

Desde el epicentro del dolor

El miércoles 29 en la mañana, llegaban a Phuket los papás de Karen y los de Jacobo. Eran plenas vacaciones decembrinas y había sido complicado obtener lugares en los vuelos, encontrar conexiones idóneas.

El embajador de Tailandia en México, con franca empatía, los había recibido en la embajada el domingo, a fin de darles los reglamentarios visados; aún así, a pesar de que todos los trámites se llevaron a cabo con absoluta celeridad, no alcanzaron a subirse los cuatro al vuelo de Aeroméxico rumbo a Los Ángeles y, por falta de espacios, tuvieron que separarse.

Las dos mujeres, con mayor desesperación por llegar, viajaron juntas. Los dos hombres partieron después. Oshra Michan y Sara Hassan llegaban temprano a Phuket, provenientes de Bangkok, su ruta había sido por Los Ángeles. Eduardo Michan y Moisés Hassan, que hicieron conexión en Atlanta, lograron llegar, casi al mismo tiempo, desde Singapur.

En el taxi rumbo al aeropuerto para encontrarse con sus padres y suegros, sonó el celular de Moy Bissu, que la acompañaba. Era un reportero de *Proceso*. Karen no quiso atenderlo, sentía que había demasiado morbo en las preguntas, falta de empatía, una violación a su intimidad.

El Aeropuerto Internacional de Phuket estaba casi vacío, había escasas víctimas esperando familiares. Mientras llegaban los vuelos, arribaron Rafa, Marcos y Abraham, los otros jóvenes mexicanos. Ese mismo día se regresaban tres de ellos a México, sólo se quedaba

Rafa Levy. Ahí en el puerto aéreo estaba también Aurelio Montes, el amigo chileno, quien esperaba a su mamá.

Tanto Aurelio como Karen estaban ilusionados de encontrarse con sus seres más queridos, soñaban que, con la presencia de ellos, sucediera el milagro de hallar a sus parejas: a Jacobo Hassan y a Francisca Cooper.

Al ver a su mamá, Karen buscó su abrazo. Necesitaba su apoyo y cobijo. Sólo eso, porque no tenía ya más lágrimas que derramar.

—Karen estaba desesperada, deshecha —platica Oshra—. Lloro sólo de recordar ese momento, jamás se me va a olvidar. El clima era agobiante, más de cuarenta grados y Karen estaba con una chamarrota negra encima, de esas que se llevan a esquiar. Le preguntaba si no se estaba muriendo de calor. Respondía que no, que no sentía frío ni calor, que no sentía nada. Me rompía el alma.

Para ambas familias: Michan y Hassan, que aterrizaban tardíamente en la zona de desastre, era apenas el inicio del calvario. Karen, por su parte, había pasado setenta y dos horas. Setenta y dos siglos. Un ramalazo de amargura, frustración y agotamiento. Un suplicio.

Mientras Karen y su madre se abrazaban, aparecieron reporteros y corresponsales de agencias de noticias, acosando a la joven mexicana con flashazos y micrófonos. Brotaron de la nada, de repente, habían estado escondidos. No paraban en su afán de obtener la nota. Buscaban víctimas, historias de sangre y dolor, titulares amarillistas, mercancía fresca. Una exclusiva a costa de lo que fuera.

Karen era de las pocas sobrevivientes que seguían en Tailandia, su fotografía estaba en todos los rincones de Phuket, era bien conocida. Se sintió invadida, ultrajada. Les gritaba que la dejaran en paz. Les decía que no era una estrella de Hollywood caminando sobre la alfombra roja. Les pedía una y otra vez que cesaran de seguirla, que tuvieran compasión.

No querían escuchar. Entre más les imploraba, más *flashazos*. Como buitres al acecho, estaban a punto de lograr su objetivo: sacarla de control para capturar el instante de mayor angustia, el más vendible, el más jugoso. Harta y exasperada, con una furia incontenible, les gritó a los *paparazzis* que la dejaran en paz, que ya era suficiente dolor, que no soportaba más, y así, con el clamor en la boca, lograron ellos su premio, la toma morbosa que tanto anhelaban.

Esa fotografía dio la vuelta al mundo: Karen roja de rabia, los labios entreabiertos por el aullido de dolor, ambas manos suplicantes, los dedos encorvados sobre su cara, los ojos entrecerrados, hinchados de tanto llorar. Una mueca de tormento y amargura que, en algunos diarios, contrastaron con la fotografía de Karen y Jacobo sonrientes en el columpio antes de la boda. Era el antónimo perfecto: el paso de la dicha de la boda, al delirio más inaudito a causa del tsunami.

Con gran cinismo, los periodistas se sirvieron de Karen con la cuchara grande, contaron lo que les dio la gana. El pie de foto de aquella estampa de enorme dolor no hablaba de la provocación de los fotógrafos, no aludía al acoso. Por el contrario, señalaba de forma mentirosa que era el rostro martirizado de Karen al no encontrar a Jacobo.

Estudiante ella misma de la carrera de Comunicación, se cuestionaba en torno a la irresponsabilidad y falta de ética de tantos comunicadores que, por ganarse unos centavos, habían sido capaces de lucrar con su tragedia, de inventar barbaridades convirtiendo en verdad universal tanta charlatanería.

Ese mismo miércoles en la radio de México se anunció, con base en información proporcionada por "los mejores amigos de la familia", que Jacobo había aparecido. Era una mentira más. De la noche a la mañana, Karen se llenó de nuevos amigos, de chismosos que manoseaban su tragedia y que también la usaban sin piedad.

La salud de Karen mermaba, sus heridas estaban cada vez más infectadas. Su madre la llevó a un hospital privado donde descosieron y rasparon. Esa dolorosa tortura de someterse a arañazos sin anestesia, para evitar que las heridas supurantes hicieran costra con las bacterias multiplicándose en sus tejidos, fue rutina diaria durante más de una semana.

Mientras tanto, Rafa Levy acompañaba a Sara y Moisés Hassan y a Eduardo Michan a visitar una vez más los caminos recorridos. Fueron nuevamente a cuatro o cinco hospitales de Phuket y Patong a buscar a Jacobo entre los lesionados, al centro de información y, aunque resultó demoledor, a la morgue de Krabi, donde había aún más cadáveres.

Inconformes con los resultados, al siguiente día los Hassan y Eduardo Michan buscaron a algún lanchero dispuesto a llevarlos a Phi Phi. Ellos mismos querían buscar a Jacobo, escrutar el terreno, mirar con sus propios ojos. Estaban seguros de que lo encontrarían, sobre todo su mamá abrigaba la esperanza de hallarlo con vida.

Les bastó llegar al camposanto en que se había convertido Phi Phi, pueblo fantasma devastado y pestilente, para reconocer su error. En la tranquila playa de arena blanca y agua acuamarina se acumulaban cientos de cuerpos empaquetados en bolsas de plástico de color azul. Cada una de las bolsas estaba amarrada con mecates.

El papá de Karen, desviando la mirada de los muertos, se empeñó en encontrar el PP Princess, sabía que se habían hospedado en el búngalo 18, pero nada quedaba del hotel, mucho menos del cuarto. No existían más.

Al estar ahí, al constatar el calibre de la fatalidad, él y sus consuegros se dieron cuenta de que la tragedia había sido descomunal. En especial, Eduardo Michan, el papá de Karen, agradecía un millón de veces el milagro de que su hija estuviera viva, porque en esa isla no había la más nimia señal de vida. Todo era un caos, una larga sombra de desolación. Ahí seguía rondando el ángel de la muerte, aún empuñaba su guadaña.

Dos hombres de origen sueco, que también habían ido a buscar a algún familiar, les pidieron aventón de regreso en la lancha. Traían consigo una bolsa de plástico que encontraron tirada en Phi Phi. Estaba llena de cédulas, licencias y documentos de identidad. Ellos no habían encontrado nada, pero la compartieron, pensando que quizá podían correr con mejor suerte. Ahí apareció el pasaporte mexicano de Jacobo.

El papá de Karen llamó por teléfono a su hija, para preguntarle si Jacobo traía su pasaporte consigo cuando los había alcanzado la ola.

—A botepronto respondí que no —me dijo Karen—. Luego, al hilar cabos, me acordé que, después del desayuno, Jacobo me pidió regresar al cuarto por su pasaporte para cambiar *traveler's checks*, porque ya no traía efectivo. Era un hecho, mil por ciento que él traía su pasaporte en la bolsa de su short cuando el mar nos revolcó.

Con el hallazgo del documento, Karen y su familia renovaron la esperanza. Si estaba el pasaporte, Jacobo también debía de estar cerca. Vivo o muerto, pero cerca. Sin embargo, con el paso de esos días que se hicieron eternos nada nuevo aconteció. Sólo se acrecentó el tufo de la muerte.

Sintiendo la desesperanza crecer, la plaga de infecciones, los miles de cadáveres, el naufragio, la aplastante incapacidad de hallar a Jacobo, los Hassan y los Michan se pusieron como plazo máximo para regresar a México el domingo 2 de enero, porque cada instante que pasaba evidenciaba que ya nada tenían que hacer ahí.

Rafa Levy adelantó su partida al viernes 31 de diciembre. Para él, el infierno había sido excesivo. Estaba más que convencido que Jacobo estaba muerto, también Francis. Estaba seguro de que sus cuerpos nunca aparecerían. Su mamá tenía días implorando que se regresara. Esa misma tarde, se trepó a un vuelo rumbo a Bangkok, creyendo que ahí podría despejarse, iniciar una nueva página al festejar el Año Nuevo, y tempranito, el 1º de enero, volar a México vía Tokio.

—Me había hecho el grande, tomé la batuta de apapachar a Karen, de emprender la búsqueda de Jacobo. Lo mismo hice con Aurelio; lo ayudé en la pesquisa de Fran que tampoco apareció. Pensé que podría borrarlo todo, pero me bastó llegar a un bar de Khao San Road para quebrarme como un niño indefenso. Ahí solito en Bangkok, frente a un *pad thai* y una cerveza, comencé a llorar como un loco, sumido en la más profunda tristeza. Todos los mochileros europeos festejaban como si nada hubiera pasado. Yo no pude. Aún hoy me acuerdo de todo lo que vivimos después del tsunami y lloro.

El tsunami y la experiencia de acompañar a Karen en la búsqueda de Jacobo fueron un punto de quiebre también en la vida de los Cuatro Fantásticos. Ellos reconocen, aún hoy, que son sobrevivientes. Se salvaron por instantes. Si hubiesen tomado la lancha a Phuket a las once de la mañana y no a las nueve, la historia de ellos hubiera sido otra.

La página final

El día 2 de enero, estando las familias Michan y Hassan en el aeropuerto de Phuket, listos para retornar a México, llegó una persona a decirle a Karen que había un hombre hospitalizado en Krabi con las señas particulares de Jacobo: tenía pie plano, piel morena y shorts grises.

—Salimos corriendo a buscarlo, sin importarnos perder el avión —recuerda Karen.

Krabi estaba a dos horas y media de distancia. Les bastó llegar para constatar, una vez más, que no era cierto. El paciente en cuestión era un tailandés a quien habían dado de alta esa misma mañana.

Al retornar a Phuket, finalmente tomaron el vuelo a Bangkok para viajar vía Frankfurt rumbo a México. Ese viaje fue el reconocimiento del profundo desconsuelo que vivían, en especial los padres de Jacobo porque retornaban a casa sin su hijo, sin saber dónde buscar, sin comprender nada, sin distinguir si aún había alguna puerta para regresar el tiempo, para permitirles volver a abrazar a su niño.

Karen, por su parte, añoraba estar con Jacobo, pero imploraba un respiro. Había sido demasiado, deseaba con toda su alma alejarse de ese mar, de tanto dolor. Necesitaba distancia con la tragedia, amén de recibir asistencia médica profesional, tanto física como psicológica.

Como una paradoja del destino, unos días antes, Karen había recibido en el hotel Metropol de Phuket las dos petacas que ella y

Jacobo habían dejado en custodia antes de salir hacia Phi Phi. Sus agentes de viajes, esa pareja de la que Karen desconfió, al ver su fotografía y constatar que había sobrevivido, la buscaron para devolvérselas. Karen no había tenido tiempo para acordarse de aquel equipaje; no así los agentes tailandeses que deseaban regresar lo que no les pertenecía, inclusive el dinero que ella y Jacobo habían pagado por el taxi que los llevaría del muelle de Phuket al aeropuerto.

En México, Karen durmió con la pijama que Jacobo había dejado en la maleta olvidada. Día y noche la trajo puesta durante varios días. En sueños le rogaba que le mandara alguna señal, necesitaba saber si estaba vivo o no.

La madrugada del 5 de enero, diez días después de aquel terrible maremoto, un grupo de israelíes de la organización ZAKA —abreviatura de Zihuy Korbanot Asson, siglas en hebreo para Identificación de Víctimas en Desastres— encontró el cuerpo de Jacobo en una bolsa azul en la morgue de Krabi.

Su nombre, Jacobo Hassan Cassab, fue añadido a la lista de los cientos de miles de muertos. Era el único mexicano deglutido por aquella marejada ruin que depredó zonas completas de Tailandia, Indonesia, Sri Lanka, India, Bangladesh, Birmania, Malasia, las Islas Maldivas, Somalia, Kenia, Tanzania y las Islas Seychelles.

Karen y Jacobo se sacaron el billete premiado de la lotería, esa fue su suerte. Su buena o mala suerte.

—La posibilidad de que, entre los 106 millones de mexicanos, Jacobo haya sido el único fallecido y yo la única que sobrevivió a esa ola, es casi inexistente. Y, sin embargo, así nos tocó.

Con ayuda de un detector de metales, los miembros de ZAKA encontraron la placa que Jacobo tenía en su muñeca izquierda, todas las otras señas de identidad coincidieron con las huellas apuntadas por Karen. Él había dicho que, al regresar de su luna de miel, se sometería a una intervención para retirar la placa y los clavos de esa fractura antigua y, como un revés del destino, justamente ese metal y esos clavos fueron el señuelo para la identificación plena de su cuerpo.

El 31 de diciembre, a la hora en que sus padres recorrían la isla de Phi Phi, el cuerpo de Jacobo había salido a flote, como si él hubiera sabido que ellos lo estaban buscando. En una de aquellas bolsas azules que vieron apiladas en el muelle, acababan de introducir sus restos, para luego amontonarlo con muchos más fallecidos que llevarían a Krabi.

El equipo que limpiaba los cadáveres retiró de manera irresponsable los pasaportes y las pertenencias, identificaciones que hubieran podido determinar la filiación de aquellos individuos. Por eso, el documento de Jacobo quedó en aquella bolsa que halló el turista sueco.

Jacobo llegó a México el día 8 de enero y fue enterrado el domingo 9. Sus restos estaban tan descompuestos y desfigurados que nadie se atrevió a abrir la caja. Así se le dio sepultura.

Karen llegó a dudar que hubiera sido su esposo al que enterraron en el panteón judío de México. Sólo se convenció cuando, unas semanas después, Julián Ventura, director para la región Asia-Pacífico de la Secretaría de Relaciones Exteriores, le llamó para decirle que, por un error del equipo tailandés, el cuerpo llegó a México sin una bolsa que debía haberlo acompañado. Él la tenía en su poder, quería entregársela.

La bolsa contenía el reloj que Jacobo llevaba puesto, asimismo su argolla matrimonial con el nombre de Karen y la fecha de su matrimonio, 4 de diciembre de 2004, grabados en el interior. No había duda, era Jacobo. El ciclo logró cerrarse, Jacobo Hassan Cassab descansaría en paz en su tierra.

En torno al mañana

La historia de Karen y Jacobo, además de estremecer, llegó todavía más lejos. Según Karen, quedó inscrita como un precedente en la ley judía. El 4 de enero, un día antes de que el cuerpo de Jacobo fuera hallado en Tailandia, llegó a casa de Karen un tribunal rabínico, un *Beit Din* conformado por tres rabinos y un escribano con la intención de comenzar un juicio para darle carácter de "viuda", para liberarla del matrimonio, no obstante que el cuerpo de Jacobo no hubiese aparecido.

La ley judía, inspirada en el Talmud, dicta que una mujer cuyo marido desaparece, debe esperar en condición de *aguná* —el significado literal de la palabra es: "anclada"—; es decir, debe permanecer "casada" hasta que se pueda dictaminar a ciencia cierta su condición de viudez.

A diferencia de la incertidumbre, del *impasse* de angustias que padecían las mujeres de los soldados en épocas pasadas —años de zozobra hasta que ellos retornaban de la guerra o a ellas finalmente se les eximía del matrimonio—, en el caso de Karen resultaba evidente que Jacobo estaba muerto como consecuencia del desastre natural. A las autoridades rabínicas mexicanas les parecía sustancial reconocerlo, independientemente de si hallaban o no su cuerpo. En específico, el rabino Abraham Tobal, líder religioso de la Comunidad Monte Sinai, a donde pertenecían Karen y Jacobo, quería liberarla a ella *de facto* para evitarle mayor sufrimiento, para que no tuviera que esperar ni un día más atada a Jacobo, para que eventualmente pudiera casarse.

—A mí me impactó mucho el caso de Karen y Jacobo, los conocía muy bien, conmigo habían tomado el curso prematrimonial y hacía apenas unas semanas que yo los había casado. Cuando Karen regresó sola de su luna de miel después de haber vivido una absoluta tragedia, sentí una enorme responsabilidad de ayudarla. No podía dejarla desamparada como *aguná*. Por ello, hablé con el gran rabinato de Israel para buscar salidas y de inmediato comenzamos un *Din Torá* (un juicio) para sentar las bases del caso—recuerda el rabino Tobal.

Los representantes del *Beit Din* le pidieron a Karen que contara su historia con lujo de detalle para dejar un precedente escrito y dictar una responsa rabínica que liberara a Karen y a cualquier otra mujer judía que, en el futuro, padeciera un desastre extraordinario como el que sufrió la pareja de lunamieleros.

Si bien el cuerpo de Jacobo apareció un día después del encuentro con el tribunal rabínico, Karen asegura que el juicio prosiguió y que su caso forma parte de la *Halajá*, la ley judía. En realidad, en el corpus de la ley de Israel no hay ningún adendo formal que se vincule con el tsunami, sin embargo, es plausible que el caso de los mexicanos sirva para brindar fundamento a la resolución de otros casos extraordinarios.

—A menudo me entero que dan clases de Torá con lo que viví. Algunos, por fortuna los menos, dicen, con un inútil simplismo moralista, que me pasó esta tragedia por no ser religiosa, ¡por no respetar *shabat* (cuidar el sábado)! Por suerte la mayoría toma una postura contraria. Casi todos aluden a mi capacidad de resiliencia, al optimismo y fortaleza con que emprendo, a la perseverancia con la que me aferro a la vida, dicen que Dios estuvo conmigo en todo momento.

Karen se convirtió en viuda a los veinte años, después de ser protagonista de la hecatombe. Es ella una guerrera, un milagro viviente. Fue sobreviviente única del naufragio, de esa ola sinfín que, con una fuerza descomunal, irrumpió en Asia llevándose consigo vidas, historias y tiempo de individuos y pueblos enteros.

A partir de lo sucedido, Karen transformó de raíz su existencia. Si había podido respirar y luchar en las condiciones más adversas, escalar peñascos, encontrar ayuda y sobrevivir a la muerte de Jacobo —por poco, ella también fenece—, nada la detendría nunca más.

—Yo había sido una adolescente chillona, depresiva e insegura. A mi mamá la volvía loca. Me sentía gorda, fea y, por mi baja autoestima, creía ser el patito feo de mi familia. Quizá por eso mis papás tenían pavor de mi futuro después del tsunami. Lo bueno es que los sorprendí: me aferré a la vida y le di un giro de 180 grados a mi existencia. Doté de un significado personal el término resiliencia. Quienes me conocen lo saben, soy positiva, alegre y trabajadora, dispuesta siempre a superar cualquier adversidad.

Tras haber publicado fragmentos de esta crónica en *Reforma*, misma que fue traducida a varios idiomas y que aún hoy circula en internet, Karen, por insistencia de sus padres, decidió cerrar la puerta al pasado en el afán de olvidar. Ese suceso, el del tsunami, le decían sus papás con amorosa compasión, debía de ser borrado de su memoria, catapultado para siempre. Creían ellos que, por decreto, podían darle carpetazo al naufragio, para que Karen pudiera emprender un nuevo camino, casarse y recomenzar, como si "eso" nunca hubiera pasado.

Por ello, cuando gané el Premio Nacional de Periodismo 2005 en la categoría de Crónica con una versión recortada de este trabajo y varios amigos editores me pidieron convertirlo en libro, yo me replegué respetando el mutismo de la familia. Intuí que llegaría un mejor momento. Estaba contenta de haber conocido a Karen, de haberla ayudado en su proceso de sanación, de haber utilizado sustantivos y adjetivos para darle ritmo y armonía a su testimonio.

Más de una vez lo he dicho en público, el mayor elogio de mi vida profesional provino de la mamá de Karen, de Oshra Michan. Testigo en primera fila de lo acontecido aquel diciembre negro, cuando acompañó a su hija en la búsqueda infructuosa de Jacobo, me contó que, en sus vacaciones decembrinas de 2005, durante los siete días en que se publicó la historia de Karen en *Reforma*, a un año de la tragedia, ella corría cada mañana al puesto de periódicos cercano a su departamento en Acapulco, para comprar el diario y saber "lo que sucedió al día siguiente". Parecía absurdo que quisiera informarse a partir de mi pluma, cuando ella, mejor que nadie, conocía ese día siguiente. Se emocionaba, sin embargo, de leer su experiencia en el espejo que yo les ofrecí.

"Yo sobreviví al tsunami" se quedó en el tintero, guardada en un cajón. Con el paso de los años, Karen se casó, tuvo dos hijos y se divorció. Como era de esperarse, en todas las etapas la persiguió su pasado, resultó imposible e inútil borrar ese parteaguas y la determinante huella de aquello que padeció.

Quizá por eso hoy, cuando han pasado quince años de aquel instante, fortalecida y feliz, aceptó la publicación de este texto que determinó su rumbo y existencia.

De aquel 2004 a la fecha, mucho ha cambiado en el panorama, en la visión de los países y las personas involucradas. A diferencia de entonces, hoy todos sabemos lo que es un tsunami y, a pesar de que en el Océano Índico, especialmente en el Mar de Andamán, de entonces a la fecha han seguido habiendo sismos mayores a magnitud 7 en la escala de Richter, casi nadie pareciera tener conciencia de que la zona es peligrosa, casi nadie concibe que puede ser víctima de un fenómeno de esa naturaleza. Karen, pensamos, se sacó la rifa del tigre; ella, encontró la aguja en el pajar. Como dicta la naturaleza humana, que suele olvidar con rapidez, esas islas del sudeste asiático retomaron muy pronto su carácter idílico y cientos de miles de turistas pernoctan en esas playas a la orilla del mar como si nada hubiese pasado.

A partir de 2005, los países afectados por el tsunami se reconstruyeron con donaciones de personas de todo el mundo. Con el trabajo mancomunado de varias organizaciones no gubernamentales se limpiaron las playas, se purificaron las aguas de basura, podredumbre y cascajo, y se construyeron nuevos hoteles para que los turistas pudieran volver a disfrutar los destinos paradisiacos. En particular, Phi Phi volvió a ser joya preciada de buceadores y de quienes practican el *snorkel*, en especial de lunamieleros que, como Karen y Jacobo, buscan un inolvidable nidito de amor.

Quizá la mayor preocupación a raíz de la tragedia, porque esas franjas peligrosas en zonas sísmicas se siguen poblando, proviene de científicos y políticos del sudeste asiático, empeñados en generar sistemas de alerta efectivos. Con la UNESCO, algunos países crearon el Sistema de Atención y Mitigación de Tsunamis en el Océano Índico, en específico en Tailandia, el Departamento Nacional de Prevención y Mitigación de Desastres dispuso una metodología con 136 torres de radiocomunicación y boyas de detección en el Mar de Andamán para localizar corrientes anormales, lanzar alarmas mediante satélites e intentar prevenir fatalidades, evacuando las costas a las que se dirijan las olas mortales.

Reconocen que si en 2004 hubiesen contado con un sistema de alarma efectivo —porque hubo media hora desde el epicentro hasta que la primera ola llegó a las costas—, quizá se hubieran salvado vidas. El desconocimiento derivó en tal sinrazón que hubo viajeros que, lejos de resguardarse o ascender, fueron deglutidos por la ola devastadora mientras la filmaban o la capturaban en fotografía, creyendo que ese fenómeno natural era un distintivo cotidiano de aquella zona.

En aquel entonces, apenas comenzaban los celulares y eran contados quienes tenían un aparato. Hoy, al detectar algún sismo submarino o alguna marea anormal, Tailandia y otros países del sudeste asiático —en coordinación con la Organización Meteorológica Mundial y el Servicio Geológico de Estados Unidos— dicen ser capaces de calcular la dirección, la velocidad y el tiempo de llegada de alguna ola mortal a la costa, pudiendo levantar la voz de alarma en los aparatos ubicados en la zona.

Con el avance científico, la voluntad política, la proliferación de los celulares, el uso de satélites y la conciencia de estos fenómenos naturales, se hacen esfuerzos para resguardar vidas. En realidad, ante una emergencia como la de 2004, aún no se sabe si alertar a la población va a ser de utilidad en todos los casos, porque en muchos sitios no hay alturas donde guarecerse y no habría tiempo ni posibilidades de evacuarlo todo.

Hay quien dice que en el tsunami muy pocos animales murieron, que ellos sí escucharon el clamor ancestral de su tribu, ese ADN que les permitió protegerse. Quizá de ellos aún tenemos mucho que aprender.

En la vida de Karen el tsunami fue un parteaguas de aprendizajes. En términos generales, tras la experiencia y el debido proceso para masticar lo vivido, su existencia está echada para delante. Se exige ser mejor persona cada día y ser ejemplo para sus hijos. Disfruta fiestas y viajes con familia y amigos, ama la playa —sobre todo si es para admirar atardeceres en tierra firme, porque al mar no se sumerge— y, según dice, busca la felicidad en cada amanecer.

Bien lo sabe, cualquier día puede ser el último. Por ello, se empeña en rodearse de amor para llegar a ser vieja disfrutando de los suyos. Es también su deseo contar su historia hasta el último aliento: la de haber sobrevivido al tsunami.

Laura en el atentado a las Torres Gemelas

Tan lejos de la Quinta Avenida

Cuando Laura Iturbide, directora del Instituto de Desarrollo Empresarial Anáhuac, recibió en 2001 la invitación para participar del 9 al 11 de septiembre en la conferencia anual de la Asociación Nacional para Economistas de Negocios (NABE, por sus siglas en inglés) en el Hotel Marriott del World Trade Center, sonrió gustosa al saber que la reunión ese año sería en Nueva York, su Ítaca a la que, como Ulises, siempre regresa, la ciudad de los más gozosos recuerdos: donde inició el noviazgo con su marido, donde estudió su doctorado en Cornell, la Gran Manzana del "New York, New York" de Sinatra que fue su primer baile en la noche de bodas...

Tenía ganas de ponerse al día con sus amistades de la universidad, casi todos reputados profesionistas, dignos exalumnos de Cornell, institución que pertenece a la Ivy League por su connotación académica de excelencia y por su elitismo. Mientras ojeaba el programa, recordaba sus pasos de ayer. La atractiva invitación de NABE, con la fotografía de las imponentes Torres Gemelas, tenía una leyenda que, vista a la distancia, pareciera un presagio funesto del martes negro que cambiaría la historia del mundo. Decía: "Nueva York en un minuto, Nueva York en medio de la incertidumbre económica."

Para una economista dedicada a la investigación aplicada, vender información económica, dar capacitación a empresas y realizar consultorías, dicha reunión, en la que participarían seiscientos protagonistas de la economía mundial, era oro molido. Año con año Laura participaba. Año con año esperaba con avidez el encuentro por las provechosas relaciones que adquiría, por la información fresca que le permitía prever las variables económicas en juego.

En 2001, le interesaba especialmente entender el proceso de desaceleración económica que parecía avecinarse en Estados Unidos. Los patrocinadores del congreso: Goldman Sachs, uno de los grupos de banca de inversión y de valores más grande del mundo, y Morgan Stanley, banco de inversiones y agente de bolsa estadounidense, prometían un encuentro atractivo con la presencia de Alan Greenspan, gobernador de la Reserva Federal de Estados Unidos, y conferencias magistrales con: Michael Mussa, economista en jefe del Fondo Monetario Internacional; Jacob Frenkel, exgobernador del Banco de Israel y presidente de Merrill Lynch; Richard Clarida, de la Universidad de Columbia y William Poole, de la Reserva Federal de St. Louis.

En mayo, Laura Iturbide ya estaba registrada y, como lo hacía desde 1993, iría acompañada de Ramón Lecuona, su jefe y director de la Facultad de Economía y Negocios de la Universidad Anáhuac. Además del programa, a ambos les entusiasmaba la cereza del pastel: visitar el Banco de la Reserva Federal de Nueva York en un sótano de las Torres Gemelas, conocer su *Gold Room*, sitio donde se almacenaban las reservas de oro, un lugar vetado a los visitantes, una cita única y excepcional que no podían perderse.

Sin embargo, como un presentimiento sonámbulo e inexplicable, a medida que la fecha se acercaba, algo en el interior de Laura le dictaba que no debía ir. El martes 4 de septiembre al regresar de Taipéi, donde presentó una ponencia en el Foro de Cooperación Económica Asia-Pacífico, le pidió a su secretaria que cancelara. Estaba agotada, el trabajo de la oficina se había acumulado y, unos días antes, Lecuona mismo había dicho que no iría por motivos laborales.

A falta de argumentos válidos se puso quisquillosa hasta por el hotel en el que se hospedaría. Acostumbrada al lujo del Waldorf Astoria o del Hotel Plaza New York, ubicado en la Quinta Avenida y Central Park, criticaba al Marriott del World Trade Center, porque esa zona industrial en el Lower Manhattan le parecía ajena e inhóspita.

Estaba convencida, nada la haría cambiar de opinión. No iría. En la oficina nadie podía creerlo. Esa conferencia económica internacional era la más esperada, la vitamina que alimentaba los meses subsecuentes de trabajo. Además, si cancelaba, la pérdida era total: no le regresarían ni un quinto del congreso, hotel o avión.

—Laura, cancelar es una locura —Adrianita Rodríguez, analista del instituto, trató de convencerla—. Tú no eres así, no va contigo. Siempre echada pa'delante, no puedo creer que ahora estés dudando. ¿Qué diablos te picó? Vas al centro financiero del mundo, al corazón de Wall Street. ¡Reacciona, amiga!

En su computadora, Adrianita abrió la página del World Trade Center y por medio de un video interactivo fue paseando a Laura por todo el Marriott, para enamorarla, para que se convenciera de que estaba equivocada. Navegando en la red, visitaron de manera cibernética el *lobby*, los salones de conferencias, las habitaciones, los bares y restaurantes, las entradas y salidas.

—¿Te das cuenta? No es el Plaza, pero no está mal...

Laura estaba cansada, unos días antes había llegado de China y Japón. Se la pasaba lejos de casa, a veces viajaba hasta dos y tres veces al mes atendiendo clientes y conferencias en distintos lugares del mundo. Participaba de manera activa en proyectos del Banco Interamericano de Desarrollo y en programas de responsabilidad social en el Foro de Cooperación Económica Asia-Pacífico.

No tenía paciencia para explicaciones, menos aún para ver *lobbies* en la computadora de una compañera. Si no quería acudir era su decisión. Sin embargo, por cortesía, tratando de disimular su impaciencia, aceptó la provocación de Adrianita, su explicación ante tantos detalles del hotel como si ella fuera a comprarlo. Nunca imaginó que esa información, absurda en cualquier otra circunstancia, ¡le salvaría la vida! Sería su pase para sobrevivir.

Esos croquis, esos planos, le servirían una semana después para salir del edificio saturado de humo, gases venenosos y llamas calcinantes. Nunca se sabe el porqué de las cosas, cómo o por qué se van hilvanando los motivos, las secuencias que tejen la urdimbre de una existencia. Esa trama que, a veces, conduce a la muerte, y en otras, como el caso de Laura Iturbide, al renacer de la vida misma.

Una premonición

La reservación era para el viernes 7 de septiembre en el vuelo 404 de Aeroméxico, saliendo a las 5:20 p.m. de México, rumbo al aeropuerto JFK de Nueva York. Laura viajó con Eunice Meyer, economista en jefe del Instituto de Desarrollo Empresarial Anáhuac, su mejor amiga, quien aceptó sustituir a Lecuona.

A las cuatro de la tarde, Laura seguía en su oficina en Lomas Anáhuac redactando una larga carta a un cliente, le explicaba los motivos por los que presagiaba una desaceleración mundial. Eunice, quien había sido alumna de Laura y ahora era su segunda de a bordo, se adelantó al aeropuerto para tramitar ambos boletos e ingresar el equipaje. Laura no aparecía, se hacía cada vez más tarde y Eunice contaba los segundos con franca desesperación. Sin saber qué hacer, pasó migración y esperó ansiosa en la sala del vuelo, oteando a todos lados, hasta que la obligaron a ingresar al avión.

De nada servían sus ruegos para esperar a su amiga. Por altavoz, el personal aéreo anunció el nombre de Laura Iturbide, la última llamada para abordar. De manera instintiva, Laura quería perder el vuelo. Iba de malas, iba forzada. Su intuición le dictaba que no debía asistir al congreso, aunque desperdiciara todo lo invertido y la criticaran por sólo viajar a hoteles de gran lujo, pero ganó su *álter ego*, ése que dicta que jamás se deja una tarea inconclusa, ése que impone nunca fallar a un compromiso.

Fue la última pasajera en ingresar al avión. Con ese paso, selló su destino: sería una más entre los miles de ciudadanos de más de treinta y seis países que, atrapados en el infierno del ataque a las Torres Gemelas, buscaron sobrevivir a la macabra pesadilla.

El sitio para llegar al cielo

Las dos amigas llegaron al Marriott del World Trade Center pasada la media noche. Durante todo el trayecto al hotel, raro en ella, Laura no dejó de quejarse. Le preguntaba con insistencia y cierta necedad a Eunice:

—¿A dónde diablos vamos?... No sé en qué momento acepté hospedarme en esa zona espantosa... Yo quería estar en México, descansar unos días. Estoy agotada, tengo que cuidarme... Hubiéramos reservado en otro barrio, no en ese mugroso hotel embutido en una zona industrial, en una franja de carga marítima.

Eunice estaba fastidiada, la letanía era incesante. A ratos cerraba los ojos para no escuchar a Laura, bloqueaba su mente para quedarse dormida.

—No sé por qué accedí. Aunque hubiéramos pagado una fortuna en transportes desde Manhattan hasta el WTC, aunque hubiéramos tenido que levantarnos más temprano, debimos haber reservado donde a mí me gusta.

En el cuarto continuó el sonsonete. Con la luz apagada no paraba de machacar, de quejarse...

—Estamos tan lejos de la Quinta Avenida... Ni siquiera tenemos buena vista, nos tocó este cuartucho con ruido, con vista interior.

Era cierto, su habitación con tarifa especial de 224 dólares por noche no gozaba, como hubiera esperado, de la perspectiva del Hudson con la monumental Estatua de la Libertad. Sobrevendido el hotel a máxima ocupación, reservados los 825 cuartos para los mil asistentes al congreso, los recepcionistas acomodaban a los huéspedes como podían, como iban llegando. Casi todos eran VIP y los ejecutivos de reservaciones temían sobrecupo, verse en la necesidad de reubicar a algunos visitantes en hoteles cercanos.

Laura y Eunice debían conformarse con ese cuarto en el piso diecisiete. Al fin y al cabo, estaban en el corazón de la zona financiera, en el hotel sede del congreso y con muy buena vista del complejo. El Marriott estaba conectado con las torres, las abrazaba, tenía corredores que comunicaban con salones de la Torre Norte y con el Centro de Convenciones de la Torre Sur, donde se llevarían a cabo casi todas las conferencias.

Al amanecer del sábado, día de pre-registro, Laura despertó temprano y lo primero que hizo, antes de meterse a bañar, fue abrir las cortinas. Desde su ventana en ese piso 17 podía ver la majestuosidad de las Torres Gemelas, diseñadas por los arquitectos Minoru Yamasaki y Asociados, y Emery Roth e Hijos, mismas que cuando fueron inauguradas, en 1973, eran los edificios más altos del mundo. Veía todo el complejo de siete edificios comerciales y financieros ubicados alrededor de la Austin J. Tobin Plaza. Identificaba las dos construcciones de oficinas financieras: la Bolsa de Valores, la Aduana de Nueva York y Nueva Jersey, y el inmueble de 47 pisos de oficinas comerciales con todas las tiendas de prestigio.

Se autoconvenció de que era un privilegio estar en ese sitio, mirar tan de cerca la imponente estampa de aquellas torres con sus 110 pisos de altura, esos rascacielos que, en efecto, arañaban los cielos. Era imposible suponer entonces que, justamente por estar en ese cuarto interior, por esa suerte, podría tomar, tres días después, las decisiones certeras para salvar su vida.

Tras inscribirse al congreso, las amigas salieron a caminar. Las sorprendió un desfile, de los que a menudo acontecen en Nueva York haciéndola vibrar con todas las causas imaginables. Las calles eran un hormiguero, la gente se aglutinaba por cientos de miles, había malabaristas y acróbatas, globos por doquier, un inolvidable confeti que bañaba de gozo, de festejo todo lo que iba tocando a su paso. Un símil de gloria que contrastaría con el baño de odio, estupor y tragedia, el mar de confusión, fragilidad y desolación que asolaría a Nueva York setenta y dos horas después.

El domingo 9 de septiembre, cumpleaños de Eunice, comenzaron las conferencias y talleres. Si bien la mayoría eran interesantes, se dieron el lujo de desconectarse para ir al *brunch* del Plaza Athénée en el East Side, con la excusa de festejar a Eunice y, religiosas como son, de ir a dar gracias a la Catedral de San Patricio, a unas calles de ese hotel.

En otro receso del congreso, el día 10, se cruzaron al centro comercial del World Trade Center. Eunice pagó ahí su tarjeta American Express y Laura compró una postal para una pareja de Bilbao que conoció unos días antes en su viaje a Asia. "Los recuerdo con cariño —les escribió—. A mi regreso a México les mandaré las fotos. Un abrazo, Laura." Compró una estampilla postal e insertó la tarjeta en el buzón del Marriott, segura de que llegaría a Asia un par de días después.

La recepción de gala del congreso fue en el restaurante Windows on the World, ubicado en el piso 106 de la Torre Norte, con fama de ser uno de los mejores y más prósperos del mundo, y de tener por sus grandes ventanales la mejor vista del horizonte de Manhattan. Laura había tratado de cenar ahí en 1993, pero el restaurante estaba cerrado porque, irónicamente, unos meses antes, el World Trade Center había sido presa de un ataque terrorista cuando un camión saturado de explosivos estalló en la Torre Norte, provocando un boquete de cinco pisos, la muerte de seis personas y más de mil heridos.

—A ver si ahora sí se me hace cenar ahí, quiero festejarte en grande —le dijo Laura a su amiga.

Al ascender al piso 106 pudieron leer el eslogan de bienvenida: "Estás en el sitio más elevado para llegar al cielo." Lejos, muy lejos estaban los comensales y trabajadores de saber aquella noche, la última del Windows on the World, que, en efecto, pocas horas después, muchos de sus clientes, trabajadores y colaboradores cruzarían el lindero para llegar al cielo deambulando en el purgatorio de la ira, en el más ruin de los infiernos.

El apocalipsis

El martes 11 de septiembre, Laura Iturbide abrió los ojos a las 8:30 de la mañana, quince minutos antes de que, a escasos metros de distancia, comenzara la tragedia que cambiaría el rumbo de la historia contemporánea.

Al verla despierta, Eunice le reclamó:

—¡Qué mala noche me diste! Ni un minuto dejaste de quejarte. ¡Ya párale, Laura! Ya ni la amuelas...

Le pareció extraño, siempre dormía como piedra. Estaba cansada, era cierto, pero no recordaba haberse despertado, mucho menos haber dado lata con lamentos o lloriqueos. Laura le rogó a su amiga que se bañara primero, quería seguir dormitando otro ratito. No pudo convencerla, Eunice insistía que por su culpa había pasado la peor de las noches, que ella también quería quedarse recostada en la cama.

Las maletas de ambas estaban empacadas, ese día, en la tarde, regresaban a México. Sobre ellas yacía la ropa con la que se vestirían, la cámara fotográfica de Laura y una carterita que contenía pasaportes, unos cuantos dólares, el teléfono celular y las tarjetas de crédito. En la caja fuerte del cuarto estaban aún los boletos de avión y los mil dólares que les había dado la Universidad Anáhuac para liquidar la cuenta del hotel.

La noche anterior habían decidido que preferían dormir que desayunar. Se levantarían tarde ese 11 de septiembre, comenzarían el día a las 9:30 de la mañana con la plática "Aspectos financieros en el mercado global", que dictaría Jacob Frenkel, exgobernador del Banco de Israel, y visitarían el *Gold Room*, antes de salir corriendo al aeropuerto. Laura dejó su cámara lista, le hacía ilusión tomarse una foto con Frenkel, presumirla en la oficina.

A las 8:44 Laura se levantó a bañarse, le tocaba primero. En su camino a la regadera escuchó un estruendo compacto y ensordecedor, el hotel comenzó a cimbrarse como si se tratara de un terremoto. Eunice se cayó de la cama, presa de pánico se resguardó bajo la cornisa de la puerta. No lo sabían, pero el vuelo 11 de American Airlines con 81 pasajeros a bordo, con inocentes que deseaban llegar de Boston a Los Ángeles, acababa de estrellarse contra la Torre Norte y, en el último piso del Marriott, ahí donde se encontraba un gimnasio y una piscina cubierta, había caído el tren de aterrizaje.

Laura corrió a la ventana. Vio una cascada inagotable de papeles cayendo de los cielos como maná, los documentos planeaban como si se tratara de lluvia celestial. Aún amodorrada pensó que quizá una avioneta, de aquellas que vio en el desfile un par de días antes, se fue a estrellar contra una de las torres, desperdigando el confeti de la fiesta.

—¿Habrá sido un bombazo? —preguntó Eunice aterrorizada.

—Vámonos, pero ya —reaccionó Laura—. Alguien está atacando a Estados Unidos.

—¡Ya, Laura! Párale con tus teorías conspiratorias, seguro fue un accidente.

—Son demasiado soberbios. Se creen invencibles y, al final, son tan frágiles que cualquiera puede desafiarlos —enfilada hacia la puerta en pijama y descalza, Laura elucubraba lo que parecía imposible pensar tan temprano.

—Voy a marcar a la operadora, voy a preguntar qué está pasando —Eunice aún creía que le darían respuestas certeras de lo acontecido.

La recepcionista tardó en contestar, su indicación fue que todo estaba bajo control, que no se preocuparan, no había ninguna necesidad de evacuar. El edificio, sin embargo, seguía cimbrándose. Laura sabía bien que en Nueva York no hay temblores, había vivido ahí durante los cuatro años de su doctorado. Manhattan está muy lejos de una zona sísmica, por eso es una jungla de rascacielos.

—Yo me voy —insistió—, si tú te quieres quedar, allá tú, Eunice. Yo no creo que nadie pueda saber nada tan pronto. No tengo duda, esto es un atentado al corazón de los Estados Unidos y yo ni loca me quedo. Es de tontos esperar.

—Está bien, Laura, si tú te vas, yo te sigo, pero en pijama, no.

Ambas se vistieron y calzaron en un santiamén. Laura puso el estuche de sus lentes de contacto en la bolsa trasera de su pantalón. Con sus ocho dioptrías de miopía sólo veía sombras, pero estaba impaciente, no quería perder ni un instante poniéndose lentes de contacto. Fue un acierto, el polvo al que se sometería hubiera destrozado sus ojos.

Casi por inercia, tomó la cartera con los pasaportes, la llave del cuarto para regresar, porque pensaba que podrían volver a recoger sus maletas, y la cámara fotográfica, preparada para el disparo. Eunice, por su parte, agarró su petaca, grande y pesada, el día anterior había comprado ropa y no estaba dispuesta a dejarla.

—¿A dónde crees que vas con eso? —la increpó Laura—. Con esa maletota es imposible correr. ¡Déjala! Al rato, volvemos por todo.

Afuera se escuchaban gritos. Un güero como de veinticinco años, una espiga de ojos ultramarinos iba por los pasillos golpeando las puertas con los nudillos cerrados, levantaba la voz de alarma: "*Get out! Get out! Hurry... Get out!*"

Del cuarto vecino salió una pareja a la que escucharon pelear durante la noche. Del de enfrente, un afroamericano somnoliento, aún con las sábanas pegadas en la cara. Sonó la alarma del hotel durante diez segundos, pero, instantes después, comenzó a escucharse una voz masculina a todo volumen en las bocinas del hotel.

La orden era terminante y decisiva:

—Regresen a sus habitaciones, todo está bajo control. Escuchen bien: todo está bajo control. Guarden la calma y respeten las indicaciones. Repetimos: todo está bajo control, regresen a sus cuartos de inmediato.

El afroamericano se metió a su cuarto. Laura y Eunice, también. El güero, trastornado, seguía empeñado en buscar la salida, seguía tocando las puertas de los cuartos, seguía gritando que había que evacuar, había que salir de inmediato.

—¿Qué parte de lo que dijeron no oíste, muchacho? Métete a tu cuarto y déjanos en paz —así lo atacaban quienes preferían respetar los mandatos y mantener el sosiego, quienes creían que la histeria innecesaria no aplicaba en esos momentos.

El silencio fue dominando los pasillos del hotel. Como el edificio seguía cimbrándose, como seguía temblando, Laura de nuevo se dispuso a salir. Recordando a las víctimas de los sismos de la Ciudad de México, especialmente a los miles que, por no apresurarse a buscar un refugio más seguro perdieron la vida en el terremoto que asoló a la capital en 1985, ella asumió que tenía que salvarse. Morir no estaba en su agenda. Eso no le pasaría, bien sabía de temblores. Seguiría su intuición, no escucharía consejos de nadie.

—¡Reacciona, Eunice! —le dijo a su amiga—, nadie puede saber a ciencia cierta qué pasó. Tampoco es correcto ponerse a dictar órdenes desde un micrófono, como si el sabelotodo con megáfono conociera el futuro, como si tuviera una bola de cristal, como si supiera o no si se va a caer este edificio que no para de moverse. No dijeron qué sucedió, si fue un atentado. Yo no me quedo, allá tú con lo que decidas.

—La indicación fue indudable, Laura: *Go back to your rooms, everything is under control*. Para haberse atrevido a dar esa orden en el altavoz y para que los miles de huéspedes la escucharan en cuartos y pasillos, es porque saben lo que están haciendo.

—Conmigo no cuentes, yo me voy.

—Laura, no seas impulsiva. ¿Cuántas veces hemos oído de gente que se amotina en las emergencias? Las consecuencias de salir huyendo entre hordas que no saben a dónde dirigirse resultan mucho peores —Eunice, sumisa y templada, empeñada en obedecer, se resistía a seguir a su compañera.

Las amigas discutían, Laura ya se marchaba sola, cuando, al levantar la vista y ver la panorámica desde su ventana, Eunice se convenció de la más cruenta verdad: nada estaba bajo control. En caída libre, frente a sus ojos, la Torre Norte expulsaba proyectiles de fuego. El edificio vecino estaba en llamas, vomitaba maderas, cadáveres, materiales de oficina, bolas de lumbre desde un enorme hoyo, sitiado por densas nubes de humo negro.

No había duda: lo sucedido era producto de un bombazo. Eso no había sido un temblor. Delgada y ágil, Eunice salió disparada del cuarto.

—¡Vámonos! —prisionera del pánico, su grito era un lamento desde el estómago, una alarma atizonada, un zarpazo ciego.

El día anterior, impaciente ante la lentitud y desperfecto de algunos elevadores, Eunice había bajado y subido varias veces por el cubo de escaleras del hotel. Era deportista, a pesar de las operaciones que años antes padeció tras haberse caído de un caballo. De tanto subir y bajar conocía perfectamente el camino desde el piso 17, en donde se encontraban, hacia las salidas, porque su programa, diferente al de Laura, alternaba conferencias y actividades entre los salones del piso 20 y el *lobby* del hotel.

Laura reconoce que fue su sino, su estrella de buena fortuna, haber viajado a Nueva York con Eunice y no con Lecuona, como estaba programado. La mañana fatídica él hubiera estado aislado en su cuarto, de seguro habría salido a correr temprano como acostumbra y nunca hubieran coincidido en el camino de la supervivencia.

Las amigas no encontraron un alma en los pasillos o escaleras. Para su sorpresa, corrían solitarias, despavoridas. El hotel de veintidós pisos estaba a tope y quienes obedientemente se resguardaban en sus cuartos encontrarían ahí su mortaja.

Al llegar al décimo piso, le flaquearon las piernas a Laura. Estaba extenuada, su cuerpo apenas se sostenía en dos débiles hilachos. Temió una segunda detonación, una tercera, hasta una cuarta. No sabía qué pensar. Quiso echarse al vacío, rodar escaleras abajo, pero tuvo pánico de pegarse en la cabeza, de morir en ese cubo aislado y oscuro.

Pensó entonces en su madre, fallecida en 1998 de un fibroma pulmonar. Recordó el último intercambio que sostuvieron al despedirse. En ese momento de incertidumbre y miedo, aquel diálogo resultaba enigmático.

—Debes estar contenta, mamá, fuiste una excelente madre y vas a ir al cielo. Míranos, nos tienes a tus cuatro pollitos cerca de ti, siempre contigo. En cambio, mírame a mí, me quedaré sin hijos que me cobijen.

—Tú jamás vas a estar sola, Laurita —le respondió su madre—, yo estaré siempre contigo. Siempre. No lo olvides.

Ahora sí, doña Emma, ¡ayúdame!, le imploró Laura, te necesito. Ese pensamiento mágico le insufló vigor. Pensando en su madre no cejaría en su empeño de sobrevivir, de volver a nacer bajo su cobijo. La mandíbula dejó de temblarle y hasta las ganas de ir al baño se le quitaron. A medida que descendía siguiendo a Eunice, comenzó un diálogo interior en el cual, paradójicamente, se despidió de su padre, de sus hermanos, de Ricardo...

—Ricardo adorado, fuiste mi pareja, el amor de mi vida. Papá, perdóname, te voy a dejar solo, me apena no seguir a tu lado. Mi mamá te encargó conmigo. Te fallo, mis hermanos te cuidarán. Emma, Adrián —sus hermanos, diecisiete y quince años mayores que ella— han sido ustedes como mis segundos papás, me han cuidado siempre. Gracias por su apoyo, por haber sido mi ejemplo. Lulú —seis años mayor que ella— nunca he conocido a nadie tan buena como tú. Cuida a mi papá, recibe mi abrazo. Adorados sobrinos —pensó en cada uno de los once—, los he querido a cada uno como hijos. Les deseo toda la suerte del mundo. Queridos cuñados, quieran mucho a mis hermanos.

En el tercer piso, ella y Eunice se toparon con una pareja de norteamericanos que venían cargando sus maletas. Eran los primeros que, como ellas, desertaban. El calor era inaudito, la sensación de asfixia, endemoniada.

En la planta baja había una puerta, estaba bloqueada. Gran parte de lo que caía en llamas de la Torre Norte sitiaba ese acceso que conducía a West Street. A empujones, poniendo fuerza, entre los cuatro lograron desplazar ese acceso escasos centímetros. Un nubarrón de denso humo negro, una peste a gasolina, a plástico quemado, se filtró al interior.

—*Is it safe?* —preguntó la joven alterada, tosiendo sin cesar.

La respuesta era obvia, si penetraban más gases, morirían ahogados. Había que sellar la puerta, buscar otro camino. Ése era el de la muerte. Aunado al fuego opresivo, a los humos irrespirables, el segundo avión estaba por estrellarse, ahora en la Torre Sur. Si hubieran salido por esa puerta, los habría alcanzado la tormenta de proyectiles mortales.

Eunice, con claro sentido de la orientación, conocía otro acceso. De tanto ir y venir, de tanto ascender y descender, dominaba los rincones del hotel. Desplazándose hacia el lado norte del edificio, llegaron al segundo piso del *lobby*.

La Torre Norte, construida con cuatrocientas mil toneladas de metal y concreto, aún se mecía y, con ella, se columpiaban el Marriott y los edificios circundantes. Las paredes crujían. Los pisos chirriaban. El *lobby* era una explosiva cámara de gas con fumaradas y tizne filtrándose por incontables grietas. El calor carbonizaba. Presos de pánico, buscando la salida entre la humareda que impedía ver a quien tenían enfrente, los huéspedes chocaban, unos con otros.

El edificio se había cimbrado tanto que las puertas giratorias estaban atascadas, resultaba imposible desplazarlas. Cada vez era más la gente turbada, delirante de miedo, cautiva en ese averno. Se hacinaban hordas en un pequeño espacio, en ese *lobby* se iban acumulando cientos, miles de personas que salían del metro y de los transbordadores de Nueva Jersey. Eran multitudes aglomeradas en el sitio erróneo, en la hora fatídica.

El corazón financiero de Nueva York era un mar de confusión, un cementerio, un camposanto que ardía al rojo vivo. Un laberinto sin salida a donde confluían ríos de individuos, algunos heridos, todos queriendo salvarse.

Gracias al paseo cibernético que Adriana le había dado a Laura en su oficina de Lomas Anáhuac, justo una semana antes, cuando aún se resistía a viajar a Nueva York, ella recordaba un camino para llegar al exterior. Sabía que en la esquina de West Street y Liberty Street estaba el Tall Ships Bar & Grill, con salida a la calle. Ciega por el humo, por la densa bruma, Laura iba tocando las paredes para orientarse, encaminaba a Eunice, a la pareja que habían hallado en el cubo del elevador y a otros que se les sumaron confiando en su liderazgo.

Lograron alcanzar una pequeña puerta de acceso, parcialmente bloqueada, y salieron. Creían que estaban a salvo, ¡qué equivocadas estaban! El aire en el exterior estaba igualmente envenenado, el piso ardía, quemaba las plantas de los pies. Las calles cubiertas de ceniza, de un polvo fino grisáceo que todo enmascaraba, eran una tumba. Quienes ahí deambulaban parecían fantasmas, apariciones. Había un reguero de escombros, de vidrios convertidos en añicos, de cadáveres calcinados, cuerpos desmembrados, plástico chamuscado, pedazos de concreto y materiales de construcción, todo enterrado en una nata de espeso hollín.

La Torre Norte estaba en llamas, el fuego no se había podido controlar. Apestaba a gases tóxicos. La tos era incesante, los ojos lagrimeaban, parecía imposible respirar con ese polvillo que inundaba la atmósfera, que velaba la vista. El tono rojo de los incendios iluminaba la niebla. El telón: la capa de polvillo grisáceo se deslizaba como en cámara lenta, envolviéndolo todo, ingresando en las vías respiratorias, en los ojos y oídos, en todos los orificios.

Llegaban cientos de policías que no sabían ni cómo comenzar a acordonar la línea de guerra. El drama crecía. El ulular de las sirenas no cesaba: todas las ambulancias y los carros de bomberos de Nueva York arribaban a lo que se denominaría la Zona Cero, infernalmente hirviente, humillada con esa natilla gris, molienda de escoria y muerte. Circundaban la zona decenas de helicópteros y cazabombarderos.

Quince minutos les había tomado salir del edificio, eran exactamente las 9:03 de aquella mañana fatídica. Ante sus ojos lucía el boquete oscuro y salvaje de la Torre Norte, un agujero entre los pisos 94 y 99, sitio por donde entró el vuelo 11 de American Airlines con sus pasajeros a bordo, produciendo un vacío de aceros retorcidos, una erupción de humo y fuego.

En ese instante el vuelo 175 de United Airlines, un Boeing con cincuenta y seis pasajeros que también habían despegado del Aeropuerto Internacional Logan de Boston con destino al Aeropuerto Internacional de Los Ángeles, giraba estrepitosamente sobre sus cabezas. Aceleraba a más de trescientas cincuenta millas por hora y, no obstante que lo iba siguiendo un cazabombardero, se estrelló en seco contra la Torre Sur ante los ojos aterrados del mundo. Las cámaras estaban ahí, las imágenes en Technicolor dieron la vuelta al mundo para confirmar lo que se intuía: que el choque de ambos aviones contra el WTC había sido un ataque terrorista suicida y no un accidente, como algunos aún pensaban.

Al estruendo siguió la zozobra. Nueva York enmudeció indefenso. El mundo entero quedó turbado en un silencio marchito, vulnerable y ruinoso. Ahí, en primera fila, estaban Laura y Eunice, todo sucedió frente a sus ojos.

El blanco del terror

Al ver el avión de United Airlines estrellarse contra la Torre Sur, Eunice Meyer se desvaneció, casi perdió el sentido. Vio explotar una bomba humana y, con el impacto, cayeron sobre su rostro fragmentos de vidrio, turbosina y otros líquidos lacerantes que la hicieron sangrar. Los anteojos protegieron su vista. Quería cerrar los ojos, dejar de mirar. Era excesiva la violencia ciega.

Laura y ella estaban atrapadas en el perímetro equivocado, eran prisioneras de una trampa mortal de la que dudaban salir con vida.

Las alas del avión dejaron su trazo entre los pisos 75 a 84, y el calor infernal de las alturas, que alcanzó los 850 grados Celsius, provocó que muchas personas, atrapadas en el edificio, comenzaran a tirarse por decenas. En la confusión y la zozobra, Laura se sentía rehén en una guerra nuclear, quizá química.

—Hay gente cayendo del cielo, es la Tercera Guerra Mundial —repetían quienes, en el intento de huir, miraban a las alturas reconociendo los cuerpos de cientos de víctimas que, en su afán de "salvarse", se aventaban en caída libre.

Tocando con sus manos alguna pared, quizá del edificio de American Express o del de Merrill Lynch, Laura tanteaba alguna puerta, se le ocurrió que podía haber algún refugio. Las entradas giratorias estaban bloqueadas, los accesos cerrados. La cortina de humo de brumosa ceniza era tan espesa que no reconocía ni a Eunice, un bulto gris de pies a cabeza, como ella.

Para ese momento, los túneles que comunican la isla de Manhattan: Brooklyn Battery, Holland y Lincoln, estaban ya cerrados. También los puentes, el metro, los transbordadores a Ellis Island o a Nueva Jersey y los aeropuertos. La ciudad estaba indefensa, paralizada. Laura y Eunice esquivaban los muertos en su andar, caminaban en calidad de espectros vivientes queriendo llegar al río. Como Lot, se empeñaban en no mirar atrás, en no voltear para no convertirse en estatuas de sal.

Al llegar casi a rastras a Battery Park —los árboles, las aceras, el pasto, la gente, el aire cubiertos de cenizas—, Eunice se sentó en una banca a llorar. No podía más. El aire pestilente, sin oxígeno, la asfixiaba. Sacó su celular, logró comunicarse y llamó a su madre. Lloró sin consuelo, lloró sin frenos.

Laura se percató que su cámara había estado todo ese tiempo aferrada a su mano y tomó fotos. Al revelar las imágenes de regreso en casa, éstas parecían veladas. No había nitidez, el gris denso sangraba con tonos de naranja, el negro brumoso y la luz del fuego encubrían esas dos torres mancilladas, ese World Trade Center que otrora fuera símbolo de progreso y libertad, estandarte de los Estados Unidos.

Para ese momento, las torres aún estaban en pie. Aún continuaban algunos lanzándose al vacío. La escena era dantesca. Laura constató que, junto a ellas, un joven que parecía no percatarse de que su país había sido ultrajado, preguntaba a su interlocutor en el celular cómo iban las acciones en la bolsa. Era un lunar de insensibilidad, de egoísmo, en ese desconcierto de maldad y anarquía.

En todos los rincones del mundo, la gente miraba con estupor e incredulidad la escena repetida del choque del avión de pasajeros contra la Torre Sur. Ese martes negro todo había cambiado para mal. En obvio desconsuelo, no había quien no reconociera que la tragedia, aún inconclusa, dejaba a los Estados Unidos de América en el desamparo. El drama apenas comenzaba...

El adiós de la Torre Sur

Ambas mujeres alcanzaron el barandal del río Hudson, frente a la Estatua de la Libertad. Poco a poco iba llegando más y más gente. Un hombre meditaba en posición de flor de loto; otros, rezaban a Dios. Hubo quien aconsejó quitarse los calcetines, acuclillarse y ponérselos sobre boca y nariz para usarlos de tapabocas.

Eran las 9:50 de la mañana y, de un tirón, sin previo aviso, vieron explotar la Torre Sur. Al colapsarse el ruido fue estruendoso. Al caer, partió el edificio del hotel Marriott a la mitad. Un piso fue cayendo sobre otro, tragándose inclusive a un helicóptero que sobrevolaba el área. Un voraz estallido, acompañado de una muralla impenetrable de cenizas y escombros, alcanzó todo Manhattan.

Pasaron varios minutos hasta que el silencio se agotó, hasta que la penumbra comenzó a clarear. Nueva York enmudeció. Laura, hincada ante su Dios, reparó entonces en el camposanto que la rodeaba, cientos de cadáveres yacían en charcos de sangre. Entre ellos, el hombre que meditaba en flor de loto. Una mujer hindú gritaba agónica al descubrir que, de su tronco inerte, colgaba sólo una pierna. Cientos imploraban ayuda. Del corazón financiero poco quedaba, cada edificio fue jalando al subsecuente hasta reducirlo todo a escombros.

Alrededor de Laura y Eunice, algunos sobrevivientes, uniformados del mismo lacerante hollín, comenzaron a prender encendedores para ver. En pleno día era de noche. Los brazos erguidos como estafetas asemejaban la estatua que, frente a ellos, simbolizaba libertad. Aún en ese trance era difícil claudicar. Todos, espectros irreconocibles, estaban hermanados por la tragedia. El clamor era el mismo, ahí junto al río, imploraban auxilio intentando atraer la atención de algún barco que navegara el Hudson. Laura tenía el pelo quemado, su cabeza ardía y sus oídos taponeados, sordos de tanto polvillo, de tanta escoria, la desorientaban. Estaba segura: era el fin del mundo.

A las 10:30 de la mañana, comenzó a desplomarse la Torre Norte. En una foto aérea tomada unas cuantas horas después del atentado, toda la zona del wtc había desaparecido. Esa zona, creada por las Autoridades del Puerto de Nueva York y Nueva Jersey para controlar el comercio internacional, constaba hacía unas horas de una gran plaza y siete edificios: dos Torres de 110 pisos, el Marriott de 22, dos edificios de oficinas de nueve pisos, uno más de 47 y la aduana de ocho plantas. Entre las calles de West Street al Oeste, Vesey y Barclay al Norte, Church Street al Este y Liberty Street al Sur, sólo quedaban despojos del North East Plaza Building, una de las construcciones de nueve pisos. De un plumazo se habían catapultado 1.24 millones de metros cuadrados de oficinas y 256 elevadores, el ámbito comercial de más de 450 empresas.

Laura y Eunice habían descendido a la caldera del infierno. Dos horas antes habían despertado en una cama confortable, y ahora, acuclilladas a ras de suelo, tomando aire sin separar sus calcetines de sus rostros, mirando a la muerte se abrazaban, se envolvían con las manos fusionadas y rezaban lo que creían sería su último Padre Nuestro.

Eunice dejó de respirar, se desvaneció sobre su amiga.

—Vamos, Flaca, lucha, no me dejes —le imploró Laura.

Milagrosamente, de entre la penumbra, apareció un trasbordador con *marines*. Estaban dispuestos a cargar heridos. Había que saltar, no había lugar para atracar. La primera en treparse fue la hindú, la cargaron entre tres, siguieron Eunice y Laura, así como una treintena de sobrevivientes traumatizados que llegaron a Nueva Jersey escasos minutos después.

Como el celular de Eunice había perdido la señal, Laura le pidió a uno de los *marines* que le prestara su radio, que le permitiera hablar con su esposo en México.

—Ricardo, sobreviví a una pesadilla —le dijo antes de que se cortara la comunicación.

En Jersey comenzaban a instalarse campamentos para clasificar heridos, todo mundo quería ayudar. Hasta ese momento, Laura se dio cuenta que ella también estaba lesionada, tenía llagas en la espalda, el pecho arañado, vidrios clavados por doquier. La granizada de astillas que parecía haber sido lanzada por un mortero la había alcanzado. Su camisa blanca era una costra de lodo, cenizas y sangre. Su piel reventaba con pústulas pegajosas.

Los *marines* la mandaron al hospital. Eunice no estaba dispuesta a que las separaran, gritaba desconsolada de miedo, de pánico. A sabiendas de que la piel de Laura es sumamente alergénica, Eunice consiguió entre la gente que los rodeaba, entre quienes querían ayudar, un antihistamínico que pronto curó la comezón, las manchas y la inflamación. Un grupo de judíos con solideo repartía cubre bocas. Había gente ofreciendo toallitas húmedas para limpiarse, para quitarse la negrura de manos y cara. Los paramédicos aparecían por doquier dispuestos a dar primeros auxilios.

Andrea Koskulics de la compañía Datek, un proveedor informático, cuyas oficinas estaban a unos pasos de ahí, se acercó a hablar con

Laura y Eunice, las invitó a pasar, les ofreció su baño para lavarse, un espacio lejos de la zona de desastre para que tuvieran un respiro.

Al ponerse sus lentes de contacto, Laura se miró en el espejo y quedó aterrada con la imagen que le devolvió. Su pelo estaba totalmente quemado, era una masa chamuscada, electrocutada. Su rostro maltrecho estaba tan descompuesto, tan sucio y afligido, que parecía una sombra difusa, un ser mortecino que había mirado el final del mundo.

En toda la Unión Americana afloraba un sentimiento inagotable de apoyo y solidaridad, un entrañable deseo de unión, una esperanza de recuperar la dignidad frente al enemigo desconocido. Nueva York, la ciudad global, la más cosmopolita y poblada de los Estados Unidos, cuna de grandes movimientos artísticos, tenía que mantenerse en pie. No podía morir.

Las mexicanas se comunicaron desde las oficinas de Datek a Aeroméxico, querían regresar cuanto antes a su país. De Nueva York, las remitieron a las oficinas en la Ciudad de México y, por una casualidad insólita, la persona que respondió el teléfono conocía a Laura. Había sido su alumna en un diplomado de habilidades gerenciales y le prometió que ellas viajarían en el primer avión que saliera de Nueva York. En ese momento y hasta nuevo aviso los aeropuertos estaban clausurados.

Como las líneas telefónicas se cortaban, les prestaron las computadoras. Laura escribió un *email* a su oficina: "René: Te pido transmitas este correo a mi esposo a la brevedad. Hemos sido rescatadas por la policía de NY y llevadas en *ferry* a New Jersey. Perdimos todo excepto, gracias a Dios, nuestras vidas. Ahora todo está parado. Vamos a tratar de regresar cuando podamos. Por favor mantengan discreción y calma en la oficina. Saludos cariñosos, Laura Iturbide. P.D. Gordito esto es un milagro, por favor saca tu retrato del papa y agradece por mí. Te quiero muchísimo."

En un camión, las llevaron a Penn Station, una estación de ferrocarril donde un grupo de militares les tomó sus nombres, les atribuyó un número para colocarlas en la lista de sobrevivientes y las bañó a manguerazos. Por temor a que el ataque letal hubiera sido químico, algunos soldados vestían trajes de astronauta.

Con la ropa empapada, goteando lodo, les permitieron entrar a un café. La gente estaba hipnotizada frente al televisor mirando CNN que transmitía, como en disco rayado, el boquete, el avionazo y el desplome de las Torres Gemelas, pero se quedaron aún más pasmados, horrorizados, cuando la puerta se abrió, cuando ellas ingresaron. Estaban quemadas y heridas, eran como fantasmas que emergían de la pantalla televisiva.

Les ayudaron a encontrar hotel. Se fueron al Hanover Marriott en Whippany, a una hora de la ciudad de Nueva Jersey. Ahí también las recibieron con ternura y aplausos. Eran heroínas de la tragedia. Les asignaron el cuarto 446 y, para Laura, ese espacio era el paraíso terrenal: una buena regadera, sábanas y toallas limpias, una cama cómoda, un nirvana lejos del WTC. Les abrieron el centro comercial del pueblo sólo para que ellas pudieran comprar ropa: pijama, una muda de ropa, cepillo de dientes. Los trapos que llevaban puestos los envolvieron y quemaron.

Esa noche, con un ardor intolerable en la cabeza, Laura casi se rapó. Trataron de descansar, pero todo les dolía, era imposible cerrar los ojos. Platicaron una y otra vez lo que sucedió en el día más largo de sus vidas. El miércoles fueron a la iglesia. Se hizo un rezo especial por los caídos, eran ellas las únicas sobrevivientes en ese pueblo.

El viernes volaron en el primer avión de Aeroméxico que salió del JFK. Era el mismo vuelo que debieron haber tomado tres días antes, aquel aciago 11 de septiembre en el que vivieron un renacimiento inexplicable.

Al cruzar la ciudad, rumbo al aeropuerto, encontraron Manhattan desolado. Las cifras contabilizaban más de tres mil muertos, un número inconmensurable de heridos y cuando menos siete mil desaparecidos.

Además de los ataques a las Torres Gemelas, hubo otras dos ofensivas suicidas aquel martes negro, aquel 11 de septiembre de 2001.

En total, diecinueve miembros de la red terrorista Al-Qaeda secuestraron cuatro aviones de pasajeros, dos de ellos: el vuelo 11 de American Airlines y el 175 de United Airlines fueron los que estrellaron contra las Torres Gemelas; el 77 de American Airlines impactó en el Pentágono, en Arlington, Virginia; y el 93 de United Airlines, cuyo objetivo era el Capitolio, se tiró en campo abierto en Pensilvania, tras el intento de los pasajeros y de la tripulación de recuperar el control.

Sobre el resplandor de un día de principios de septiembre que hubiera podido ser brillante, pesaba el ataque más mortal, el desastre más funesto en la historia de los Estados Unidos. A sangre fría, producto del veneno extremista, cuatro aviones comerciales se convirtieron en misiles que, con una precisión aterradora, fueron guiados para destruir el poderío militar, económico y político de los norteamericanos.

Dieron en el blanco del terror y la historia del mundo cambió para siempre. Con su carga de odio y maldad calculadora, el terrorismo cimbró los cimientos de los edificios y sacudió, también, la esencia misma del mundo occidental. A partir del 9/11, un parteaguas histórico, nada volvería a ser igual.

Laura y Eunice viajaron en el quinto avión que salió de Nueva York después de la tragedia, cuando después de setenta y dos horas se abrió el espacio aéreo. Iban temerosas de que alguien secuestrara su vuelo como había sucedido con los aviones que, días antes, se convirtieron en misiles. Fue un viaje atípico: olió a quemado, hubo franca turbulencia y, al parecer, un cazabombardero los siguió en su travesía en cielos norteamericanos. Al aterrizar en México, los pasajeros lloraron, estallaron en aplausos de agradecimiento.

Laura Iturbide sabe que volvió a nacer el 11 de septiembre. Sabe también que cada día que vive es un regalo y una oportunidad. Explica su supervivencia como una serie de decisiones inteligentes, acompañadas de la misericordia divina. Con Eunice Meyer, su hermana en el renacer, se acabó, como un contrasentido, la hermandad de antaño. Quizá fue demasiado lo padecido. Quizá algún día, en la eternidad, sus almas se reconozcan y reencuentren.

Paradojas del destino

Meses después de su llegada a México, Laura y Eunice aún seguían leyendo páginas irónicas de aquel trágico episodio.

Uno: Marriott cobró en la tarjeta de crédito de Eunice la noche de hospedaje del 11 de septiembre, cuando el hotel ya ni siquiera existía. Por supuesto, reclamó y retiraron el cargo.

Dos: Por intermediación del hotel, los familiares de su vecino del piso 17, aquel afroamericano que tranquilamente regresó a guardar la calma en su cuarto del Marriott, les enviaron a Laura y a Eunice una fotografía de él para saber si lo reconocían, si lo habían visto. Meses después, seguían buscándolo, incapaces de resignarse a la pérdida.

Tres: Laura sólo pudo llorar, semanas después, cuando vio un documental de la televisión española y volvió a mirar las escenas del *lobby* del hotel Marriott, tomadas antes de que éste desapareciera el 11 de septiembre. El documental se hacía acompañar de la canción: "Like a Rolling Stone".

Cuatro: Al retornar a México, Laura y Eunice supieron que fueron las únicas desaparecidas del congreso de NABE. El error fue haberse saltado el desayuno. Todos los demás participantes de las conferencias, reunidos en una sala aledaña al *lobby*, pudieron salir del Marriott al estrellarse el primer avionazo. Los subieron en camiones y se alejaron de inmediato del perímetro del WTC.

Cinco: Al momento del ataque, Ricardo, el esposo de Laura, entró en absoluta zozobra. Iba tan desesperado a su trabajo en la empresa Transportación Marítima Mexicana, que se perdió en las calles de la ciudad pensando que Laura había muerto. Al llegar, un colaborador le enseñó una foto del lugar, el Marriott no existía, todo estaba devastado. Laura no contestaba. En franca desesperación, llamó a Adrián, su cuñado, abogado y notario, el pilar de la familia, para decirle que no sabía nada de Laura. Adrián no se había inquietado de inicio porque bien sabía que su hermana no podía estar en esa zona de Nueva York, sin embargo, con la información del congreso en mano, con la certeza de su hospedaje en el WTC, supuso que Laura podía estar entre los escombros y fue a hablar con su padre.

Seis: Don Adrián Iturbide Oseguera, un dentista jovial y risueño, un hombre bonachón y fiestero, no quiso escuchar a su hijo. Para él, Laura estaba viva y estaba bien. Se metió en una burbuja, no aceptó hablar con nadie, no quiso prender la tele ni escuchar noticias. La esperó aislado. Cuando Laura finalmente llegó a México, su padre la abrazó con toda su corpulencia y le dijo: "Yo siempre supe que estabas viva. Sabía que regresarías, te esperé con ansias." Creyente como era, le agradeció a Dios. La relación entre padre e hija se estrechó aún más, hasta la muerte de él en 2009.

Siete: La postal que Laura mandó el 10 de septiembre a Bilbao, a los amigos que conoció en Taipéi, misma que quedó en los escombros del WTC, llegó meses después a su destinatario, arrugada, mugrosa y con manchas de humo, acompañada de una carta del servicio postal norteamericano en la que se disculpaban por el estado de aquella misiva, rescatada de la Zona Cero. Temían que hubiera sido el último adiós de una víctima.

Ocho: Laura aún conserva la llave del Marriott del WTC, la tiene enmarcada en su casa. Es su recordatorio de la tragedia, es su celebración de vida. Es su amuleto. Cada 11 de septiembre, Laura recibe felicitaciones como si fuera su cumpleaños. Ese día fue su renacer. Amigos, familia y, en especial sus cinco sobrinas: Nana, Tita, Moni, Paty y Ana, le manifiestan la dicha de tenerla: "Hoy cumples un nuevo aniversario, estamos felices de tenerte entre nosotros como guía, soporte y ejemplo."

Dos huecos, la memoria

En la Zona Cero, en el sitio exacto donde lucían monumentales las Torres Gemelas —hoy una zona histórica protegida—, el 11 de septiembre
de 2011, a diez años de la tragedia, se inauguró el National September 11
Memorial & Museum at the World Trade Center Memorial, un recordatorio, un espacio en honor de las 2 977 víctimas que murieron en los
brutales atentados terroristas del 11 de septiembre de 2001.

Convocado a concurso, este impresionante memorial fue realizado por el arquitecto israelí-estadounidense Michael Arad, quien entendió el mensaje: el vacío de las Torres Gemelas no se puede llenar.
Por respeto y humildad mantuvo el hoyo, el gigantesco hueco. Sin
ninguna pretensión de sustituirlo con algo, elaboró un diseño con
un bosque de árboles rodeando dos inmensas oquedades negras, dos
fuentes idénticas.

Dos huellas en los cimientos de lo que fueron las Torres Gemelas.
Dos profundos vanos negros que albergan cascadas de agua, fuerza
vital que encarna la vida misma. Dos espejos de agua contenidos.
Dos ventanas al pasado, en cuyos bordes, sobre paneles de bronce,
están inscritos, uno a uno, los nombres de las víctimas. Junto a cada
nombre hay un orificio para sostener una flor, para convertirse, con
ayuda humana, en un inmenso jardín de flores.

En ese sitio, todo resulta simbólico, incluida la presencia humana. Todos los que ahí coinciden, personas de todas las latitudes que
desean recordar, que buscan honrar a las víctimas, bajan la mirada,
inclinan el rostro, se muestran circunspectos, se pliegan con estupor
para pronunciar una plegaria. En aquel silencio reverberan los rezos
en todos los idiomas, la súplica a todos los dioses, el estupor ante la
maldad humana. Se siente ahí la energía de la esperanza.

Alrededor de aquellas altas cascadas, se ubican más de cuatrocientos árboles, incluido el "árbol sobreviviente", descubierto entre
los escombros un mes después del atentado que, aunque estaba dañado en sus raíces y en sus ramas, logró ser rehabilitado.

En el subsuelo se ubica el museo de sitio subterráneo, obra del Estudio SNØHETTA, concebido como un descenso a través de siete pasarelas, siete niveles bajo tierra en los cimientos de las torres originales. La intención es llegar a la esencia, a la roca madre. Ahí se exhiben las fotografías de la Zona Cero durante la remoción de los escombros y el rescate de los cuerpos.

A pesar de la maldad humana, nada borrará esos majestuosos rascacielos de la memoria del tiempo. Tampoco se borrará el sufrimiento que ahí se vivió, el recuerdo de los sobrevivientes, el nombre de los muertos.

La Zona Cero, hoy dibujada con penetrantes ecos en sordina, renueva la creatividad artística. Es un sitio solemne que recuerda el horror que vivieron Manhattan y el mundo entero, aquel 11 de septiembre. Esa región en llamas que a veces aparece en las pesadillas de Laura y Eunice, esa zona que transitaron con terror palpitante es hoy territorio sagrado. Es un espacio de fe.

Mi encuentro con Laura

Tras haber publicado la crónica del tsunami en *Reforma*, en diciembre de 2005, Mayra Ortega, mi excompañera del Colegio Hamilton, llamó para decirme que conocía a Laura Iturbide, economista como ella, una víctima más de las Torres Gemelas. Me sugería entrevistarla, platicar con ella para escribir otra crónica seriada.

Habían pasado cinco años de aquella tragedia, parecía que todo estaba dicho, que el mar de historias había completado el cuadro: el fondo, la textura, el color y la forma. Me animé a hablarle por mera curiosidad, porque tanto se había manoseado ya lo sucedido, tanto tiempo había pasado para olvidar los pormenores, que era posible que poco saliera de aquel encuentro.

No obstante, pensé entonces, era de tontos no aventurarse al ruedo. Acordamos vernos en un restaurante de comida italiana en el Centro

Comercial de Interlomas, y la comida se prolongó hasta entrada la noche. Laura recordaba todos los hechos con el lujo del más nimio detalle. Me conmovió su mirada de estupor ante lo sucedido, su sinceridad, su dolor, sus batallas y decisiones, su apremiante gozo por vivir.

Guardadas las debidas proporciones, nuestro vínculo tardío, a cinco años de la tragedia, me recordó la historia detrás del *Relato de un náufrago* de García Márquez, quien contaba que cuando Luis Alejandro Velasco llegó a tocar la puerta de *El Espectador* de Bogotá en 1955 nadie quería entrevistarlo porque su historia ya había sido contada y recontada por todos los medios, era un refrito de un hombre que, enaltecido como héroe nacional, seguía buscando dinero y reflectores.

Al gran Gabo, un contador de historias pero entonces un periodista menor, lo obligaron a escucharlo y tuvo la intuición, el oficio y la sabiduría para detectar verdades que nadie más había visto. En esas catorce entregas de periódico —que quince años después, en 1970, se convertirían en un libro firmado por García Márquez, porque hasta ese momento el relato en primera persona lo narraba el protagonista—, Luis Alejandro revela verdades del naufragio y de los diez días que, maltrecho, sobrevivió en una balsa sin agua ni comida.

Velasco había sido el único sobreviviente de ocho tripulantes que habían caído al mar, luego de que el destructor *Caldas*, de la marina colombiana, zozobrara a causa de una supuesta tormenta; supuesta, porque la realidad era que el destructor llevaba una carga ilegal de televisores, refrigeradores y lavadoras comprados por la tripulación en Alabama, mientras reparaban el barco, y esa carga excesiva se soltó a dos horas de llegar a Cartagena, arrastrando también a los marineros. Una verdad que antes de García Márquez, nadie más había develado porque la prensa estaba censurada por la dictadura militar del general Gustavo Rojas Pinilla.

A Luis Alejandro, tras sobrevivir, sólo lo habían entrevistado los periodistas del régimen que, para velar las apariencias, aludieron el naufragio a una tormenta catastrófica y lo proclamaron héroe de la patria para que nadie pudiera conocer el verdadero origen del desastre. Además, lo promovieron en radio y televisión como ejemplo para las generaciones futuras. Más aún, su imagen sirvió para promocionar el reloj y los zapatos que llevaba puestos, y a la fama y la pequeña fortuna que acumuló se sumaron la soberbia y las exigencias de quien quiere más.

Fue así como Luis Alejandro tocó a la puerta de *El Espectador* preguntando cuánto le darían por su cuento. García Márquez, un novato entonces, se enfureció y lo mandó al mismísimo diablo, sintiéndose luego aún más humillado cuando el editor lo obligó a hacer el reportaje en cuestión.

Como narra en *Vivir para contarla*, acató la orden de su editor por "obediencia laboral", suponiendo que nada nuevo sacaría. De inicio, Gabo llegó mal encarado con el joven de veinte años, pero, luego, reconociendo la dicha de contar una historia, los encuentros se multiplicaron hasta completar veinte sesiones de seis horas diarias. Para la sorpresa de todos, hasta del mismo García Márquez, la narración descubrió un velo ante la opinión pública que suscitó empatía con el náufrago y desmintió todo lo que se había dicho hasta ese momento.

Ese reportaje fue un inesperado bombazo; un estruendo tal que la dictadura acabó por intimidar al periódico, amenazar con cerrarlo y, por la cólera con la que denostaba, el náufrago tuvo que desaparecer, volver a naufragar porque los militares querían estrangularlo.

El caso de Laura, evidentemente no se asemeja del todo a la historia de Luis Alejandro. Ella, a diferencia de él, no buscaba dinero por su historia, muy por el contrario, ya la había guardado en el baúl de los recuerdos. Además, en su relato no había ninguna sorpresa que cimbrara la contundencia del acto terrorista.

Sin embargo, algo parecido a lo que quizá sintió Gabo me pasó a mí. Cinco años después del atentado a las Torres Gemelas parecía que todo se había dicho, a la misma Laura la habían entrevistado decenas de veces. ¿Qué de nuevo podía ofrecer aquella historia? Y, sin embargo, cuando se ejerce el oficio con humildad, se escucha y se permite uno empatizar, cada historia puede ser una huella de identidad nueva. Puede develar nuevos pesares, un sentir individual, una mirada original, hilos conductores que cuestionan las causalidades o casualidades del destino. El por qué unos se salvan y otros, no.

A partir de nuestros encuentros, el hilván de los detalles se fue engarzando con olores que sabían a humo, imágenes intempestivas de la huida a contracorriente, pensamientos y miedos adormecidos que, en el afán de contarlo todo, rebotaron en el cristal de otro espejo, el que yo le presentaba a Laura con preguntas y reflexiones.

Su fortaleza y sensibilidad me deslumbraron. Quise escribir una crónica de varias entregas como la que había hecho con el tsunami, sin embargo, a mis editores de *Reforma* les pareció que si se trataba de las Torres Gemelas bastaba con un máximo de una o dos. Regateando, quedamos en tres. Recorté mi texto al máximo y la versión publicada en tres días consecutivos, apenas una probadita de la crónica que contiene este libro, se hizo pública en septiembre de 2006, a cinco años del atentado.

En fechas recientes, durante la elaboración de los textos para *Ese instante*, al no hallar una versión larga de la historia de Laura en mi computadora, busqué mis notas a mano de nuestros encuentros y, con la información manuscrita ahí vertida, reconstruí este nuevo texto que, tanto a ella como a mí, nos dejó satisfechas.

Han pasado casi veinte años del atentado terrorista a las Torres Gemelas y, desde aquel día a la fecha, Laura dice que cada mañana le agradece a Dios al abrir los ojos por haberle otorgado esta segunda oportunidad de existir. Las Torres Gemelas son su distintivo. Estar ahí marcó sus días. Se sabe afortunada. Se reconoce como una mujer feliz que aprovecha cada instante. Una mujer que ama su trabajo, a su familia, a Ricardo, su querido esposo, y con profundo fervor a sus amigos y ahijados.

En resumidas cuentas, Laura Iturbide agradece a la vida que, aún hoy, le permite respirar y soñar.

La cuadriplejia de Fritz

Abrupto cambio de planes

Pudo ser un día más, borroso como cualquiera, hasta que aquel apretado instante, un caprichoso instante filoso y calculador, la tarde del 24 de abril de 2001, llegó a diseccionar hasta la última certeza de la vida de Fritz Thompson Lenz, ingeniero mecánico y hoy conferencista internacional, quien supo convertir la adversidad en motor de sus días.

En el kilómetro 58.35 de la carretera Puebla-México, al descender la zona de curvas entre Río Frío y Llano Grande, una camioneta *pickup* blanca con una banda de reflectores ámbar sobre la cabina y con su caja de carga descubierta comenzó a dar volteretas en el aire frente a su coche, como si la única intención de aquel conductor fuera caer del cielo para proyectarse en la existencia de Fritz, para hacer *home run*, es decir, para colapsar el techo de su automóvil con la suficiente fuerza para comprimirle la columna vertebral, no para matarlo, simplemente para sumir su cuello, fracturar dos de sus cervicales, machucar su médula, dejarlo cuadripléjico, y luego, impasible, rebotar a la carretera en el sentido contrario, es decir, casi retomar la trayectoria que emprendía antes del impacto, como si el piloto de aquella camioneta de la Comisión Federal de Electricidad pudiera, después de la tragedia que provocó, regresar imperturbable a su itinerario original.

José Luis Velázquez, quien manejaba aquel vehículo, circulaba a exceso de velocidad, probablemente a más de 140 km por hora en un tramo de subida y, antes de tocar la vida de Fritz, ya había perdido el control de su auto: estuvo a punto de chocar contra un Tsuru blanco, volanteó, se patinó con el piso resbaloso, chocó contra el muro de contención y, sin saber ni cómo sucedió, ese metro de concreto le sirvió como rampa para lanzarlo a volar por los aires invadiendo los carriles contrarios. La camioneta giró y giró dispersando nubes de polvo hasta caer de cabeza, con su tonelada de peso, sobre el techo del coche de Fritz, un pequeño Golf verde olivo de menos de la mitad del tamaño. Lo impactó con tal fuerza que, para su buena suerte, la de José Luis, el golpe le sirvió como freno para amortiguar la caída y para batearlo de regreso.

El trancazo no tuvo la suficiente fuerza para asentar nuevamente las llantas de la camioneta sobre el pavimento, el eje estaba roto, pero sí para dejarla columpiándose sobre el muro de contención. Casi sin rasguños, quedó suspendida de forma perpendicular a la carretera: los neumáticos delanteros se mecían sobre los carriles de los conductores que se dirigían a Puebla, los traseros, bloqueaban la vía de quienes se enfilaban hacia México.

Fritz había alcanzado a ver los reflectores amarillos de aquel vehículo cuando éste viraba por los aires, pero no pudo reaccionar. El golpazo fue casi instantáneo y, luego, con el impulso, su Golf siguió descendiendo cuando menos seiscientos o setecientos metros más, hasta detenerse, con un segundo impacto, en una canaleta del desagüe frente a un cerro macizo. Tuvo suerte de no caer al vacío, casi toda esa bajada está flanqueada por precipicios. No logró siquiera presionar los pedales para frenar porque su parálisis era total. La estocada lo dejó como toro moribundo en el ruedo.

Dos autos se tocaron, dos vidas se cruzaron sin aparente sentido. Aquel fatídico día ni siquiera se conocieron, quedaron a más de medio kilómetro uno del otro. No hubo conciencia, disculpas ni reconocimiento. Dos conductores quedaron tan separados físicamente que, a la distancia, en un proceso judicial amañado, resultó fácil sentenciar, años después, que la historia era tan inverosímil que ni siquiera había sucedido.

El tramposo argumento de la Comisión Federal de Electricidad y de su aseguradora, que se negaron a pagar los daños, resultó creíble. ¿Quién podía concebir que fue el mismo accidente con dos autos separados casi setecientos metros, con dos autos alejados en tiempo y espacio, con dos autos en lados opuestos de la carretera?

La razón pudo enflaquecerse con la sinrazón.

Esa mañana...

Ese 24 de abril de 2001, un día que debía haberse sumado al olvido cotidiano, Fritz despertó de madrugada para tomar la carretera a Puebla sin tráfico, conocía cada kilómetro de ella, la había circulado cuando menos una centena de veces.

Antes de salir discutió con Nelly, su novia, porque ella quería acompañarlo, aprovechar para visitar a sus padres que allá vivían, pero él, por su rígida educación germana de alto rendimiento y productividad, por decreto y por un férreo sentido de la obligación, no se permitía perder el tiempo. Lo último que quería, lo dijo claro, era pasar el día entero en Puebla. No tenía paciencia para ver a sus suegros brindando entre juegos de cartas. La cita era de trabajo. No cabía la menor duda: viajaría solo.

En el patio del edificio se encontró al cubano Luis Pérez Eupierre, su vecino neurocirujano con quien casi nunca se topaba. Intercambiaron unas palabras, se pusieron al día y se despidieron con la promesa de que, a la siguiente semana, a esa misma hora: las seis de la mañana, jugarían básquetbol.

Fritz era deportista de altos vuelos, corría a diario seis kilómetros en el bosque de Tlalpan, también nadaba. Hubiera preferido echarse una "cascarita" tempranera con Luis porque desde niño el futbol era su pasión, no se perdía un solo partido del América y ahorraba dinero cada cuatro años para ir al Mundial a echarle porras a México,

pero Luis no sabía ni patear la pelota y Fritz se resignó a jugar básquet a fin de gozar de la compañía de su vecino.

Ambos, médico e ingeniero, eran madrugadores. Ambos se creían
dueños de sus agendas. Especialmente Fritz se creía el escultor de sus
días. Si bien no provenía de un hogar adinerado, pero sí de uno que
le brindó cultura, buena educación, rigor, conciencia del deber ser
y férrea disciplina, a sus treinta y tres años, la edad en que murió
Jesús, él había trabajado con ardor para tener un patrimonio. Se había hecho de casi seis pequeños departamentos que, aunque estaban
hipotecados, representaban un buen legado para sus tres hijos...

Tres hijos que algún día tendría, porque ni siquiera estaba casado,
pero pensaba él que, con el control de sus días en sus manos, con una
vida ordenada y de compromiso como la suya, el futuro tendría que
rendirse a sus pies. ¿Quieres hacer reír a Dios?, cuéntale tus planes,
reza un refrán mexicano.

Aquella mañana de martes, al despedirse con un abrazo cálido de
Luis Pérez Eupierre, Fritz emprendió el camino a la planta armadora
de coches de la Volkswagen, ubicada en la lateral de la autopista a
Puebla, en donde a las dos de la tarde en punto tenía una reunión
con un encargado de mantenimiento para hacerle una demostración
de las virtudes de las grasas y lubricantes canadienses que estaba
comenzando a comercializar y que, según decía, duraban diez veces
más que cualquiera.

Los técnicos de la fábrica lo recibieron con cierto desdén. Acostumbrado a encontrar los caminos adecuados para lograr lo que se
proponía, Fritz no se intimidó. Con una máquina que ejerce resistencia, hizo malabares para probar cómo sus grasas eran capaces de
reducir notablemente el desgaste de la maquinaria en la fabricación
de coches y, por ende, el costo de mantenimiento. Como tenía ese
colmillo para salirse con la suya, no perdió la confianza en sí mismo,
sabía que lograría convencerlos.

Al salir de la cita llovía. Emprendió el retorno a la Ciudad de México con una idea rondando en su mente: "Si saco el pedido con

este monstruo, ya la hice." Hizo dos llamadas desde su celular: a los papás de Nelly para disculparse por no haber ido a comer a su casa, y a Nelly, para que supiera que ya iba de regreso.

Cruzó la caseta de San Martín Texmelucan y paró en una miscelánea a comprar una Coca Cola. Durante años maldijo esa parada, esos segundos que determinaron el "si hubiera" de su accidente. Si no se hubiera detenido, nunca hubiera coincidido en tiempo y espacio con aquella camioneta.

Se relajó, puso a todo volumen su CD favorito con música de Maná, Kabah y Sentidos Opuestos. Miró su reloj, eran las tres y media de la tarde, su vida fluía con la puntualidad germana que bien había aprendido de casa. Podía irse con calma, a no más de ochenta kilómetros para evitar cualquier percance con el piso resbaloso y, aún así, llegar con tiempo de sobra a su cita a las seis de la tarde en el World Trade Center de la Ciudad de México. Había quedado de verse ahí con Sergio Vinay, un viejo amigo a quien tenía años de no ver. Vinay le quería proponer un negocio.

Unos minutos después, al descender a la zona de curvas en los valles entre el Popocatépetl y el Iztaccíhuatl, cruzando Río Frío y Llano Grande, se tocaron las vidas de Fritz y de José Luis, dos absolutos desconocidos. Lo paradójico es que lo que para uno fue buena suerte, porque en ese momento ni siquiera se dio cuenta de lo que había hecho, para el otro implicó un destino atroz.

Un misérrimo instante hubiera podido cambiar la suerte de ambos. En el caso de Fritz, un argumento más o uno menos en la Volkswagen, una demostración adicional de las virtudes de sus lubricantes, un "cuestan la mitad y duran el triple". Comprar o no un refresco. Cargar gasolina. Un saludo, cualquier atención a quienes se le cruzaron en el camino. Tomar la carretera a sesenta o a cien kilómetros por hora, y no a ochenta…

Un instante.

Un desabrido instante hubiera podido cambiar aquella lotería absurda e inclemente, aquella brutal coincidencia. Hubiera podido distanciar ese soplo, esa fortuna que pareció punzar con lógica propia, con una racionalidad rabiosa y decidida, como si la vida, un albur milimétrico, estuviera trazada en otros lares. Como si, cual dóciles marionetas, los días pendieran de delgados hilos en manos de un titiritero. Como si el destino, con sus esquinas ciegas, con sus pliegues ocultos, estuviera encaprichado en conducirnos a insólitos parteaguas.

Costal con cabeza

Cuando el Golf se detuvo frente a la canaleta del desagüe, frente a un cerro en el kilómetro 58.35 —esa precisión la dicta el acta oficial—, el auto sólo tenía el techo colapsado y el parabrisas hecho añicos. Nada más, ni siquiera se había descuadrado.

Fritz no tenía ni un rasguño, ni un moretón. Aunque el golpe fue en su cabeza, estaba consciente y no había fractura de cráneo. Ni sangre ni heridas, nada que requiriera una curación. Intentaba inhalar, se ahogaba. Sus manos, sin fuerza, indiferentes, soltaron el volante y cayeron inertes, palmas arriba, sobre sus muslos. Trató de abrir la puerta, no pudo. Trató de presionar los pedales, tampoco lo consiguió. No sentía las piernas, no respondían.

Cuando se aproximó Eduardo Rivera Pérez, diputado federal de veintiocho años, el único testigo de lo sucedido, Fritz, aterrorizado y confundido, ya había constatado que su cuerpo era un inútil compañero.

—Hola. ¿Estás bien? —le preguntó Eduardo, acuclillado a su lado.

Fritz se estaba asfixiando, se le dificultaba respirar, jalar aire. Estaba muy nervioso, sus pectorales parecían estar desconectados de su cuerpo, no se tendían ni distendían.

Eduardo había tratado primero de auxiliar a José Luis, aún tambaleándose adentro de su camioneta sobre la barda de contención, pero, al ver que estaba ileso, que no paraba de echar de gritos asegurando que estaba muy bien, que nada necesitaba, que sólo quería bajarse de aquellas alturas y largarse, huir de ese enigmático sitio, Eduardo emprendió el rumbo para buscar al otro conductor, a Fritz.

Eduardo se tallaba los ojos con incredulidad ante lo que había presenciado, una escena digna de Hollywood. Se repetía a sí mismo que eso no podía haber sucedido, que eso no pasa en la realidad. Le daba escalofríos pensar que ese fatal accidente le pudo haber tocado a él. Se había salvado por décimas de segundo.

Involucrado en la Comisión de Educación, ese día Eduardo quería llegar con absoluta puntualidad a la Cámara de Diputados, tenía un encuentro con Reyes Tamez, secretario de Educación. Al salir de su casa, Ilse, su niña de dos años lo detuvo: "Pa-pi-no-te-va-yas." Una y otra vez la misma cantaleta. Eduardo tenía prisa, iba a una cita importante, pero la pequeñita no cesaba de lloriquear, hasta que, con el tiempo contado, acabó por cerrarle la puerta en las narices. Tras el accidente, no podía dejar de pensarlo: Ilse lo había salvado, se había librado de ser la víctima gracias a ese ir y venir, a ese apapacho tranquilizador que se negaba a darle.

La cabeza de Fritz estaba prensada entre la cabecera del asiento, el metal del techo y el parasol. El impacto había sido a escasos centímetros de su cráneo. No podía moverse, no entendía lo que le había pasado. Estaba consciente. Había querido agarrar su celular que estaba en la puerta del coche, no hubo forma. Había intentado patear la puerta, imposible. A través del parabrisas roto podía escuchar el sonido del agua. Aún resuena en su memoria el incesante chipichipi de la lluvia, también el rozón de las llantas de los coches sobre los charcos en el pavimento.

—¿Qué te duele, güero? —lo cuestionó el conductor de un tráiler que se paró a ayudar.

—Nada.

—¿Nada? —la pregunta era ahora de Eduardo.

—Es que no siento nada. Nada —intentaba tener conciencia de cada centímetro de su cuerpo, pero no había respuesta, era él un costal con cabeza.

Mil veces había repetido como guía de turistas —porque siguiendo los pasos de su madre, de adolescente Fritz había sido guía de alemanes que visitaban México— que antes de sacarle el corazón a un ser humano para ofrendarlo al Chac Mool en Chichen Itzá, le reventaban la columna vertebral para que no sufriera, para que no sintiera.

Reverberaba esa frase: "Para que no sintiera."

Se sabía de memoria la letanía: en la piedra de los sacrificios, ahí frente al Chac Mool, al sacrificado le daban un mazazo en su columna para dejarlo sin sensibilidad, para rajarle el pecho mientras aún seguía con vida, para tronarle sin remordimiento el esternón y las costillas, toda la caja torácica, para que viviera unos minutos con la satisfacción de haber sido el elegido para el calvario, para encumbrarlo, para que, sin mayor martirio, viviera su glorificación en el altar de los dioses.

—Aguanta, güero, vas a estar bien —le insistía el conductor del tráiler—. Atrás viene una camioneta de Caminos y Puentes, ahorita pedimos ayuda, ahorita te sacamos del coche.

Eduardo sabía que no debían de moverlo, era mejor esperar a los paramédicos. El chubasco arreciaba, con un fólder que extrajo del portafolio de Fritz improvisó un gorrito de albañil para cubrirlo de la lluvia, para evitar que ésta le siguiera mojando la cara. Las gotas eran como alfileres, le picaban los ojos.

Fritz sentía que estaba levitando, ni siquiera era capaz de percibir que estaba sentado, no notaba el asiento del coche. Le pidió a Eduardo que le empujara la pierna, cerró los ojos para concentrarse, quería comprobar lo que ya parecía evidente.

—¿Ya? —Eduardo cuestionó si debía parar de mecer la pierna de arriba abajo, como lo estaba haciendo.

—Ya —respondió Fritz, creyendo que la duda era si comenzaba a menearla. Con esos "ya" disonantes, Fritz experimentó la contradicción de los sentidos: lo que veía y lo que sentía no tenían la más mínima relación. Cuando abrió los ojos para entender por qué Eduardo aún no hacía nada, por qué aún no iniciaba el movimiento, la brutal imagen lo dejó perplejo: la mano de Eduardo estaba sobre su rodilla izquierda, su pierna aún se columpiaba y él no había registrado absolutamente nada. Ni la mano ni el movimiento.

La aterradora situación confirmó lo que Fritz ya sabía: daño neurológico. El mismo quebranto que padecían los sacrificados ante el Chac Mool. El mismo infierno que, tras una lesión lumbar, había padecido su primo tras un accidente automovilístico en la carretera a Acapulco. Siendo adolescente, Fritz había pasado días consolando a su primo parapléjico, acompañándolo a sus inútiles terapias en el Hospital Gea González; días agradeciéndole a Dios que, por no haber tenido dinero, se había visto obligado a quedarse en México en lugar de ir con sus cuates a ese viaje idílico en el que terminaron cayendo en un despeñadero.

Fritz entendió muy pronto que sus segundos estaban contados, si no emprendía acciones expeditas, el resultado podía ser aún más catastrófico. Con esa conciencia, con esa voluntad de tomar su vida en sus manos, comenzó la concatenación de coincidencias que garantizaron que sobreviviera, que lo operaran, que venciera la cuadriplejia con esfuerzo y valentía, que recuperara cierta movilidad y que, años después, pudiera estar de pie, con un cuerpo dañado, pero útil y sensible, brindando lecciones de vida.

Artífice de su rescate

Fritz fue el artífice de su propio rescate. A Eduardo le fue indicando a quién llamar, cómo buscar en su directorio los teléfonos de las personas clave que debía contactar. La primera llamada fue a Luis, su vecino, el neurocirujano al que le prometió jugar básquetbol la siguiente semana. Desde hacía seis meses, cuando él había logrado huir de Cuba a México, se había integrado al equipo del doctor Ramiro del Valle, una eminencia, cuya celebridad provenía del uso de rayos gamma para cercenar tumores cerebrales.

Fritz sabía que, aunque lo suyo no fuera un tumor, Luis Pérez Eupierre lo ayudaría. Le explicó que había tenido un accidente, que no sentía el cuerpo, que tenía miedo de que empezara la página más oscura de su vida. Un par de horas después, su amigo neurocirujano ya estaba en la Clínica 71 del IMSS, en Chalco, un hospital de mala muerte, como Fritz lo recuerda, a donde lo había llevado la ambulancia de Caminos y Puentes Federales.

A sabiendas de que sólo se tienen ocho horas para reducir la necropsia, es decir, la muerte de células medulares provocada por la compresión de una estructura ósea colapsada, Luis llegó con una clara encomienda: sacarlo de ese hospitalucho para llevarlo a Médica Sur, donde Ramiro del Valle, el jefe de Luis, estaba organizando al equipo médico que lo intervendría. No se sabía aún si la médula estaba o no seccionada. Era probable que el impacto la hubiera cortado irremediablemente, aun así había que operarlo cuanto antes para liberar la compresión y tratar de aminorar el daño.

La segunda llamada que salió del celular de Fritz fue a Nelly, quien de inmediato se trasladó también a la clínica del Seguro Social donde se encontraba. La tercera, a Gilberto, un contador poblano que trabajaba en la empresa Expert, donde Fritz había laborado años atrás, haciéndose de un pequeño patrimonio. Gilberto estaba físicamente más cerca, Fritz supuso que llegaría antes que nadie.

La cuarta y última fue a Humberto González, quien hacía cinco meses le había vendido un seguro de gastos médicos. Empeñado en que necesitaba una venta para poder comprar los regalos navideños de su familia, Humberto empujó a Fritz a que se hiciera de una póliza que, en caso de accidente, le cubriría hasta un millón de dólares en México y el extranjero. Era él un hombre sano, no tenía intenciones de enfermarse, menos aún de accidentarse, pero por elemental solidaridad con su amigo, sacó la chequera, firmó un cheque de Bilbao Vizcaya por nueve mil ciento doce pesos a nombre de Humberto, como se lo pidió, y se olvidó del asunto, aventando el supuesto contrato en un cajón sin leer las condiciones.

Nunca había tenido un seguro de nada, lo había adquirido como un acto de cuates, de buena fe, y ese martes, mientras esperaba la ambulancia en la carretera de Puebla, mientras oía el chipichipi de la lluvia, mientras intentaba mover su cuerpo caduco sin saber lo que le depararía la vida, pensaba que comprar ese seguro había sido un acto providencial. Aún se preguntaba si él había ayudado a Humberto, o Humberto a él, concediéndole un seguro que podía ser determinante para sanar. La respuesta estaba por verse...

Después de sacar un par de radiografías en la clínica de Chalco, se supo que el pronóstico era desolador, de negro pesimismo. La contusión había generado una fractura a nivel cervical. Cuando la cabeza se sumió dentro de los hombros provocó que las vértebras del cuello chocaran con fuerza entre sí. Se rompieron las cervicales seis y siete, dejando esquirlas de hueso y, seguramente, una lesión medular con consecuencias devastadoras.

La médula transporta información neurológica entre el cerebro y las distintas partes del cuerpo, controla reacciones automáticas o reflejas como la respiración y garantiza la sensibilidad, la motricidad y los reflejos. En el caso de Fritz, con la compresión de la médula a un nivel tan alto, en vértebras cervicales, resultaba inevitable: estaría cuadripléjico, es decir, con parálisis total del cuello hacia abajo.

Era muy probable que quedara como Christopher Reeve, el legendario Superman que, al caer de un caballo, se fracturó las dos primeras vértebras cervicales y, después de una prolongada cirugía con su médula seccionada e incapaz de regenerarse, quedó atado con cinchos a una silla de ruedas, moviendo sólo los ojos, recuperando únicamente el movimiento de los dedos de su mano izquierda.

Cuando subieron a Fritz a la ambulancia particular rumbo a Médica Sur, se angustió al no tener sensibilidad a la posición, sentía que flotaba, no sabía dónde estaba su cuerpo, dónde estaban sus piernas, percibía que lo movían de un lado a otro porque su mirada podía constatar referencias visuales cambiantes.

—¿Me voy a quedar así, Luis?

—¿Eres hombre de fe? —reculó el médico.

—Sí, creo que sí.

—Pues ten fe, es lo que necesitas.

—¿Voy a tener hijos? —niñero, como era, Fritz tenía ese pendiente.

—Eso lo resolvemos después. Por ahora sólo reza.

—Luis… —Fritz titubeaba si debía verbalizar o no el pensamiento que rondaba en su mente.

—Dime, Fritz.

—Creo que el partido de básquet lo vamos a tener que posponer —su esperanza era reprogramarlo. Ese pendiente, una ironía en esas circunstancias, significaba la posibilidad de recuperar la salud, de volver a caminar, de practicar deportes con enjundia y entusiasmo.

Cuando llegaron a Médica Sur, el equipo médico lo estaba esperando. A la media noche, tras realizar radiografías y resonancias magnéticas, comenzaron a operar. Cuatro horas después, casi al amanecer del miércoles, los médicos decían estar satisfechos con la cirugía. La médula, insistían, no se había segmentado, pero, como había estado colapsada, como había pasado cuando menos ocho horas machucada sin irrigación, temían lo peor. Tal necropsia celular, con un hematoma de por medio, era suficiente para sugerir la cuadriplejia.

—La cirugía fue un éxito —le dijo Ramiro del Valle a la familia y a los amigos que, expectantes, estaban seguros de que Fritz se levantaría caminando de aquella pesadilla.

—Bendito sea Dios —respondió Leni, la mamá de Fritz, una mujer de 66 años quien, para ese momento, ya había llegado de Cancún con su hija Veronika, donde ambas mujeres vivían.

—El accidente fue muy serio, señora, nada está escrito, habrá que esperar —Ramiro del Valle buscaba desengañar a Leni.

Sin tocarse el corazón, Del Valle prosiguió:

—Estos casos son muy inciertos, señora… Prefiero que entienda la gravedad del caso. Es muy probable que Fritz quede cuadripléjico.

Habrá que prepararse para ello, no quiero mentirle. No quiero que usted tenga falsas expectativas.

Leni Lenz viuda de Thompson se encerró en sí misma, no quiso responder, mejor se encomendó a Dios, aferrada al potro de la esperanza. Quien sí se animó a intervenir fue Nahúm de la Vega, un querido profesor de Fritz en el IPADE. Estaba ahí para apoyar a la familia.

—Ya dio usted su pronóstico, doctor —masculló entre dientes—. Estará usted de acuerdo conmigo en que habrá que esperar el dictamen más importante, el veredicto de Dios.

El rechazo, fuente de coraje

Hasta antes de ese día, producto de la cultura que mamó en casa, la vida de Fritz había sido ejemplo de esfuerzo en la escuela y el trabajo. Creció con la letanía del tú-puedes. Tú puedes ser el mejor en los estudios; tú puedes dar el 120%; tú puedes ser el más comprometido, cumplido y respetuoso; tú puedes luchar con responsabilidad y dedicación; tú puedes ser el mejor, el primero, todo está en tus manos.

En su sangre germana prevalecían los robustos valores de la disciplina y el deber ser, el espíritu de servicio, la educación y la cultura. Sin embargo, en su núcleo más cercano, el de los Thompson Lenz, estos principios se aderezaban con un rosario de culpas y rechazos que enardecían, aún más, el orgullo y la dignidad de la familia.

Alberto Thompson y Leni Lenz, padres de Fritz, se habían conocido en los Scouts de México cuando ella tenía veintinueve años y él, treinta y uno. Provenientes de entornos disímbolos, ambos tenían el estigma de solterones, a ambos les pesaba su pasado. Los Lenz, en especial, se creían de linaje noble y no admitían que una Ricitos de Oro, como llamaban a Leni, una güerita de sangre azul y ojos verdes, se casara con ese hombre sencillo y sin estudios que, para colmo, por haber vivido años de invalidez, tenía un estilo peculiar de caminar.

—Mi papá era un hombre hogareño, íntegro, fiel, generoso y trabajador. ¿Qué le podían reprochar, que no hubiera terminado la preparatoria? —se sinceró Fritz, y luego Leni, en una de esas interminables noches conversando en mi casa.

Los Lenz hubieran preferido que Leni no se casara, que se quedara a cuidar a su padre viudo y, si se iba a empecinar en aquello del matrimonio, deseaban que fuera con un hombre noble capaz de conservar su raza, cultura y costumbres, un hombre alemán con estudios y abolengo, y no con Alberto Thompson, cuyo apellido anglosajón no bastaba para garantizar buena estirpe.

Carlos Lenz, el padre de Leni, había emigrado de Alemania a México en 1928 para trabajar con su tío Alberto Lenz Adolph, un influyente empresario propietario de las papeleras Loreto y Peña Pobre, uno de los mayores emporios de México. Dueño de gran parte del sur de la capital —las zonas de San Fernando, el Pedregal, Cuicuilco (donde luego se construiría la Ciudad Universitaria de la Universidad Nacional Autónoma de México) y el Cerro de Zacatépetl (hoy el Centro Comercial Perisur)—, Alberto Lenz, el patriarca, brindaba empleo a todos sus parientes y, por tener privilegio de sangre, gozaban también de una casa en su bosque de Tlalpan.

Para Leni, nacida en 1934, la menor de tres hermanos, su apellido, más que ser una condición de abolengo, era una carga. Su vida se había convertido en tragedia desde muy joven cuando su mamá, Liese Schallenmüller de Lenz, se desangró frente a ella y sus hermanos, Ehrhard y Heidi, la culparon por no haberlo impedido. A Liese le había subido la presión arterial a niveles exorbitantes y, como solían hacer en aquellos tiempos, los médicos decidieron abrirle las venas. En una escena espeluznante Leni, una quinceañera, vio como su madre perdía la vida expulsando borbotones de sangre, un drama, una fatalidad que todo manchó.

De un día a otro, Leni fue la responsable de ser la mujer de la casa, la encargada del cuidado de su padre y de sus hermanos. Por absurdo que parezca, se asumió culpable, se adjudicó el yerro apropiándose un tormentoso complejo de inferioridad que mantuvo y transmitió a su descendencia.

Sintiéndose una quedada de veintinueve años, aprovechó que su padre se unió en segundas nupcias para darle el sí a Alberto Thompson. Ya luego, buscando alejarse de las humillaciones y hostilidad familiar, tras la boda, Leni y Alberto fincaron su hogar en Coatzintla, Veracruz, a unos kilómetros de Poza Rica. En broma decía ella que de niña había sido rica en Peña Pobre, para luego, de adulta, ser pobre en Poza Rica.

El drama y las contradicciones los llevaba Leni en su interior y, en consecuencia, la sana distancia que buscaba no duró. Cuando inscribió a Carlos, su primogénito, en un kínder provinciano, no toleró que su reyecito intocable estuviera condenado a una formación modesta, y ella y Alberto comenzaron a barajar su retorno a México con la excusa de brindarle a su primogénito una educación bicultural germana de calidad, como la del Colegio Alemán.

Por ello, con Carlos de tres años y Veronika, de uno, la pareja retornó a la capital y, en el pequeño terreno que Leni había heredado de su padre en Huipulco, en las cercanías del Estadio Azteca, entonces en construcción, edificaron una modesta casa, en donde nació Fritz, el benjamín de la familia, el 22 de diciembre de 1967, poco tiempo después de haber llegado a la Ciudad de México.

Leni se atrevió a pedir a sus tíos abuelos, los verdaderos dueños de las papeleras, los de abolengo, que le dieran trabajo a su esposo. Lo contrataron en las básculas, él era el encargado de pesar los tráilers llenos y vacíos, a fin de calcular el peso exacto de la madera. Lejos de querer capacitarlo o de impulsar su carrera en la empresa, lo condenaron a ese trabajo simple, de los más bajos en el escalafón.

—Si yo fuera un empresario influyente, rico y poderoso, y una sobrina me pidiera trabajo para su marido, lo último que haría es darle un empleo en el que sólo conviva con traileros. ¡No entiendo su criterio! —los critica Fritz—. A mi padre lo condenaron, no quisieron ofrecerle la mínima oportunidad.

Con dolor y tristeza, Fritz recuerda las expresiones de desprecio en su familia, actitudes que a la postre fueron una inyección de coraje que lo obligaron a madurar, a fortalecer el orgullo, a no rendirse. Las descortesías eran constantes, el dolo de algunos de sus tíos llegaba a límites intolerables: desde hablar en alemán junto a Alberto para que no entendiera, para hacerlo sentir ajeno, hasta manifestaciones de un hiriente sarcasmo para humillarlo, para recordarle su condición de inferioridad.

El mayor ultraje provenía del tío Ehrhard, un hombre frustrado que nunca tuvo hijos y cuya consigna de vida parecía ser maltratar a los Thompson Lenz. Cuando iba la familia entera a comer a La Cava, el restaurante de los Lenz en Insurgentes Sur, a menudo Ehrhard se burlaba de Alberto: "Que conste, la semana que entra le toca pagar a Beto." Sabía que, con su sueldo paupérrimo, él jamás podría liquidar la cuenta. Lo peor era que casi todos los Lenz se reían a carcajadas con ese chistorete barato y Leni, la madre de Fritz, siempre salía ofendida.

—Mi mamá bien sabía que el dardo era contra nosotros cinco. Yo le decía que el cariño familiar no es genético, que se cultiva. Les rogaba a ella y a mi papá que no permitieran las burlas, que no bajaran la cabeza, pero nunca pasó. Ni siquiera estuvieron dispuestos a dejar de ir a esas comidas que tanto nos lastimaban.

Alberto Thompson, simple y bonachón, un hombre evasivo que prefería rehuir a los problemas, decía que prefería perdonar, que todo caería en su lugar. Según él, no recibía basura, no se tomaba el veneno, su filosofía era no dar batalla a pleitos innecesarios.

Tanto Alberto como Leni pensaban que, con educación, coraje y templanza, con disciplina de alto rendimiento, podían revertir el dañino karma de menoscabo que los envolvía. Tenían absoluta confianza en que sus hijos no los decepcionarían. Los inscribieron a los Boy Scouts, por el legado de crecimiento, amor a la naturaleza y humildad, y al Colegio Alemán, para inculcarles que el rigor y la excelencia son constructores de futuro, la posibilidad de transformar la suerte.

Carlos, Veronika y Fritz iban becados al Colegio Alemán porque su tío Walter era consejero. Eran conscientes de su situación, sabían que no podían fallar. Cuando a Carlos, el primogénito, un niño introvertido, lo expulsaron del colegio por malas calificaciones, la familia vivió ese dictamen como una tragedia, un golpe al orgullo. Por eso, Fritz sentía aún más responsabilidad y, aunque el régimen castrante del colegio no le gustaba y también le costaban mucho trabajo los estudios, se esforzaba para cumplir sin excusas ni regateos. A diario se levantaba a las cuatro de la mañana para estudiar, para tener buenas calificaciones en las materias de la primaria, para complacer a su mamá, a la familia completa.

—Me enseñaron a ser el mejor, a estar híper preparado, a llegar lejos para vivir bien. Como yo no tenía talentos naturales, recurrí a lo único que me quedaba: esforzarme, batallar hasta la muerte.

Lo cierto es que en el Colegio Alemán prevalecía un tono de crueldad entre los compañeros. Los amigos se burlaban de Fritz por no tener dinero. Lo apodaban "el indio" porque, como los indígenas necesitados, era capaz de hacer cualquier trabajo: vender flores, recolectar periódico para llevarlo a reciclar, repartir volantes de una pizzería, podar jardines, inclusive ser guía de turistas, porque todos los veranos acompañaba a su madre cuando ella enamoraba a los extranjeros con las bondades de la tierra mexicana.

Su padre, mientras tanto, seguía en la brega para ascender en la empresa familiar, para ganarse unos centavos, para dejar de ser un simple encargado de la báscula. Tendrían que pasar años de esfuerzo y lealtad familiar, de sumisión y obediencia, para que escalara al área financiera de la fábrica de papel Loreto y Peña Pobre.

—Mis tíos, por su perfil alemán, se distinguían por ser impositivos. Eran unos gendarmes gritones y autoritarios. Cuando entraban a la oficina todo el mundo se ponía a temblar.

El tiempo los haría reconocer la valía de Alberto Thompson, aprenderían a quererlo. En sus últimos años de vida, lo ascendieron a cajero y, finalmente, a principios de la década de 1980, a ser tesorero de la empresa cuando Loreto y Peña Pobre se hundía ya en la debacle, incapaz de revertir la crisis que le impediría sobrevivir a la siguiente generación.

En aquellos años el presidente López Portillo, con una economía en picada, días antes de dejar su cargo, nacionalizó la banca, implementó una política de control de cambios y expropió grandes extensiones de tierra, incluidos todos los terrenos que había acumulado Alberto Lenz Adolph. Aunque los hijos obsesivamente reforestaban, más por una necesidad comercial de autogenerar materia prima que por conciencia ecológica, con ese decreto de noviembre de 1982, a los Lenz se les acabaron los bosques, fuente de subsistencia de la empresa.

Tres años después, mientras los Lenz Tirado y los Lenz Hauser, hijos de dos matrimonios de Alberto Lenz Adolph, se peleaban por el trono de director general, Carlos Slim, sagaz como es, se fue haciendo acreedor poco a poco de las acciones de las tres empresas: Peña Pobre que cortaba, apilaba y acarreaba árboles; Celulosa, que manufacturaba la pulpa, y Loreto, la comercializadora. Slim ejerció su derecho de mayoría exigiendo incremento de capital y así los aniquiló. Aprovechando que los terrenos tenían mayor valor que las fábricas, cerró la papelera y construyó ahí parte de su emporio.

La paradoja es que tanto rechazo, tanta defensa de lo alemán, tanta injusticia y desdén, nutrieron el temple de Fritz, su voraz hambre de orgullo y autosuficiencia, su vocación perseverante, su tenacidad y esfuerzo para no dejarse abatir por la debacle, para desdeñar y desafiar al más atroz de los diagnósticos médicos.

Tras el accidente y el diagnóstico de cuadriplejia, cuando la vida le cambió para siempre, esas cualidades tatuadas en su piel con humillaciones y lágrimas serían determinantes. Serían su salvavidas.

Los primeros días

La herida en el frente del cuello era de unos doce centímetros. Con un injerto de cresta iliaca los médicos habían reconstruido las vértebras cervicales seis y siete (C6 y C7) y, como si se tratara de una carpintería fantástica, eliminaron las esquirlas de hueso, liberaron el canal medular que estaba comprimido y, con una placa de titanio, unieron la C5, la C6, la C7 y la T1, es decir, puentearon las dos cervicales dañadas con la primera vértebra torácica.

Los médicos insistían que había que esperar para saber cómo reaccionaría Fritz, si movería alguna parte de su cuerpo o no. Con la cabeza y el sistema nervioso no hay dogmas. Nada está escrito.

Los primeros días los pasó inmóvil, sin sensibilidad y sin ningún control sobre sus órganos, ninguno funcionaba, ni siquiera los sistemas digestivo, respiratorio o urinario. Fritz miraba el techo, sólo eso podía ver. Así, mirando un foquito verde que se prendía y se apagaba en el plafón de su cubículo, se sinceraba consigo, comenzaba sus sesiones de demencia y fraguaba un plan para suicidarse.

Eso no podía estarle pasando. Eso no sería su vida. Eso, no. Jamás.

Le rodaban las lágrimas en su rostro, éstas le provocaban comezón y ni siquiera era capaz de rascarse o secarse. Creyó que nada podía ser peor, pero era apenas el principio, aún le faltaba mucho por aprender. Con el paso de las semanas, de los meses, quebraría su negocio, se quedaría sin un centavo, viviría endeudado, claudicaría a la maestría, caería en depresiones brutales, cuestionaría y se pelearía con Dios, naufragaría su estabilidad emocional al ver a su familia en crisis y, lo peor, constataría su absoluta dependencia atado a un cuerpo inútil y sin autonomía, carente de dignidad.

Aún no sabía Fritz que, para superar una lesión medular, tendría que someter su existencia a una resiliencia extraordinaria, a un empeño inaudito, a dosis de humildad y valentía, a un aprendizaje para superar la adversidad en cada instante de su existencia.

A ser héroe anónimo cada amanecer.

Los médicos sabían que, para sobrevivir, tendría que ser capaz de traspasar dos fronteras: respirar por sí mismo y obrar. Se libró del respirador pronto, pero parecía incapaz de ir al baño.

La médula transmite tres tipos de información neurológica: los reflejos, la motricidad y la sensibilidad, y como el movimiento peristáltico es un reflejo, como la médula estaba dañada y el cuerpo de Fritz carecía de la fuerza de gravedad necesaria para reactivar el sistema digestivo, para contraerlo y relajarlo, la materia fecal comenzó a convertirse en piedra.

Cada día que pasaba era mayor la angustia de doctores y familiares, de Fritz mismo. Nueve días tardaron en descompactarlo. Nueve días inmóvil en posición horizontal porque el cuello debía soldar. Nueve días de malestar extremo. Nueve días en los que su estómago crecía como un inmenso globo, más grande que el de una parturienta.

—Pasé por laxante uno, laxante dos, doblar las dosis, nada, día cuatro, día cinco, laxante tres, nada, doblar la dosis, recurrir al infalible, el que sabe a agua de mar. Nada. Día siete, laxante cuatro: "para elefante", medio litro de una mezcla horrenda que había que ingerirla en unos segundos. Día ocho, nada.

Al noveno día, Fritz vomitó como fuente, por estar acostado todo cayó en su cara, se estaba ahogando, perdiendo consciencia. Veronika, su hermana, llamaba su atención para que no fuera a broncoaspirar, para que reaccionara. Los médicos no entendían su desesperación, no sabían qué hacer.

—En aquel momento menté todas las madres del mundo. Les gritaba que me trajeran a un gastroenterólogo. Les rogaba que me durmieran, que me destaparan, que me dejaran morir. Estaba fúrico, en descontrol. No paraba de llorar. No quería vivir. El sufrimiento era brutal.

Finalmente hicieron lo que Fritz tanto exigía, lo anestesiaron y le sacaron las heces acumuladas, endurecidas y compactas, que él no iba a expulsar, le hicieron un lavado intestinal bestial que lo liberó y le insufló esperanza.

Con el amoroso cariño de todos los que lo rodeaban, porque el cuarto siempre estaba lleno de amigos y familiares, se aferró al último nudo del cordel de la vida. Se resignó al abrupto cambio de planes y asumió que lucharía contra la adversidad, como siempre lo había hecho, como había aprendido desde niño. Lucharía contra los juiciosos dictámenes de los doctores que lo condenaban a la cuadriplejia. Volvería a las andanzas, empeñaría su vida en ello. Estaba seguro: volvería a caminar.

Veronika, neuróloga pediatra, estaba convencida de que su hermano no podría volver a sostenerse en pie porque la atrofia no era muscular, sino neurológica, pero, aún así, se empeñaba en evitar que las extremidades de Fritz, seriamente debilitadas, siguieran perdiendo masa muscular. Organizaba ella "terapias pasivas" para pavimentar el camino, para que su cuerpo pudiera responder si algún día recuperaba la movilidad.

Quien visitaba a Fritz, por orden de Veronika, tenía que moverle de manera constante los codos, rodillas y tobillos, a fin de ejercitarlos, porque un músculo que no se mueve durante ocho semanas pierde fuerza y tonicidad.

—Llegaba la visita y mi hermana le decía: "Necesitamos manos." Con todo cuidado los ponía a mover mi brazo para extenderlo y doblarlo. El tobillo de arriba abajo, a darle vueltas de cochinito. Veronika dictaba todo lo que se tenía que hacer: las medicinas, el aseo, estaba al tanto de todo. Fue mi suerte.

Asimismo, sabía ella que una piel que no respira genera escaras, heridas que cicatrizan con enorme dificultad y generalmente se infectan. Los primeros días era imprescindible la inmovilidad total para que las vértebras operadas soldaran, pero, pasados algunos días, ella le ponía crema en la espalda y giraba continuamente el cuerpo de Fritz, de día y de noche, para ventilar la piel y oxigenarla, para mantenerla elástica, para liberarla del peso corporal y evitar el surgimiento de lesiones.

Todo era un aprendizaje. Todo era una pesadilla. Si intentaban sentarlo, su tronco, torpe e inútil, se desgajaba. Tareas como peinarlo o rasurarlo eran faenas imposibles. Fritz, antaño de cara acicalada, con el paso de las semanas se fue convirtiendo en un náufrago barbón. Lloraba de manera incesante, sin control.

Dispuesta a resolver cualquier situación, un buen día Veronika llamó a un psiquiatra que lo dopó con dosis descomunales de calmantes.

—A mi gusto, el remedio fue peor que la enfermedad. Aprendí a no quejarme porque no estaba dispuesto a que me siguieran dando drogas que me mantuvieran embrutecido.

Además, sin la más mínima autonomía, sin privacidad o recato, fue sometido a un trato invasivo. Quienes lo rodeaban sabían absolutamente todo de él: cuántos mililitros orinó, si defecó o no, si había gases, qué comió, si durmió o no, si lloró o no, si tosió o no, si tenía sensibilidad en alguna parte de su cuerpo, si movía alguna parte nueva, si estaba depresivo, si cavilaba o se sumía en pensamientos negros.

—Me sentía como una prostituta. Las enfermeras me hacían de todo sin que pudiera poner resistencia. Mientras estaba semidormido me metían los dedos, me insertaban sondas por el pene para vaciarme la vejiga, me retocaban por todos lados. Yo no me enteraba ni cómo se llamaban la mayoría de esas mujeres, a muchas jamás las volvía a ver, pero todas se sentían con derecho a ningunearme, con la autoridad para manosearme sin pedir permiso, sin avisarme.

Como el pudor y la independencia, la bendita soledad también pasó a mejor vida. Lo cierto era que desde el instante en que Eduardo abrió la portezuela del Golf de Fritz unos instantes después del accidente, hasta ese momento, no había pasado un instante solo. Se volvió absolutamente dependiente. Imploraba la presencia constante de alguien, sólo así se sentía seguro.

—Me daba terror, un pánico incontrolable imaginar que mi cuarto pudiera incendiarse y que yo fuera incapaz de huir.

Por si no bastaba lo que él y la familia estaban padeciendo, a los pocos días del accidente supieron que el seguro médico que Fritz le había comprado a Humberto nunca entró en vigor. Humberto González, un cínico, se había embolsado el cheque, lo había depositado en su cuenta de Bancomer y con el dinero compró regalos de Navidad para su novia. Jamás pagó la póliza de Seguros Atlas.

Para seguir en Médica Sur y pagar lo que hasta ese momento se debía —la primera semana de hospital ascendía a más de trescientos mil pesos— los Thompson Lenz obtuvieron un préstamo de Alice Lenz, una viejita octogenaria, tía abuela de Fritz. La tía le dijo a Leni que les prestaba el dinero, pero que no podía visitar a Fritz porque no toleraba verlo así.

—Su comentario me cimbró. Entendí, por vez primera, que yo provocaba lástima. También fobia y aversión. Yo era el mismo de unos días antes, pero parecía que hubiera nacido otro hombre. Muchos ni siquiera se animaban a verme a los ojos.

En general, apunta Fritz, la gente no sabe cómo acercarse a una persona que de un día a otro pasa de la total plenitud a la parálisis. Aconseja él acercarse con la naturalidad de siempre, asegura que el maltrato de no-persona es aún más terrible que la trágica situación.

Por otra parte, con el objetivo de buscar una negociación con la aseguradora, Jacobo García, compadre de Fritz y ejecutivo de Bancomer, obtuvo el microfilm del cheque y, como la fecha y la cantidad correspondían con pesos y centavos al pago de la póliza, los directivos de Seguros Atlas, por humanidad, por decencia o porque Fritz se saca la lotería continuamente —para bien y para mal—, tomaron la decisión de validar la póliza y comenzar a pagar.

La aseguradora hubiera tenido todos los argumentos legales para mandar al diablo a Fritz, sabían además que su cuenta seguiría creciendo de manera exponencial a lo largo de la vida. No obstante, fueron de una generosidad absoluta, liquidaron casi todo: hospitales, clínicas y rehabilitación. Es más, aún hoy y a perpetuidad, le siguen pagando a Fritz una módica cantidad, mes con mes, para que continúe rehabilitándose. Por ello, vive eternamente agradecido con Seguros Atlas.

Rumbo a Miami

A medida que los días transcurrían, el diagnóstico de los médicos mexicanos era el mismo: "Estable." Estable era sinónimo de un cuerpo petrificado, inoperante e insensible flotando en una cama hospitalaria, un cuerpo que sólo agitaba de repente el pie derecho provocando un entusiasmo mayúsculo entre los familiares y un desdén pesimista de los médicos.

—Los doctores nos desinflaban con una frase devastadora: una cosa es la motricidad y otra, muy distinta, es la funcionalidad, usar el cuerpo en la vida cotidiana. Para ellos, ese vaivén del pie derecho nada significaba.

En México, los neurólogos y neurocirujanos ya habían hecho su parte, decían que nada más podían hacer, que había que hallar un sitio para la rehabilitación de Fritz. Buscando opciones para revertir el daño, Nelly barajó alternativas en Cuba, Phoenix, Houston y Miami.

En Florida se topó con el Rehabilitation Research Center del Jackson Memorial Medical Center, donde estaba el Miami Project to Cure Paralysis de la Universidad de Miami. Según se leía en su publicidad, incluía un protocolo de investigación de trasplantes de células madre en la médula de los lesionados. Era su esperanza: curar la parálisis.

Ese hospital en Miami parecía el reducto de certidumbre al que Fritz podía adosar su existencia, su opción para atacar uno a uno sus problemas, empezando por recuperar las funciones básicas de su cuerpo.

El sábado 14 de mayo, veinte días después del accidente, Nelly y Fritz salieron de Médica Sur rumbo a Miami. Fritz tenía el sistema respiratorio recuperado y parcialmente el digestivo, pero su cuerpo carecía de todos los movimientos reflejos, viajaba con pañal y con una sonda para drenar su vejiga. Al despedirse, Fritz les prometió a sus familiares y amigos, a su madre y hermana, regresar caminando.

En avión comercial, acompañados por Paulino Leal, médico internista, Fritz iba recostado en tres asientos, inmovilizado con cinchos que detenían su cuello y su tronco. Bastó que la aeronave despegara para que comenzara a sentir calambres, piquetes y espasmos que lo tensaban sin control. Su sensibilidad era difusa. En casi todo el cuerpo no sentía nada, pero había zonas, como las manchas en la piel de un dálmata, en las que el dolor era intolerable.

Por vez primera constató esa condición espástica que lo acompaña hasta hoy, es decir ese trastorno motor del sistema nervioso en el que algunos músculos, con el estímulo de cualquier nimiedad, en ese caso con el aire acondicionado del avión, se mantienen permanentemente contraídos. Paulino Leal intentó ayudarlo, pero resultó inútil. Esa situación era un lenguaje nuevo hasta para los mismos médicos que, con lupa en mano, todo medían, anotaban y cuantificaban.

Aquella tarde de sábado, le bastó llegar al Jackson Memorial Medical Center para comprobar que le esperaba un infierno aún más sombrío. Una de las administradoras de la clínica, bien vestidita en su traje sastre gris, se encargó de darle la devastadora frase de bienvenida: "No estamos aquí para rehabilitarte, sólo para intentar readaptarte a la sociedad."

—Fue un mazazo en el alma. ¿No había yo llegado al maravilloso primer mundo? Me preguntaba: ¿Cuándo me desadapté de la sociedad? Un desadaptado para mí era un monstruo en un penal, yo no me había enterado de que yo era eso: un de-sa-dap-ta-do.

Fritz y Nelly estaban rendidos, se acostaron a dormir, prefirieron no hacer caso. Esperarían a encontrarse el lunes con los expertos, con los investigadores que prometían la sanación. Sin embargo, unas horas después, el domingo muy temprano, antes de siquiera abrir el ojo, un policía llegó a despertarlos. Venía a correr a Nelly, según decía, el hospedaje de ella en aquel incómodo sofá no estaba pagado.

—*Mr. Thompson, she can't stay here, she did not pay her stay.*

—Ella va a dormir ahí, no va a estorbarle a nadie.

—Usted no entiende, ella no puede estar aquí, ni de día ni de noche. Sólo puede venir en las horas de visita: de seis a ocho de la noche.

—El que no entiende nada es usted. Ella no va a comer nada, no va a gastar nada, ella no se va —Fritz iba desperdigando frases a medida que el polizonte fruncía el ceño con autoridad y agitaba la cabeza de un lado a otro para enfatizar su negativa.

—Su hospedaje requiere ser liquidado, si no lo hace, aquí no puede quedarse. Esa es la regla. Eso es todo.

—No sea inhumano. Usted no parece comprender, yo estoy cuadripléjico, ella me rasca, ella me da el agua, ella me consuela, hace todo por mí...

Fritz venía de México, abrumado de atenciones de su mamá, de Veronika y de Nelly. El pleito entre ellas era quién se quedaba a dormir, quién le hacía compañía, quién le brindaba más amor. Había días en que se quedaban las tres.

—No importa que usted sea cuadripléjico, aquí todos lo son, y esa es la regla: ella se va. Esto es así, se va. No hay concesiones.

Fritz entró en cólera, desahogando la rabia acumulada estalló como energúmeno. Le mentó la madre al policía, lo acusó de ser un malvado, pero el guardián parecía acostumbrado. No se inmutó.

—Si hoy por la tarde sigue aquí, se la llevarán los policías de la tarde, aunque sea en hombros. Están ustedes advertidos.

Solo por vez primera

Fue ese el primer momento en que, como cuadripléjico, se quedó solo con su ansiedad, desamparado con su estremecimiento, con miedo a la oscuridad, con pánico de morir. Solo y aterrado. Nelly se tenía que ir, más valía acatar las órdenes porque el hospital pintaba ser una promesa de futuro.

Abrazados lloraron sin control, lloraron sumidos en la desesperanza.

Nelly se sentía en falta con Fritz. Había viajado para estar con él, para acompañarlo, para auxiliarlo cada minuto. No tenía a dónde ir, no conocía a nadie en la ciudad, no sabía dónde pasar la noche, amén de que el capital que llevaban era limitado para malgastarlo. Todo era incierto. Si se iba, ni siquiera tendría cómo llamarle a Fritz, él no estaba en posibilidades de contestar ningún teléfono.

Ese desprendimiento, esa ruptura, marcó el tortuoso inicio en Miami.

Aquel domingo, mientras se lamentaban, llegó Carmen, una enfermera hondureña, una mujer que, en esa ciudad inhóspita, en ese sanatorio inhumano, se convertiría en su ángel de la guarda. Al escuchar que Nelly tenía que irse, que no tenía dónde hospedarse, ella se propuso ayudar.

—No se preocupen, esto tiene solución —les dijo—. Nelly, a las diez de la noche que yo salga, tú te vas conmigo. No se diga más.

Carmen vivía en un pequeño departamento de dos cuartos con su mamá y con José, un muchacho mexicano ilegal en Miami, que se había caído de un segundo o tercer piso, se había roto cadera y brazos, y había pasado tres meses en el mismo hospital que Fritz, bajo el cuidado de Carmen. Como su asunto legal estaba en curso, una demanda por cientos de miles de dólares, además incapacitado y sin trabajar, Carmen, un alma de Dios, lo alojó en su casa.

Cuando llegó Nelly se redistribuyeron los espacios. En un cuarto dormirían Carmen y su mamá. En la segunda habitación, Nelly. Y en el sofá de la sala, el mexicano, quien a ratos se ganaba unos centavos como chofer haciendo compras para el hospital.

Esa madrugada era significativa para Fritz. Cinco años atrás, en esa misma fecha: 16 de mayo, había muerto su padre de un infarto repentino, se le había ido para siempre su compañero. Ahora, en ese día de desamparo, le arrebataban a Nelly.

Loco de ira, rabia y tristeza, quería tirarse a un precipicio, jalar la última cuerda que lo mantenía atado a la vida. Eso quería, pero sólo podía llorar. Llorar sin control, sin siquiera secarse. Llorar, expulsar sus lágrimas desde la caldera del diablo en la cual naufragaba su existencia.

Cuando el día clareó, llegó otro personaje a regañarlo, uno de esos enfermeros dueños-del-mundo sin la mínima compasión o empatía.

—¿Por qué no está preparada tu ropa? ¿Por qué me haces perder el tiempo? Aquí hay que estar listos siempre.

Antes lo vestían seis gentes, ahora un pelado le exigía su ropa a gritos. Con la pesadez de su mano, lo tiró de los tobillos, le bajó las medias con saña, lo cargó como si se tratara de un muñeco y siguió vejándolo mientras lo sermoneaba con las "reglas inamovibles" del hospital. Por supuesto, Fritz no sabía que los familiares tenían que preparar la ropa en las horas de visita.

Estaba inconsolable. Emocionalmente devastado vio cómo el enfermero lo sentaba en una silla de ruedas, le amarraba el tórax con cinturones de velcro y lo conducía por el pasillo. Por vez primera en varias semanas miró algo más que techos, por vez primera no transitaba recostado en una camilla.

Lo llevó a la cafetería, el reloj de la pared marcaba las nueve cuarenta de la mañana, faltaban escasos minutos para la hora exacta en que, cinco años atrás, había partido su padre. Por arriba de su cabeza apareció el enfermero con una charola cubierta con una tapadera de plástico que impedía ver el desayuno que le ofrecían. La puso frente a Fritz, en la orilla de la mesa.

—Desayunas y vengo en media hora para llevarte al gimnasio —más órdenes.

Parecía de risa, ¿cómo iba a desayunar? El enfermero azotó la puerta, reverberó un eco cruel y se esfumó sin dejar espacio para preguntas. Fritz creyó haber oído mal, lo lógico hubiera sido que dijera: "Te doy de desayunar y luego te llevo al gimnasio."

—Ese momento fue el de mayor sufrimiento psicológico de toda mi historia. Fue tocar fondo.

No podía contenerse. Quería hacer lo que fuera para cambiar su situación, para salir de ese estado anímico, de esa condición de parálisis, de esa condena que arrasó con todo, pero su voz era un estrépito sordo. El tic tac del reloj le recordaba a su padre. Faltaban minutos para las diez, casi la hora en que él había fallecido cinco años atrás. Lloró con vigor y amargura. Lloró por su padre muerto, también por su circunstancia. Lloró como si todas las lágrimas del universo fueran suyas.

La cafetería seguía vacía, no había quien se compadeciera de él. La soledad de esa primera jornada era devastadora. Quería descubrir qué había debajo del cubreplatos, pero no había nadie que le tendiera una mano, nadie que lo escuchara. Con el antebrazo logró darle un golpe a la tapadera, logró cimbrarla y se cayó. El cuadripléjico recupera los músculos grandes antes que los chicos y Fritz tenía cierto movimiento en los brazos, ninguna motricidad fina. La sorpresa fue encontrar ahí debajo un humillante plátano que lo derrotó.

¿Cómo podía luchar contra un plátano con cáscara? ¿Con qué manos podría pelarlo, comérselo? Fritz sintió que el enfermero se estaba burlando de él: fue la primera probadita de ese cruel racismo, de la violencia entre afroamericanos y latinos que, aunque él lo desconocía, era una constante en el hospital de Miami.

—Me sentí vencido. Pensé: éste es mi límite, hasta aquí llegué. Fue el momento de mayor tristeza. ¿Cómo podía escapar de mi situación?

Resistiendo la más brutal de las desesperanzas, frente a la ironía de la coincidencia con la muerte de su padre, Fritz observó el plátano con detenimiento durante quince minutos. Sus lágrimas rodaban sin pausa, humedeciendo su rostro. Para no sucumbir, se preguntaba con insistencia cómo agarrarlo, cómo pelarlo, cómo diablos comérselo.

No hallaba forma de aproximarse al fruto. Como un instinto de supervivencia, viendo pasar los minutos en el reloj, buscaba cómo liberarse de su tragedia, del servilismo que padecía amarrado a la silla de ruedas, con un collarín que le impedía agacharse, sin fuerza ni voluntad de movimiento en manos, brazos o piernas, sin capacidad de desplazamiento alguno.

Quería comerse el plátano. Agarrarlo, pelarlo, subirlo a sus labios. Empeñando su vida para dominar a ese necio plátano, comenzó a rodarlo con su antebrazo hasta la orilla del plato, luego sobre la mesa. Cuando llegó a la orilla, hizo pinza con los dos antebrazos para bajarlo con sumo cuidado a sus rodillas. Descubrió que la silla de ruedas tenía un freno. Era su oportunidad. Como pudo, ayudándose con las férulas de sus manos, deslizó el plátano a su muslo derecho. Su movimiento era limitado, ciego, no podía sentir el fruto sobre su cuerpo, tampoco ver lo que estaba haciendo porque su tórax estaba atado por cinturones y su cuello estaba inmovilizado.

Sabía que, si se caía el plátano, se acababa la fiesta. El cabo que en la penca conectó el plátano con el racimo quedó hacia afuera y Fritz logró ensartarlo entre la llanta de la silla de ruedas y el freno de ésta. ¡Una obra de astucia, ingenio y malabarismo! Con la férula golpeó una y otra vez la palanca del freno intentando magullar el plátano; tras diez o quince intentos la palanca cedió y el plátano explotó desbordándose la pulpa.

—Sentí un renacimiento, un gozo absoluto, no todo estaba perdido. Por vez primera me di cuenta de que yo podía ponerle resistencia a mi tragedia.

Apenas iba a medio camino. Una vez magullado, con el plátano aún sobre el muslo derecho, hizo pinza nuevamente con el antebrazo izquierdo. Ahora había que invertir la maniobra a fin de subir el plátano con ambos antebrazos hasta su boca. Era más difícil porque no podía inclinar su pecho, no podía bajar la cara y había que subirlo más arriba de la mesa donde lo había tomado.

Por la forma cilíndrica y lineal del fruto, pudo rodarlo, hubiera sido imposible con una pera o una manzana. Lo fue presionando y girando con los antebrazos hasta alcanzar sus labios. Lo mordió con todo y cáscara. Subyugó al plátano, le ganó. No todo estaba perdido. En ese momento, cobró conciencia: él y sólo él mandaría sobre su cuerpo. Sobre su vida.

—El plátano me hizo los mandados. Exactamente a la hora del aniversario de la muerte de mi padre, pude vencer mis limitaciones. Sentí el sabor dulce en mi paladar. Mi llanto, ahora de triunfo, se intensificó con una monumental descarga de adrenalina. Bien lo supe: todo cambió gracias al plátano.

A partir de ese momento Fritz era otro. El despojo que entró por la puerta de aquella cafetería estaba vacío e inútil. El hombre que salió emergió cargado de coraje, de una fuerza brutal. A ése, al nuevo

Fritz, es a quien recogió el enfermero a las diez y media de la mañana para llevarlo al gimnasio.

Un hombre con suerte

En los siguientes días, Fritz se sumió en hondas reflexiones recordando capítulos de su vida. Sopesaba su historia. Valoraba sus pasos. Trataba de entender su circunstancia. ¿Por qué vivía? ¿Por qué no lo había matado el "camionetazo"? ¿Qué sentido tenía su existencia en esa condición tan deplorable, tan inaudita?

Venían a su mente las luchas de sus padres, los trayectos, la educación y herramientas que le dieron. Los Thompson Lenz no vivían con holgura, los dos salarios de Alberto y Leni apenas alcanzaban, pero sus padres jamás se daban por vencidos. Eran gente de empeño. Resultaba memorable que, endeudándose, se llevaron dos veces a sus hijos a Europa, en 1976 y en 1980. Pagaban los gastos hasta tres años después, pero no estaban dispuestos a ver sucumbir sus sueños.

En uno de esos viajes, cuando Fritz tenía doce años, conoció a Maybelle Dahlgreen, a quien llamaban *oma*, abuela en alemán, una figura materna que marcaría su existencia. Iban a tomar un *ferry* en el puerto de Estocolmo y, mientras era hora de embarcarse, se fueron a conocer la ciudad. A Carlos, el primogénito, ya muy adolescente, no hubo forma de llevarlo y se quedó dizque a cuidar las maletas. Cuando regresaron, el equipaje estaba abandonado, Carlos estaba en pleno sueño en una banca y cuando Alberto Thompson comenzó a gritarle por irresponsable, apareció Maybelle, una mexicana originaria de Toluca.

—No se preocupe, señor. Yo también llegué temprano para tomar el *ferry*, vi cuando ustedes partieron y también me di cuenta de que su hijo se quedó dormido. He estado cuidando su equipaje, nadie lo ha tocado —dijo la Oma, como le llama Fritz.

Para ella, viuda de un texano, viajera incansable, ese encuentro con los Thompson Lenz fue determinante. Fue tal la empatía, que ella acabó por cancelar el resto de su viaje, un recorrido por Londres y París, para mantenerse junto a ellos.

Los hijos de Maybelle eran veteranos de Vietnam, la guerra los había trastornado y Oma se refugiaba de tantos problemas con los Thompson. Las cartas iban y venían, y cada verano, ella invitaba a Veronika y a Fritz a pasar dos o tres meses en su casa de Austin. Cuando Fritz salió de prepa, le escribió a la Oma para contarle que pensaba estudiar Ingeniería mecánica en la UNAM, como los hermanos de su papá que trabajaban en Petróleos Mexicanos en Poza Rica.

Maybelle respingó:

—No quiero que estudies allá. La Universidad de Texas en Austin es una de las mejores del mundo y yo quiero tenerte en mi casa. Hospedarte aquí no te costará ni un peso, así es que empaca tus maletas y no lo pienses más.

Esa nueva abuelita, amorosa e incondicional, fue lo mejor que podía pasarle a Fritz. En enero de 1988 comenzó a cursar su licenciatura en la Universidad de Austin y su suerte fue que encontró un espacio de realización y crecimiento lejos de casa. De inicio, es cierto, no supo graduar su libertad, se excedió en parrandas que hicieron mella en la vida estudiantil y la crisis académica no tardó en presentarse. Varios maestros lo calificaron con la F de *Failure*, de reprobado, y lo amenazaron que, si no enmendaba el rumbo, lo expulsarían de la universidad.

—Mi asesor perdió la esperanza en mí, me decía que mejor me regresara a México, que yo no tenía remedio, pero para mí era claro: no me permitiría fracasar. No podía retornar derrotado, dándole la razón a quienes no creían en mí.

Surgió así el Fritz luchador, el mismo que saldría a flote tras el accidente. Los motores se preparaban para dar la batalla: Fritz-puede, Fritz-logra.

Una de las asesoras académicas, conmovida por su tristeza, le ayudó a diseñar, con base en las materias que se le facilitaban, un plan para alcanzar los veintisiete puntos que le exigían. Tener una A de calificación sumaba seis puntos; B correspondía a tres; C, cero puntos; D restaba tres; y F, menos seis.

—De un día a otro, me transformé. Parecía yo uno de esos chinos o hindús que viven para estudiar, uno de esos extranjeros antisociales, antialcohol, asexuales, becados por sus gobiernos que viajan a Estados Unidos a profesionalizarse.

Casi lo logró, se quedó en la raya. Creyó que había perdido la apuesta: sólo tuvo veintiséis puntos de los veintisiete que le demandaban. La asesora mandó una carta a los directivos universitarios señalando que Fritz había hecho un esfuerzo descomunal, un mérito que debía reconocerse y, contra todas las apuestas, a Fritz le extendieron el periodo de recuperación escolar. De panzazo logró graduarse.

—El mensaje de mi vida fue: el que persevera, alcanza. Ese fue mi credo: esfuerzo y voluntad, sudor y tenacidad. Después de haber sobrevivido en Austin, nada podría ser imposible.

Cuando terminó Ingeniería mecánica, una carrera que muy pronto descubrió que no era su vocación, se inscribió en lo que a él le hubiera gustado estudiar: Economía, también en Austin, donde se quedó hasta diciembre de 1993.

Los primeros dos años de colegiatura los pagó Leni con su trabajo como guía, y luego Fritz mismo comenzó a cubrir el costo de sus estudios. En Semana Santa, veranos y vacaciones decembrinas viajaba a México para ser guía de turistas con un sueldo de ciento veinte dólares diarios, más propinas y comisiones de comercios y restaurantes.

Después de seis largos años de estudio en Texas, regresó a México a mediados de 1994 y consiguió trabajo como vendedor de bombas centrífugas sumergibles de la empresa alemana KSB, siglas de los fundadores: Klein, Schanzlin & Becker. El director de KSB México,

Walter Stipp, había conocido el país de la mano de Leni y fue así como contrató a Fritz, depositando altas expectativas en él. Sin embargo, tan sólo seis meses después se suscitó el "error de diciembre", una severa crisis económica mundial, iniciada en México por la falta de reservas internacionales, y ksb, como casi todo el sector empresarial, se vio obligado a reducir gastos.

Para no despedir a nadie, recortaron los sueldos 20% y pidieron a los empleados que trabajaran algunos días hasta las dos de la tarde o que sólo laboraran de lunes a jueves. Fritz optó por un horario de cinco semanas seguidas y descansar una completa, para aprovechar más tiempo como guía. Para entonces la fama de su mamá era notable, tenía chamba de sobra y gustosa le pasó trabajo a Fritz quien, con vocación y entusiasmo, estudiaba libros de arqueología e historia y conocía las anécdotas del Zócalo y las pirámides, de la Basílica y Xochimilco, de sitios de interés en Puebla, Oaxaca, Chiapas y Yucatán.

Fritz aprendió también que un buen guía es un profundo conocedor del país, pero, sobre todo, una persona amable y solícita que, además, de dar cátedras, está dispuesto a satisfacer cualquier necesidad de los extranjeros en el país. Él estaba al pendiente de todo y su actitud servicial llegaba al límite de salir disparado a media noche para conseguirle un antidiarreico al turista en turno.

A principios de 1995, en uno de los primeros *tours* que le asignaron, por casualidad o causalidad le tocó atender al empresario alemán Bernd Köhler, quien había viajado de Alemania a México para firmar un contrato importante. Tras pasear con Fritz, atraído por su simpatía y actitud cortés, por su sapiencia de México y por su conocimiento de la lengua y la cultura alemanas, le pidió que lo acompañara como traductor a la planta armadora de coches Volkswagen, en San Lorenzo Almecatla, en el municipio de Cuautlancingo, Puebla. Necesitaba estar seguro de que el acuerdo que firmaría no tenía aristas.

Esa noche, Köhler, entusiasmado con la firma del convenio, invitó a Fritz a cenar.

—Véngase —el viejo le hablaba de usted al jovencito que aún no cumplía 28 años—, celebremos que se cerró este gran contrato para mi empresa.

Se refería a constituir una subsidiaria de Expert en México, enfocada en consolidar la operación de dos líneas de producción para soldar la carrocería del New Beetle y del Jetta A4. En el Hotel del Prado de Puebla, hoy Presidente Intercontinental, se abrió de capa con Fritz sin el almidón de los formalismos.

—¿Estudió usted Ingeniería y Economía?

—Sí, tuve la suerte de ir a la Universidad de Austin.

—¿Y usted vende bombas?

—Sí, pero como la crisis económica golpeó a la compañía, han estado reduciendo personal.

Bernd Köhler escrutaba a su interlocutor, llevaban varios días conviviendo estrechamente y le parecía confiable, educado y decente, un posible candidato para ser su hombre de confianza en México. Le agradaba su pasado alemán, su calidad humana, su cultura... pero titubeaba por su juventud. El puesto implicaba administrar poco más de tres millones de dólares y vigilar el funcionamiento de decenas de costosos robots.

—¿Lo van a despedir de KSB?

—Creo que no, sólo me recortaron las horas de trabajo. Me dijo mi jefe que me mandaría a capacitar a Alemania.

—Pues cuando esté por allá, llámeme —se animó a decirle—. Conoce usted el contrato que acabo de cerrar y usted podría llenar el perfil para ser director de la subsidiaria. Me interesa reunirme con usted, capacitarlo y explorar esa posibilidad. Búsqueme, búsqueme en Alemania.

Un par de meses después, en mayo de 1995, Fritz ya estaba negociando su puesto en la oficina de Bernd Köhler en Lörsh, a siete kilómetros de Heidelberg. Expert Maschinenbau, de la cual Köhler era director general a nivel mundial, con subsidiarias en España, Brasil, Estados Unidos y otros países, tenía más de cinco mil empleados encargados de la construcción de maquinaria para la automatización de líneas de producción.

Köhler, audaz y enérgico, muy intuitivo, le ofreció a Fritz un alto salario en marcos alemanes, un sueldo sumamente atractivo porque el peso estaba en caída libre. Además, la mensualidad incluía una casa-oficina en Puebla con todos los gastos pagados: renta, mantenimiento, luz, agua, teléfono y coche con seguro, servicios y gasolina. El ingreso con prestaciones que Köhler le ofrecía era seis o siete veces más de lo que ganaba en KSB. No había nada que pensar, la oferta era contundente. Por ello, desde Alemania tomó el teléfono, llamó a Walter Stipp, su jefe de KSB, le renunció y comenzó la capacitación con Köhler, otro personaje tutelar tan importante en su vida como Oma Maybelle.

La responsabilidad de Fritz sería acompañar en la instalación de las dos líneas de producción, ser los ojos de Bernd Köhler en México, un buen interlocutor que garantizara que cada quinto que se invirtiera fuera productivo, sin la mínima fuga. Aunque poco supiera de manufactura de coches, Fritz tendría que estar atento para facilitarle a los ingenieros alemanes lo que necesitaran.

Sería su tarea coordinar la producción, cuidar que los más de setenta robots estuvieran trabajando de tiempo completo y sin contratiempos, reportar cada movimiento a Alemania. Custodiar el engranaje total para que se fabricaran las carrocerías a partir de hojas de metal y para que, con puntualidad teutona, éstas estuvieran listas para pintura en el tiempo estipulado. Tenía, además, que estar atento de Volkswagen, el cliente, y satisfacer todas sus exigencias; no podía dejar un solo pendiente sin resolver.

—Köhler puso en mis manos varios millones de marcos alemanes para implementar las líneas de producción. Era un puestazo, una enorme responsabilidad para un chamaco de veintiocho años, como era yo, y por supuesto no lo defraudaría.

Fritz figuraba como accionista en los estatutos de la empresa en México, era el representante legal, y los expertos alemanes, con décadas de trabajo en Expert y mucho mayores que Fritz, tenían que rendirle cuentas. El brinco para él fue instantáneo, de ser un vendedor cualquiera pasó a tener un puesto de poder y un sueldo gigantesco en marcos que no había forma de gastar.

Comenzaba a laborar a las cinco de la mañana, al medio día en Alemania, y pasaba todo el día en la planta respondiendo hasta la más nimia eventualidad. Su éxito fue ser responsable y el hombre más honesto, jamás faltó un quinto.

—Köhler confió en mí y cumplirle fue un asunto de honor. Fui su hijo mexicano, de él y de su esposa.

El ascenso repentino le permitió a Fritz tener ahorros y comenzar a construir su futuro y el de esos hijos que pensaba tener. Fue entonces cuando se le ocurrió demoler la casa en San Lorenzo Huipulco, herencia del abuelo Carlos, donde los Thompson habían vivido treinta y cinco años. Mudó a sus padres a una casa en la calle de Hacienda de Mimiahuapan, en Acoxpa y, en el terreno de 1 528 m² en Tlalpan, Fritz comenzó a construir tres torres residenciales de cuatro pisos, veinticuatro departamentos en total, y una torre más de oficinas, con lo que pensaba fincar un pequeño patrimonio y favorecer la economía de sus padres y hermanos.

Con hipotecas y créditos, invirtiendo en ellos todo lo que ganaba en Expert, Fritz se fue haciendo de aquellos departamentos, creyendo que su futuro estaba bajo control.

—Quería un futuro diferente para mis hijos, que no fueran becados, que tuvieran una vida más holgada que la mía, que no tuvieran que cumplirle a algún tío rico. Los departamentos, pensaba yo, eran la posibilidad de lograrlo.

Nelly, la novia

En 2000, Fritz comenzó a aburrirse. Tenía un sueldo considerable en Expert, pero la empresa dejó de representar un reto profesional. Las líneas de producción de soldadura de carrocerías funcionaban como reloj suizo y tenía demasiado tiempo libre, a las once de la mañana ya estaba jugando tenis y cualquier emergencia la resolvía por celular.

Con cuerpo de deportista, amplia capacidad económica, alma de seductor y ojos verdes, Fritz gozaba de su soltería. Se la vivía en parrandas y en el relajo con novias cambiantes. Además, niñero como era, convertía su Golf en camión escolar para apadrinar a siete vecinitos —chamacos de tres a quince años, hijos de mujeres divorciadas o viudas, algunos de madres solteras sin figura paterna a su alrededor— que llevaba al cine, al súper o a hacer travesuras.

—Me sentía como vaguito, tenía tiempo de sobra y si no estaba paseando con mi pandilla de escuincles o ayudándoles a hacer la tarea, andaba de fiesta. Quería sentar cabeza.

Köhler, quien depositó en él la confianza, estaba por jubilarse. Nada estaba escrito a futuro y, quizá, con un nuevo director todo podría tambalearse. Tenía hambre de aprender cosas nuevas, de destacar, de crecer. Se había inscrito en una maestría en Administración en la Universidad de las Américas, la mejor en Puebla en esos tiempos, pero la calidad dejaba mucho que desear.

Fritz aspiraba a un puesto directivo en alguna empresa y el padre de su amigo Guillermo Medellín, le aconsejó acercarse al Instituto Panamericano de Alta Dirección de Empresas (IPADE) en la Ciudad de México, versión mexicana de la Universidad de Harvard. Era lo mejor para aprender finanzas y administración, para relacionarse con la élite empresarial del país. Tenía ya ahorros para pagar la sustanciosa colegiatura y, para no dejar de trabajar del todo, porque acordó que seguiría siendo representante legal de Expert, buscó nuevas opciones laborales que pudiera compaginar con los estudios.

Con sus primos paternos, con quienes construía los departamentos de Huipulco, se asoció en la empresa Global Exports de México para promover una línea de lubricantes. Juntos podían ganar mucho dinero porque Fritz tenía el vínculo con la Volkswagen, y ellos, un excelente producto canadiense.

Casi un año antes de regresar a la Ciudad de México para ingresar al IPADE, conoció a Nelly, ingeniera en sistemas del Tecnológico de Monterrey, responsable de comprar herramientas, prensas y robots para la producción de coches en la Volkswagen.

—Me llamó la atención su melena desbocada que se veía detrás del monitor, su pelo chino esponjado —recuerda Fritz.

Con aires de Don Juan, le mandó una ambigua felicitación decembrina: "Éxito en el trabajo, que tus deseos se cumplan." Esta surtió efecto y despertó el interés de Nelly, pero las políticas de la empresa prohibían que proveedores y compradores tuvieran cualquier tipo de relación, era una violación, por lo que el noviazgo entre ellos fue secreto.

Puebla es "pueblo chico" y, para evitar rumores, se veían a escondidas sólo en sus casas. Jamás salían a restaurantes, cines o lugares públicos, ninguno de los dos estaba dispuesto a atentar contra su vida profesional. Tras varios meses de ese noviazgo clandestino, Fritz le propuso vivir juntos en la Ciudad de México. Si ella quería unirse al plan de estudiar en el IPADE, podían vivir bajo el mismo techo; si no, el noviazgo terminaba porque era inútil mantener una relación a distancia. Ambos tenían más de treinta años.

Ella aceptó, se fue a vivir con él a uno de los departamentos de Huipulco y en agosto de 2000 ambos entraron a la maestría. Nuevamente su relación fue a escondidas. El director del programa del IPADE, institución del Opus Dei, les recomendó que, por cuestiones de aprovechamiento, no estudiaran juntos. Como era un momento decisivo para ambos: sacar provecho de los estudios, decidieron mantener en secreto que eran pareja.

Su vínculo nuevamente fue subrepticio. Una vez más asumieron no probar su relación en la cotidianeidad. Ninguno de los dos hablaba de casarse o de tener un futuro en común. Era un tema pospuesto hasta terminar la maestría.

En eso estaban, él y ella, aquel fatídico 24 de abril de 2001, cuando la suerte tocó con nudillos firmes a la puerta de sus vidas. Cuando a él le cayó del cielo la fortuna, la mala fortuna que parecía arrasar con todo.

En eso estaban aquellos días aciagos de escepticismo, penuria e incertidumbre en Médica Sur, en los que, tras el accidente, Fritz le propuso a Nelly casarse. Y es que así fue, por surrealista que parezca, en la cama hospitalaria, recién operado, cuando Fritz sólo veía el foquito verde del techo y hacía su plan para suicidarse, le declaró su amor a Nelly.

Le pidió su mano en ese escenario aséptico, tan poco proclive para el romanticismo. Inserta en la paradoja, sin saber qué les depararía el futuro, ella respondió: "Sí acepto, Fritz. Acepto casarme contigo."

Colección de horrores

La primera terapia en Miami fue la del colchón rojo, un triángulo con cierta inclinación en el que Fritz debía sentarse y quedarse quieto sin caerse. Sus piernas, sus brazos y su tórax eran igualmente torpes para el balance o el equilibrio, por lo que, cada vez que lo soltaban, se caía de lado como un bulto inútil. A veces lo cachaban los camilleros, atentos vigías, y lo rebotaban al centro empeñados en fortalecer la espalda baja, pero las más de las veces se desplomaba hasta el suelo. Cada caída acentuaba su condición ruinosa, su irremediable parálisis.

La alberca, a la que pocas veces tuvo acceso, de inicio también fue tortuosa. No sólo porque temía ahogarse, sino porque la primera vez, apenas tocó el agua, su cuerpo espástico se irritó, le ardió como si cientos de hormigas le picaran las piernas. El sistema nervioso de un lesionado medular magnifica o reduce las sensaciones en zonas variadas, mancha el cuerpo con zonas de hipersensibilidad y, en su caso, había un dolor inaudito en las pocas terminaciones nerviosas que aún conservaba.

Le habían puesto unos enormes flotadores bajo los brazos, desde las axilas hasta la punta de sus dedos y, flotando como un barco a la deriva, sintió como si estuviera en un cubo de hielo, como si le clavaran alfileres. Una vez que logró controlar el dolor, el ardor y el frío, le suplicó a la terapista, una mujer dulce a diferencia de la mayoría de los trabajadores de ese sitio, que lo llevara a lo hondo.

—¡Estás loco, Fritz! No puedo hacer eso, estás bajo mi responsabilidad.

—No me va a pasar nada, te lo ruego.

—Olvídalo, no hay forma de que me convenzas.

—Necesito sentir que puedo sobrevivir allá en lo profundo, necesito tomar una bocanada de aire. Te lo imploro con toda mi alma. Si en ocho segundos no salgo, te avientas y me sacas.

Fritz logró persuadirla y durante un largo rato se quedó navegando en lo hondo suspendido por sus flotadores. Luego, sin temor alguno, alzó sus brazos con fuerza y se sumergió hasta tocar el piso. La terapista se quedó pasmada mirándolo, casi se infarta del susto, pero Fritz logró rebotar hacia arriba, inhalar aire fresco y volverse a sumergir. Lo hizo una, dos y hasta tres veces, braceando para salir a la superficie.

—Sumergirme fue el éxtasis, pude estar solo y en silencio, sin nadie que me mangoneara, que decidiera por mí. Aunque mi cuerpo estaba inerte, pude dirigir mi movimiento, y esos tres o cuatro segundos bajo el agua, me supieron una y otra vez a la mismísima gloria.

Cuando salió la tercera vez estaba exhausto, el agotamiento era inaudito. Tuvieron que remolcarlo a la orilla, sin embargo, nadie podía quitarle la sonrisa del rostro. La sensación de éxito, de revancha contra su destino, de euforia y júbilo, fue inconmensurable.

En el Jackson eran escasos los momentos de gozo, casi todo el tiempo se respiraba tristeza y desconsuelo, un desánimo generalizado ante la suma de catástrofes de quienes ahí llegaban. Para "readaptar" a los pacientes, destinaban la mayor parte del tiempo a terapias grupales para incitarlos a compartir logros y desventuras, para que se resignaran a su suerte con el infortunio de otros.

A alguna hora del día reunían a los ocho o diez pacientes, colocaban en círculo todas las sillas de ruedas con la intención de que cada uno contara lo que le pasó antes de ser parapléjico o cuadripléjico. En todos los casos se trataba de un instante decisivo, un parteaguas accidental, un episodio de negligencia. El intercambio de horrores, el drama multiplicado, tenía como propósito asumir la propia tragedia porque siempre había alguien en peores condiciones.

En las terapias grupales era frecuente que alguno, con los tubos de la traqueotomía a flor de piel, sin inhalar por sí mismo o sin articular tres palabras juntas, comenzara a gemir, a llorar y, al no controlarse, provocaba que sus flemas se fueran directo a los pulmones, causando ahogo y un pánico multiplicado ante la asfixia ineludible porque, al ser todos cuadripléjicos, nadie era capaz de socorrer al necesitado.

Fritz se convirtió en defensor de un hondureño que no hablaba inglés, un ilegal que se había electrocutado con un transformador, y cuyas manos, sin piel, dejaban ver los músculos. Estaba ahí becado por la Hispanic Charity —siempre había un caso extremo gratuito— y aunque el hondureño no tenía lesión medular, le prometieron que en el Jackson le enseñarían a valerse por sí mismo. En realidad, nadie le hacía caso. Sin capacidad de exigir nada, lo discriminaban y abandonaban en el cuarto de terapias.

Hubo otros habitantes de ese tormentoso Big Brother que marcaron a Fritz. En primer término, Zarco, su mejor amigo, un peruano con una historia desgarradora. Meses antes le había brotado un tumor en las vértebras del cuello, un tío de su esposa lo operó y durante la intervención, con indiscutible negligencia, le seccionó la médula. De ser un empresario exitoso de cuarenta años, con tres hijos y una flota de ocho o diez barcos pescando en altamar, quedó cuadripléjico. Sin médula no tenía la mínima esperanza de futuro, el cable de la vida había sido cortado y en su caso era irrevocable:

jamás volvería a encenderse. Fritz y Zarco lloraban juntos. Fritz lo consolaba.

—Si algo hice bien en ese sitio, fue mantener la humildad para olvidarme de mi propio drama y tratar de ayudar a otros.

El peor caso de daño físico era el de una mujer de Venezuela, madre de dos jovencitas. Su marido le había puesto un conductor para velar por su seguridad; lo absurdo fue que ese chofer chocó, la venezolana no traía cinturón de seguridad, salió proyectada por el parabrisas, fue arrastrada sobre el pavimento varios metros, perdió la oreja, también la audición, a sus horrendas heridas que le arrancaron media cara y le deformaron el rostro se sumó el delirante drama de la cuadriplejia.

El más jovencito de todos los pacientes era un jamaiquino de diecisiete años con quien Fritz compartía el cuarto. Se había fracturado el cuello jugando futbol y su madre, una mujer negra muy guapa, lo asistía de día y de noche porque ella sí pagaba la pensión de acompañante. Un buen día ambos le retiraron el habla a Fritz y fue imposible hallar cómo vencer la cortina de resentimientos que los separaba.

—Ella tenía como costumbre entonar a las cuatro de la mañana el "Aleluya" entre rezos, ritos y cánticos de ópera, y un buen día la acusé. Ello bastó para que el chamaco y su madre me hicieran la ley del hielo, sin que hubiera un *good morning,* un *hello* o un *I'm sorry* que doblegara aquel orgullo.

Delgados parteaguas

Todo lo que sucedía en Jackson parecía extraído de un libro de terror. Todo era devastador: el calor asfixiante, el no-aprendizaje, la no-curación, el no-futuro… Sin embargo, Fritz alcanzó ciertos avances, sobre todo en la reconexión neurológica. Aunque su musculatura no tenía tonicidad ni fuerza, lograba sentarse unos segundos sosteniendo una enorme pelota terapéutica amarilla y pudo, por vez primera en semanas, estar en posición vertical atado a una cama con cinchos.

Una vez soldadas sus vértebras, pudieron levantarle el cuello, rasurarle la barba crecida de cuatro meses anudada en su collarín y librarlo de la inaguantable comezón en la cara. Logró también tener cierta autonomía, llevaba meses con el inútil baño de esponja y pudo saborear un buen regaderazo sentado en su silla de ruedas, disfrutar el chorro de agua empapándole la cabeza.

El día que logró amarrar un cepillo dental eléctrico a la férula que tenía atada en su mano y se lavó los dientes solo, fue un deleite. Antes de ello, lavarse la boca había sido una tortura porque, sin entender la presión necesaria, la enfermera tallaba sus dientes provocándole malestar y asco, además, la pasta se le iba a la garganta, se atragantaba, e incapaz de hacer un buche, el suplicio terminaba con mentadas de madre y accesos incontrolables de tos.

En el hospital, la cotidianeidad de Fritz era convivir con cuadripléjicos, con personas inválidas expuestas a una rutina diaria: terapia grupal, baño de esponja, comidas en las que algunos como él, sin el uso de sus manos, eran incapaces de sostener un vaso o un cubierto, y lo peor, cateterismos cada cuatro horas, una sonda vesical o catéter que les insertaban desde el pene hasta la vejiga para extraer la orina.

—Eso era el máximo horror. Un golpe al pudor, a la autoestima.

La mayoría de los cuadripléjicos viven para siempre con cateterismos rutinarios de orina con el fin de evitar las complicaciones ocasionadas por el reflujo al riñón, porque, al perder sensibilidad, no saben si quieren ir o no al baño, no detectan si la vejiga está llena o vacía y, si se mantiene saturada sin evacuarla, la orina puede desbordarse, regresar a los riñones, dañar los filtros y deteriorar de manera irremediable la función renal, lo que se llama reflujo vesicoureteral. También puede estallar la vejiga provocando la muerte del paciente.

La fortuna de Fritz es que ahí en Miami consiguió orinar por sí solo y le quitaron la sonda. Un día que se acercaban las cuatro de la tarde, hora en que Charly, un enfermero de ojo azul y pelo cano, iba a hacerle el cateterismo decidió que tenía que lograrlo. Estaba obsesionado, ya no quería más tripas en su cuerpo, más afrentas a su dignidad. Nelly se había colado al hospital fuera de las horas de visita; con el paso de las semanas, había ido aprendiendo cómo saltarse las reglas, a quién podía subyugar y a quién no.

Nelly ayudó a Fritz a bajarse de la cama, estacionó la silla de ruedas frente a la taza. Las manos de Fritz estaban guangas, caídas y sin movimiento —tardó más de un año en tener manos funcionales—; las piernas le temblaban y no podía sostenerse. Abrió ella la llave del agua del lavabo para espolearlo. Lo ayudó a ponerse de pie, lo sostuvo de la espalda mientras él le pegaba con su brazo a su vejiga, esperando que ese estímulo, que esos golpecitos en el vientre hicieran el milagro.

Intentaba y fracasaba. Una y otra vez lo mismo: no era capaz de orinar, no podía mantenerse parado. De repente se escucharon los pasos de Charly en el pasillo. Iba gritando: "Fritz, Fritz, *here I come*", para avisar que se acercaba. Como todos los enfermeros, andaba de prisa, siempre estaba impaciente por cumplir su programa diario, no tenía tiempo que perder.

—Cuando oí su voz, me desesperé, me empezaron a temblar más las piernas. Pensé: otra vez el tormento del cateterismo. Sentí que había perdido la batalla.

Vio por el espejo cuando Charly entró a su baño, se distrajo mirándolo, no estaba permitido que un familiar manipulara a un cuadripléjico, que lo llevara al baño. Ya no podía más con la agitación temblorosa de su cuerpo, Nelly tampoco aguantaba su peso y él se dejó caer sobre la pared del baño, se apoyó en ella. En ese momento Charly comenzó a gritar con una intensidad brutal.

—*You are blessed by God!* —con el eco del baño parecía que hablaba con micrófono en mano.

Fritz no había constatado que ya estaba orinando, no tenía sensibilidad alguna.

—Al voltear a verme, fue tal la emoción que me dejé caer en la silla sin siquiera terminar.

Había logrado un imposible, iba dando pasos agigantados para recuperar su libertad. Días después, pidió que lo llevaran al centro comercial unas cuantas horas. Quería sopesar su situación, mirarse en el espejo de la normalidad, pero todo el proceso para transportarlo del hospital al *mall*, a escasas cuadras, resultó un tormento.

Primero, se tardaron más de una hora en fijar, con poleas y cuerdas, la silla de ruedas a la camioneta. Luego, al llegar, bajaron la rampa para la silla, activaron una alarma, un bip-bip-bip incesante que provocó que todo el mundo los mirara mientras maniobraban entre dos personas para que no se cayera la silla, para que Fritz no terminara en el suelo.

—La sangre me hervía. Me miraban como si yo fuera un chango enjaulado.

Fue testigo del morboso reojo con el que la gente lo miraba queriendo explicarse qué le pasó. Ese trato inhumano al que se iría acostumbrando, una existencia en la que nadie le sonreía, nadie hacía contacto visual con él, un vínculo de evasivas, desconfianza, aprensión y distancia.

Los corredores de las tiendas eran estrechos y para Nelly resultaba imposible girar la silla de ruedas, había que ir quitando estantes de ropa y objetos a su paso. Incapaz de medir con precisión los descansa pies y los zapatos, estampaba a Fritz contra paredes y macetas. Él iba mentando madres, ella, sumida en la desesperación. Si algo le atraía, por ejemplo: un saco en un maniquí, él le gritaba a Nelly que se detuviera, pero, siempre era tarde, ni dando la vuelta lograba la perspectiva necesaria. El campo visual de Fritz se limitaba al movimiento del ojo, quizá sesenta grados, porque ni siquiera podía girar el cuello.

En esa primera salida, una mujer obesa les bloqueó el paso. A un metro de altura, sabiéndose cada vez más pequeño, Fritz le pedía a ella que se hiciera a un lado.

—*Excuse me... excuse me...* Las nalgas de la gorda estaban frente a mi cara y yo, sentado, iba diciendo: *excuse me, excuse me,* cada vez más fuerte, pero la tipa parecía no oír. De repente volteó la cara, no vio a nadie, bajó la mirada y, al toparse conmigo, comenzó a gritar enloquecida, como si yo fuera un esperpento.

El mensaje a un cuadripléjico es: no sirves, molestas, eres anormal.

—*Do you have electrical razors?* —Fritz lanzó la pregunta a una dependienta de la farmacia Eckerds.

Quería comprar una rasuradora para amarrarla a su férula. La encargada de la tienda escuchó la pregunta, pero no bajó la mirada. Trató a Fritz como si no existiera, como si fuera un fantasma. Optó por responderle a Nelly en qué pasillo podía encontrar las rasuradoras.

—El trato de esa mujer me dejó perplejo, me dio escalofrío. Quedé indignado, encabronado, mudo de rabia. Seis semanas antes era un ser humano normal, tras el accidente me convertí en objeto, en cosa, en víctima de una discriminación feroz.

Fritz constató que había algo mucho peor que ser cuadripléjico: el desprecio hiriente al que se somete a una persona que cae en desgracia. No tenía códigos mentales para asumir la nueva condición, para absorberla. Lo único que quería en aquel momento era escapar, que Nelly lo sacara de esa tienda de inmediato, que Nelly lo arrancara de la vida.

El corolario de aquel paseo fue que ambos terminaron llorando, maldiciendo la salida, sumidos en un pozo de desesperación, con una sensación de incomprensión e ingratitud, inclusive uno contra el otro.

Vivían dos códigos, dos narrativas. Ella, coleccionando facturas por su entrega ciega a la relación, cuentas pendientes que algún día cobraría. Él, demandando y exigiendo con frustración e impotencia absolutas. Dos realidades, dos maneras imposibles de entenderse.

Para un cuadripléjico hay una disociación entre el estado de ánimo y el lenguaje corporal. Cuando alguien sano se enoja, puede sacar su rabia de manera física: golpeando, pegando un puñetazo o gritando. Un cuadripléjico, no. Para gritar hay que inhalar aire y sacarlo con fuerza, y un cuadripléjico no puede respirar o estornudar a placer, tampoco puede pegarle a una almohada, es incapaz de ponerse las manos en la cabeza o de gritar con enjundia.

—Ni un "ca-ra-jo" puede uno escupir cuando hace falta. Es horrendo, aparte de estar jodido, uno explota en silencio.

Esperanza renovada

Uno de los personajes más insoportables en Jackson Memorial era un agente inmobiliario neoyorquino, un ricachón soberbio, el único parapléjico en aquella clínica. En lugar de agradecer que él sí tenía movimiento de la cintura para arriba, pasaba el día gritándoles majadería y media a las enfermeras, maldiciendo a todo el mundo, mentando madres como si él hubiera sido el único que sufriera en ese lugar.

Ese neoyorquino, que estaba mejor que todos, era el más inconforme, el más desdichado. Fritz se burlaba de él, decía que había que romper la puerta de su habitación para meter los gigantescos arreglos que le mandaban para atiborrar de flores su pequeño espacio.

A ese hombre lo asistían los mejores médicos: lo había operado el doctor Barth Green, una absoluta eminencia. Un día, gracias a Carmen, la enfermera amiga, el ángel de la guarda de Nelly, Fritz supo que Green iría a revisar a su paciente. Desesperado por su condición, por el escaso avance que tenía, quería escuchar la opinión de un experto, la máxima autoridad, sobre su cirugía, quería saber si su médula estaba seccionada, si realmente quedó descomprimida o no, si algún día lograría sostenerse en pie y caminar.

Con las resonancias y radiografías en mano, Nelly y Fritz esperaron al médico en el pasillo, afuera del cuarto del neoyorquino.

—*Would you give me your opinion of my surgery? Please...* —Green fue atento, tomó las imágenes y fue escrutándolas una a una en silencio.

—I wish I could take credit for this surgery. It is magnificent —dijo pasados algunos minutos.

Fritz no podía creerlo: *magnificent* fue el adjetivo que ocupó Green. Estaba tan bien ejecutada que hubiera querido que fuera suya. Sonrió gozoso para luego arremeter.

—¿De qué sirve que esté tan bien hecha, si estoy jodido y sigo cuadripléjico? Green le respondió que las vértebras estaban perfectamente alineadas, que la profundidad de los tornillos era exacta, ni tan profundos que pudieran dañar la médula, ni tan superficiales que pudieran caerse o llegar a infectarse. Como neurocirujano calificaba con un cien al colega que lo intervino.

—¿Qué más puedes pedir? Tus médicos descomprimieron la médula, tu canal medular tiene su diámetro original, sustituyeron la vértebra y fijaron con maestría la columna. No pudiste tener mejor cirugía, es perfecta.

Para los neurocirujanos no necesariamente hay una correlación entre el logro quirúrgico tras una lesión medular y la calidad de vida. En realidad, no saben qué seguirá, es enigmático el desarrollo de cada paciente. La cirugía se califica con otros estándares.

—¿Voy a volver a caminar? —preguntó Fritz, harto de ser adorno de pasillo, temiendo convertirse en estorbo.

—No lo sé, nadie puede saberlo. Quizá no, quizá sí. Cada caso es único, tendrás que esperar. Tu médula no está segmentada, es todo lo que te puedo decir.

Eso era todo lo que necesitaba oír: "Quizá sí." Había que aferrarse a la esperanza, había que volcarse a ejercitar su cuerpo. Idolatró a sus médicos mexicanos, expertos que rescataron su médula machucada, golpeada. Elevó a la condición de genios a los neurocirujanos Ramiro del Valle y Luis Pérez Eupierre, y al cirujano ortopedista Antonio Cuéllar, con quien, además, había vivido una situación que, a ojos de Fritz, había sido una señal, una coincidencia, una de esas pistas para avivar la llama del optimismo.

Antonio había llegado al cuarto de Fritz en Médica Sur y se había mostrado absolutamente sorprendido de encontrar ahí la fotografía de un *boyscout* a quien él tanto quiso. ¿Casualidad o causalidad?

—¿Por qué tienes la foto de Alberto?

—¿Al-ber-to? ¿Lo conoces? —preguntó Fritz con extrañeza, sin comprender por qué su médico hablaba de su padre con esa inexplicable familiaridad.

—¡Claro! Alberto fue mi jefe *scout*, jamás lo he olvidado.

—¿Tu jefe?

—Sí, lo recuerdo con enorme cariño. ¿Por qué tienes su foto?

—Fue mi padre. Murió de un infarto hace cinco años.

—¿Eres hijo de Alberto? ¡No puedo creerlo! Tu padre fue un pilar en mi vida, un hombre amoroso con toda la patrulla. Iba a todos los campamentos en su silla de ruedas, era imparable.

—¿Silla de ruedas?, ¿por qué iba en silla de ruedas? —esa información, en ese momento preciso, pareció providencial.

Alberto Thompson, fallecido de un infarto cardiaco en 1996, había sido hermético con el tema de su parálisis. Tenía una forma rara de caminar como pingüino, con los pies en V y sin alineación alguna, pero Fritz se acostumbró a ello sin aspavientos ni preguntas. Alberto no tenía agilidad ni capacidad para el ejercicio físico, no podía jugar béisbol o futbol, y por su extraña forma de caminar, a Leni la habían hostigado sus familiares para que no se casara con ese "mexicano paralítico". Discriminadores, como eran, le decían que si se entercaba en unirse en matrimonio con él, engendraría monstruos.

El tema de la invalidez no se tocaba en la familia. Era una dolorosa cruz. Lo único que Fritz recordaba era que, como a sus once años, su papá intentó decirle algo cuando juntos miraban una fotografía de su juventud.

—¿Qué ves de raro en esta foto, Fritz?

—Nada. Bueno, que estás elegantemente vestido de *boy scout*, con tu pañoleta.

—¿No ves nada más?

—No.

—¿De veras no ves nada más? Fíjate bien, Fritz, estoy sentado en una silla de ruedas...

—No me había dado cuenta, papá. ¿Qué te pasó?

—Nada. Simplemente dejé de caminar y volví a caminar.

No hubo preguntas ni aclaraciones, esa referencia única pasó al olvido, pero, cuando a escasas horas del accidente, Antonio trajo a colación al Alberto *boyscout*, todo parecía embonar en la misma intriga, eran piezas de una única trama. Había información necesaria que había que precisar en ese momento.

—¿Sabes qué fue lo que le pasó a mi padre, Antonio? —preguntó Fritz.

—Tu papá fue paralítico durante muchos años. La invalidez lo fue atacando paulatinamente hasta inmovilizarlo del todo, sin que nadie supiera el motivo. Bonachón como era, se resignó a su condición buscándole el lado amable a la vida. Y así como llegó la parálisis, comenzó a irse años después.

Esa revelación, en un momento tan crítico en la vida de Fritz, fue sustancial. La presencia de Antonio no parecía ser una casualidad, sino una causalidad. Su padre había sido paralítico, también había estado atado a una silla de ruedas desconociendo lo que le deparaba el futuro. Su padre, a través de Antonio, parecía estarle pasando una estafeta, parecía decirle: "No te preocupes, hijo, todo va a estar bien." Era como si Antonio y Alberto conspiraran. Como si su padre lo tomara de la mano para impulsarlo, también a él, a un final feliz.

Antonio Cuéllar dio detalles de esos seis o siete años en la vida de Alberto Thompson, entre 1950 y 1957, entre sus diecinueve y sus veinticinco años, cuando una parálisis paulatina fue atacando todo su ser. Dejó de mover piernas y brazos, se fue quedando ciego, mudo e inmóvil. La parálisis atacó el músculo de la lengua, inclusive a los ojos. Por eso no había terminado la preparatoria.

Alberto les había contado a los niños de su patrulla que había estado al borde de la muerte, que su madre le abría los párpados para saber si aún estaba en este mundo, que le hablaban y no podía responder, que estaba tan enfermo que su pulsación cardiaca a menudo disminuía y que, como apenas respiraba, más de una vez su mamá tuvo que colocarle un espejo delante de la boca para ver si el vaho lo empañaba, para saber si su hijo estaba aún vivo. Continuamente le aplicaban los santos óleos creyendo que estaba a punto de morir.

Con el paso de los años, se sabría cuál había sido la causa de su mal: polirradiculoneuritis por intoxicación con arsénico. Alberto y sus hermanos, que vivían en Ciudad Valles, San Luis Potosí, y luego en Poza Rica, Veracruz, eran aficionados a la caza, a la vida salvaje del campo, y mediante la práctica de la taxidermia disecaban la piel de cocodrilos y otros animales capturados, para guardarlos como trofeo. Alberto mismo les inyectaba arsénico, sin tener la previsión de protegerse con guantes, y el veneno, en consecuencia, se fue absorbiendo por sus poros intoxicándolo de manera paulatina.

Fritz, al escuchar todo ello, sólo pensaba que le dolía no haber hablado más con su papá. Le dolía que ya no estaba para abrazarlo, para recibir su cariño en un momento de tanta agonía. Hubiera querido saber si él había llorado de desesperación, si había maldecido a Dios, si había explotado de tristeza queriendo suicidarse, si le ganó la desesperanza o si, aferrado a la vida, ni siquiera tuvo capacidad de lamentarse de su suerte.

Quería saber si ambos, padre e hijo, estaban en el mismo lugar en otro tiempo, si ambos leían las páginas tortuosas de una misma agonía...

Cuando el arsénico fue saliendo de su cuerpo, Alberto buscó recuperar un sentido para su vida: brindando amor y conocimientos a un grupo de quince o dieciséis *boyscouts*. Su silla de ruedas nunca fue impedimento para irse de campamento con ellos. Se amarraba a un burro y hacía lo que fuera para gozar de la plenitud de la naturaleza. Era tal su entrega y compromiso, su férrea voluntad, que más de una vez fue protagonista en notas periodísticas en las que se resaltaba su nobleza, entrega y buen corazón. Con ese aplauso público

Alberto volvió a ser alguien, un hombre con identidad. Tiempo después, cuando cumplió treinta y un años se enamoró de Leni Lenz, la madre de Fritz, y a pesar de su raro andar, recomenzó un nuevo capítulo de su existencia.

La terrible paradoja es que Fritz pasó por un trance muy similar, como si aquella ignominia tuviera la condena de pasar una estafeta de generación en generación. A la distancia, el caso del padre pareciera más fácil que el del hijo, porque la sustancia salió de su cuerpo y finalmente él recuperó casi la total movilidad, pero ambos pasaron la angustia de saberse frágiles, inútiles y asfixiantemente humanos.

Ambos fueron paralíticos: Alberto, parapléjico; Fritz, cuadripléjico. Sin embargo, con herramientas distintas, ambos hallaron camino. Como lo parafrasea Fritz, ambos lograron ser riachuelos que, a pesar de las piedras de la adversidad, encontraron veredas nuevas para dar curso a sus vidas.

La consigna: huir

En aquel momento en el Jackson Memorial de Miami la moneda de la suerte de Fritz aún seguía girando en el aire. Había sofisticados equipos, mucho dinero en tecnología de punta, pero el hospital se estaba convirtiendo en una terapia intensiva para que Fritz se resignara a su suerte, para que asumiera su condición de cuadriplejia, para enseñarle a usar rampas para su silla de ruedas, realizar terapias pasivas, adaptarse al problema.

El ejercicio no ocupaba más de dos horas diarias en su agenda y a la alberca sólo lo llevaron tres veces en dos meses, a pesar de que rogaba regresar. No le tocó ser parte de ninguna investigación ni participar en protocolo alguno. Por el contrario, ahí todo era *by the book*. Sin importar que cada lesionado medular reacciona de manera diferente y que no existen leyes en torno al potencial de recuperación, prevalecía una terapia metódica no individualizada.

A Fritz le daban unas cuantas terapias enfocadas a pies y tronco, sin atender sus manos inútiles, cuyos dedos estaban, día a día, más deformes, y los músculos, atrofiados y en franca contractura. Si a él le hubieran preguntado qué prefería recuperar, si lo hubieran escuchado, les habría dicho que las manos, que sólo así podría terminar con la dependencia.

Su cuerpo, diseñado para moverse, estaba paralizado y el objetivo de la clínica era enseñarlo a sobrevivir con aditamentos y accesorios. Ser un *robocop*, un caballero con armadura atado a perpetuidad a una silla de ruedas y a todo tipo de aparejos auxiliares: un collarín para evitar el movimiento de las cervicales, fajas para ayudar a los intestinos a digerir, espaldera para mantenerlo erguido, férulas para manos, pies y brazos convertidos en tubitos blandengues y quebradizos, sin músculo ni nada que los sostuviera.

Le enseñaban a vestirse, a comer, a mantenerse sentado sin caerse. A mover las articulaciones para que no se soldaran, para que no generaran ramificaciones óseas por inactividad. A evitar la piel llagada por inmovilidad. A controlar su sistema urinario. En términos generales, el objetivo en la Universidad de Miami era condenarlo a su condición disminuida. Prolongar la vida. Perpetuar la agonía. Sobrellevar el problema, no revertirlo. Sería paralítico para siempre, los años que viviera. Por lo general un cuadripléjico no sobrevive más de cinco o seis años, diez cuando más. Tenía que aceptarlo, era esa la consigna.

Con el paso del tiempo, Seguros Atlas comenzó a cuestionar la relevancia de su estadía en ese hospital, sobre todo, porque al revisar los reportes no se declaraba el más mínimo avance. Su estancia costaba sesenta mil dólares al mes, sesenta mil dólares que a la aseguradora le pesaban, sobre todo, por temor a que la estadía fuera perpetua.

Fritz y Nelly odiaban todo en aquel hospital y buscaban la manera de huir pronto de aquel infierno. Cada uno por motivos distintos. Él, por la desesperanza que ahí se respiraba, porque no sentía ningún progreso, porque no lo inscribían en un programa más agresivo de ejercicios. Ella, porque lo había dejado todo: maestría, trabajo, independencia, y no lograba lidiar con tanta frustración. Estaba harta del maltrato continuo, inclusive por parte de Fritz, que se estaba asfixiando con su realidad y con su permanencia en ese sitio negro.

De ser Nelly una mujer independiente y exitosa, veía su vida estancada y sin futuro. Pasaba el día tragando moscas, a la espera.

—Ahí en Miami se respiraba una tristeza insoportable, se coleccionaban tragedias.

Pasados dos meses, Seguros Atlas amenazó con reducir el monto de lo que pagaría al Jackson Memorial. Fritz se puso un objetivo: en cuanto fuera capaz de subir y bajar escaleras, aunque fuera a trompicones, se regresarían a la Ciudad de México. Era impensable salir del hospital sin tener ese mínimo grado de independencia porque él y Nelly vivían en un cuarto piso en Huipulco.

Por ello, un buen día, fraguó un plan. Apoyándose en una andadera, se escapó por la puerta de emergencia, vio la manera de violentar el sistema de seguridad para que no sonara la alarma, bloqueó la escalera con su silla de ruedas, se amarró con velcro al barandal a fin de evitar desplomarse y, ayudado por Nelly, que se coló al hospital con la venia de Carmen, iba aventando la cinta, amarrándola cada dos escalones. No paró hasta que logró subir diez peldaños. Ya luego, bajó apoyándose en las nalgas.

La adrenalina lo volvió loco. Del notable esfuerzo, las piernas le temblaban sin control. Alcanzado el reto, decidió que era momento de largarse.

—Aunque en Miami me ayudaron a independizarme y pude recuperar funciones físicas elementales, estar ahí fue una tortura psicológica. Me sentía un estorbo, era un *show* que me trajeran o llevaran. No había posibilidad de pasar desapercibido, de volver a sentirme humano.

Pidió su alta. Los médicos no querían otorgársela, pensaban que estaba loco, se creían su mejor opción para que siguiera "rehabilitándose".

Efectivamente, estaba loco. En una ocasión que lo sacaron al centro comercial, pasó cerca del muelle y, al ver los enormes trasatlánticos, cruzó una idea por su mente: "Ya estoy en Miami, ¿cuándo voy a volver? Es mi oportunidad de viajar por primera vez en un crucero."

Mientras esperaba su liberación del hospital, le pidió a Carmen que comprara dos boletos a precio rebajado en un barco que permitiera atender a personas con discapacidad. Se había enterado de que si uno compra los boletos de un día a otro, aprovechando cancelaciones, era posible conseguir gangas. Nadie debía saberlo, mucho menos Nelly. Sería una sorpresa, la luna de miel que Fritz le debía.

—Sentía que teníamos derecho a divertirnos. Estaba fuera de nuestro presupuesto, era cierto, pero podía firmar el costo y luego ver cómo lo pagaba. Era una rayita más al tigre de los gastos, cuando menos una que disfrutaríamos.

Siempre había escuchado a su mamá hablar con nostalgia de los viajes en trasatlántico, porque, cuando era niña, la llevaban de México a Alemania a visitar a la familia germana. Fritz sentía una absoluta fascinación por los barcos y, aunque su estado de salud era precario, decidió que ese respiro de tres días sería una forma de demostrarle a Nelly su gratitud por la entrega solidaria que le había mostrado.

—Ahí en Miami, mucha gente nos preguntaba: ¿Y para cuándo es la boda?, porque vivíamos una historia de telenovela: yo me accidenté y ella se mantuvo devota a mi lado.

Carmen compró los boletos para ir al Caribe y Fritz fraguó cada detalle del plan. Pidió que lo llevaran al centro comercial para escaparse de la clínica. Pidió que lo transportara José, el mexicano que se había caído en una construcción, el hombre que vivía en casa de Carmen y que estaba a punto de ganarse cien mil dólares como indemnización del seguro. José estaba enterado de todo, subrepticiamente cargó las maletas y condujo a Fritz y a Nelly al muelle.

Ahí, frente al barco, supo ella la sorpresa. La intención era disfrutar de las islas de arena blanca, de la claridad del mar en Jamaica y

Martinica, porque Fritz podría acceder a la playa sobre una silla con llantas especiales.

Para Nelly, sin embargo, aquel crucero fue una pesadilla, una nueva prueba de fuego. Bastó querer empujar la silla de ruedas sobre las alfombras del barco para darse cuenta de lo que le esperaba. Fritz, por el contrario, sintió que ese escape fue la gloria, su posibilidad de normalidad, de libertad frente a las imposiciones y exigencias de los médicos. Una licencia. Un atrevimiento. Un desquite.

De México a Cuba

Al término del crucero en el Caribe, Fritz y Nelly regresaron a México. Fritz caminaba a trompazos, aventándose como hombre araña de una silla a otra, de un soporte a otro. Su antojo era ir a comer tres kilos de arrachera de un jalón, había bajado más de siete kilos en Miami porque la comida le parecía horrenda. Quería tomar aire, recuperar su energía. Se negaba a resignarse a su condición de inútil.

Toda su vida había sido un gran deportista, antes del accidente corría seis kilómetros diarios y nadaba con frecuencia. Había sido hiperactivo y alegre, capaz de dirigir cualquier orquesta; ahora estaba deprimido, mal alimentado, daba lástima su dependencia. Sus manos eran una masa estéril y deforme, los dedos estaban engarrotados. No lograba mantenerse firme en la silla de ruedas a menos que su tronco estuviera amarrado. Caminaba con fragilidad sin la menor coordinación.

Tenía que hallar salidas, inventar un nuevo derrotero, insuflarse esperanza. Luis Pérez Eupierre, su vecino neurocirujano, le dijo que en Cuba podían ayudarlo. Había clínicas que le permitirían aislarse y concentrarse de tiempo completo en su rehabilitación. Le ofreció ayuda de sus amigos, vecinos y familiares cubanos para que allá se sintiera en casa.

Sugirió buscar el ingreso al Centro Internacional de Restauración Neurológica (Ciren), ubicado en Siboney, en La Habana; una clínica especializada cuya consigna era "restaurar" el sistema neurológico. Aunque había poca evidencia de que lo lograran, prometían mejorar a los pacientes con lesiones medulares y a víctimas de Parkinson. El precio mensual era de siete mil dólares, una enorme diferencia con los sesenta mil de Miami.

Fritz fue aceptado sin problema, cumplía con todos los requerimientos: no tenía escaras y gozaba del control de sus aparatos digestivo y urinario. En septiembre de 2001, cinco meses después del accidente, Nelly y él abordaron el avión a La Habana.

Al llegar al Aeropuerto Internacional José Martí, los esperaba una "ambulancia cubana", una especie de pesero con área de carga atrás en la que iban bamboleándose. Llegaron a un lugar tropical, con jardines descuidados, donde Fritz compartiría sus días con una sobrepoblación de personas con algún tipo de daño en el sistema nervioso central: Parkinson, derrames cerebrales, esclerosis múltiple y un buen número de lesionados medulares.

Lo primero era hacerle una evaluación. Lo llevaron al aparato de las tomografías, pero, como era de esperarse, éste no servía desde hacía meses. Le faltaban piezas que algún día llegarían de Rusia. Ese mismo día, a Fritz le picó una araña. Se le hizo una roncha que se infectó de pus. No había gasas estériles. El papel de estraza que ocuparían para hacerle la curación era hogar de un par de cucarachas que, al verse descubiertas, salieron huyendo.

En Cuba, a diferencia de Miami, no había recursos y no había equipo. La comida también era espantosa en la isla, por hambre y penurias. Le daban jugo de naranja rebajado con dos terceras partes de agua y "sándwiches cubanos": con el jamón doblado en las orillas para que pareciera que el sándwich contenía jamón, pero entre los panes había un vacío.

No-hay-no-hay-no-hay era la consigna oficial. La gente estaba tan necesitada que los robos estaban a la orden del día. A Fritz mismo le trincaban sus ampolletas de complejo B, la enfermera en lugar de inyectarle los diez miligramos que requería, le ponía cinco y guardaba para reventa los otros cinco. Le robaban su champú, el dinero de su escondite...

Y, por inverosímil que parezca, en Cuba, un oasis de lucha contra lo imposible, Fritz logró rehabilitarse, fortalecer la musculatura que había perdido por los meses de parálisis. Tras tres largos periodos de rehabilitación durante dos años y medio logró sentarse, estar de pie, subir escalones, ser capaz de agarrar un tenedor, pasar bolitas en un ábaco, colorear floreros...

Lo más valioso era que ahí, en Siboney, se luchaba contra el problema, no había la más mínima resignación ante la parálisis. La rehabilitación física era masiva, intensa y prolongada. Cada paciente contaba con un terapeuta individual encargado de acompañarlo en su rehabilitación desde las ocho de la mañana hasta las cinco de la tarde. El énfasis era la terapia física de manos, la ozonoterapia, la digitopuntura, la acupuntura, la alberca, el gimnasio...

Cuba fue una batalla para salir andando. Lo bombardeaban con toda índole de ejercicios, un coctel variado, pensando que algo podría resultar efectivo.

—Desde el primer día me dijeron que harían todo por mí y fue cierto, sólo faltó que me practicaran un exorcismo.

Para lograr la funcionalidad de sus extremidades, para lanzarlo a correr un maratón que lo condujera a lograr independencia y calidad de vida, tenía ocho horas diarias de terapia, de ejercicio en el gimnasio.

—Mi terapeuta podía pasarse el día masajeándome cada dedo, horas y horas en todas las direcciones a fin de recuperar el movimiento. A ellos les debo mis manos.

Los médicos cubanos compartían unos con otros el conocimiento, porque para ellos la experiencia era un baluarte colectivo. La educación era su bastión nacional. Ninguno de los doctores se casaba ciegamente con un diagnóstico, bien sabían que las lesiones medulares no tienen palabra de honor y que asumir cualquier certeza es jugar con fuego. Partían de la consigna de que cualquier situación es perfectible, de que es débil quien claudica o se da por vencido.

Fritz le preguntó a un doctor por qué le costaba tanto trabajo controlar la cadera para caminar, si ya lograba mantenerse en pie.

—Mientras no fortalezcas el abdomen bajo, tu cintura seguirá bamboleándose —le dijo.

Fritz entendió el objetivo y lo asumió por cuenta propia. Fue tanta su obsesión por empeñar su vida en el gimnasio que cuatro veces intentaron correrlo de Cuba, aunque él siempre se las ingenió para ser perdonado, porque, obstinado en fortalecer sus músculos para algún día caminar simétricamente, hacía hasta mil ochocientos abdominales diarios a escondidas, ejercicios y movimientos de todo tipo que, al ser excesivos, le provocaban moretones y derrames.

—No tengo sistema de alarma. Como perdí la sensibilidad, mi cuerpo no registra la fatiga muscular ni el acumulamiento de ácido láctico. No sentía cansancio y me seguía de filo. Hacer mis abdominales era mi única chamba, mi obligación conmigo, mi única solución para retomar mi vida.

Su abdomen se llenó de cuadritos, estaba como Sylvester Stallone. El único sentido de su vida era cumplir con lo que se proponía, aunque no necesariamente viera resultados: concluir sus abdominales diarios, acatar los ejercicios que por decisión propia llevaba al límite en cada etapa de rehabilitación. Ese enfoque fue clave, fue su impulso para salir adelante.

—Acorralado, sumido en la desesperación, uno hace cosas que desconoce cuando hay plenitud. Nada me detenía, no me lo permitía.

A diario se despertaba a las cuatro de la mañana para iniciar el fortalecimiento de su tronco. Como la cama rechinaba, se bajaba al piso para evitar que lo descubrieran y hacía los primeros quinientos ejercicios abdominales del día. En la terapia de la mañana, otros cuatrocientos. Descansaba al medio día. En la terapia de la tarde, trescientos.

Y a las once de la noche, cuando apagaban las luces del pasillo, la señal para saber que ya no habría enfermeras dando rondines, se empeñaba en concluir las mil ochocientas repeticiones que se había fijado. Lo curioso es que hoy casi no puede hacer abdominales.

Su única libertad frente a su cuerpo inútil era mantener una férrea voluntad a contracorriente. Programarse mentalmente para una motivación extrema. Los resultados lo alentaban porque, efectivamente, veía mejoría día con día. No escuchaba a nadie. Se sobreejercitó como pudo, a fin de morir o sobrevivir en el intento. Y lo logró.

A principios de octubre de 2002, un año y siete meses después del accidente, regresó de Cuba a México un fin de semana para casarse con Nelly en una boda religiosa. Ella estaba en México, sólo lo había acompañado los primeros meses. Regresar a casarse fue un intermedio de su rutina, de su esfuerzo inaudito como Superman con suerte. El 5 de octubre se unieron en matrimonio. Ella planeó la fiesta para treinta familiares y amigos en La Cava de Insurgentes, propiedad de los tíos de Fritz.

Un par de días después, él regresó a Cuba para concentrarse sin distracciones en su objetivo. Estaba total y absolutamente aislado, no había ni siquiera posibilidad de que le llamaran por teléfono porque el único aparato de la clínica no funcionaba.

Fritz retornó a México en definitiva a mediados de 2004. Estaba deseoso de comenzar la siguiente página: la de la paternidad. Nelly y él lo merecían. Ambos sobrepasaban los 35 años, el reloj biológico de ella tenía un plazo y estaba por caducarse.

Fritz, el conferencista

Conocí a Fritz Thompson Lenz los primeros días de abril de 2009. Moy, mi esposo, estudiaba un posgrado en el IPADE, y una tarde me pidió que fuera con él a una plática, una de esas actividades en las que buscan integrar a las parejas de los participantes. Acompañante solidaria, escéptica que rehúye las conferencias de superación personal, asistí sin imaginar que esa noche Fritz me cambiaría la vida.

En el enorme auditorio ocupé un lugar en las últimas filas, a suficiente distancia para abstraerme si me aburría. Antes de iniciar la plática nos dieron a leer un par de páginas redactadas por Fritz bajo la supervisión de Ricardo Aparicio y Nahúm de la Vega, profesores del Área de Empresa-Familia. El texto se titulaba "Un 24 de abril" y aludía a la aparente normalidad que debería haber vivido el protagonista aquel día.

Fritz Thompson, de sonrisa arrebatada, de pie frente a nosotros en el escenario del IPADE, se empeñaba en demostrar su conversión a la alegría. Por momentos parecía perder el equilibrio, pero se negaba a subyugarse ante la fragilidad. Habían pasado ocho años desde aquella atroz pesadilla y su intención era hablarnos del amanecer a su nueva realidad. No había ninguna señal evidente de la cuadriplejia que le diagnosticaron, del ardiente testimonio que escucharíamos.

Para ese momento, además de trabajar en Instrumentos Wika México, una empresa alemana líder en instrumentos de presión y temperatura, de la que era director, dictaba conferencias de superación personal. Contaba con cerca de una centena de exposiciones ahí y en otros sitios, a pequeños y grandes grupos de espectadores que escuchaban su plática apoyada por un rudimentario Power Point con fotografías testimoniales.

Su objetivo era expresar lo que vivió, lo que aprendió y, con base en ello, transmitir una lección de la fragilidad de la vida, de cómo la adversidad, si se enfrenta y asume, puede ser la mejor universidad del mundo.

—No hay certezas en el camino. Cuando uno cree que la vida está bajo absoluto control —expresaba con convicción—, es posible que llegue el infortunio a liquidarlo todo. Hay que estar preparados.

Empeñado en ser humilde, en aquella primera conferencia que escuché en 2009, Fritz citaba a algunos de sus héroes: el ciclista

Lance Armstrong que aún no había caído en el desprestigio, Christopher Reeve, los sobrevivientes de los Andes, el tenor Andrea Bocelli, Hellen Keller —escritora sorda y ciega que aprendió a hablar sintiendo la vibración de las palabras en el rostro de Anne Sullivan, su educadora—, personajes todos ellos que tradujeron la fatalidad en ardor para florecer.

Fritz sustentaba su despertar en las teorías de Víctor Frankl, neurólogo y psiquiatra austriaco quien, tras sobrevivir a Auschwitz y a Dachau, escribió su libro paradigmático *El hombre en busca de sentido*, obra que él leyó en Miami cuando no era capaz de pasar las páginas con sus dedos, cuando para lograr darle la vuelta a una hoja tenía que machucarla una y otra vez con las palmas de sus manos.

—¿Están ustedes listos para enfrentar un acontecimiento adverso, para que la oscuridad no les arrebate la sonrisa? —nos cuestionaba a quienes lo escuchábamos en aquella conferencia.

Cautivaba como orador, seducía la cruda honestidad de su narración.

—Yo tuve que pasar por lo peor para aquilatar las cosas simples: un regaderazo, el chorro de agua tibia bañándome la cara, el aire fresco, la belleza de un árbol frondoso. ¿Necesitamos tocar fondo para valorar a la gente querida, a quienes nos resultan incondicionales en la tragedia? ¿Para darnos cuenta de que el dinero, la ropa y las propiedades no significan nada? ¿Para saber educar hijos?

La adversidad, insistía él, no es necesariamente sinónimo de desdicha:

—A mí, el camionetazo dado ni Dios me lo quita, pero tuve en mis manos la decisión de cómo responderle a la vida. Con dignidad y actitud, el accidente, la desdicha, fue mi oportunidad de crecimiento en virtudes y valores. Una forma alternativa de ser exitoso, de saber que lo material no representa ninguna valía.

Narraba casos de otros lesionados que conoció en su rehabilitación y de los muchos que hoy recurren a él cuando viven con estupor, rabia y desconsuelo el cambio de vida, la noticia de ser parapléjicos o cuadripléjicos. Su plática no permitía pestañear. Era un ejemplo vivencial de cómo la tragedia puede sumir a cualquiera en la desesperanza. De cómo, en la prisa por vivir, perdemos el sentido, dejamos que la belleza pase desapercibida.

Fritz había convertido al infortunio en su inseparable compañero, había sabido reconstruirse y aferrarse a la vida. Según decía, Nelly había sido su salvadora, su apoyo, impulso y sostén. Su heroína.

A todos en el auditorio nos tenía mudos, conmovidos. Sin embargo, debo decirlo, a mis ojos resultaba un tanto excesivo su desdén por lo material, sus generalizaciones y dicotomías en torno a cómo educar hijos con valores. A ratos sus palabras parecían una receta de cocina y a mí, con hijos adolescentes, me resultaban un tanto sobradas. Mientras aplaudía de pie su idílica gesta de amor, heroísmo y superación, me picaba la curiosidad: ¿Habría tenido él la posibilidad de probarse en el espejo más fiero y exigente, es decir, en el de la paternidad?

Levanté la mano:

—Fritz, hablas con la sabiduría de quien ha logrado transmitir su legado en la escuela más difícil de todas: la de un padre a sus descendientes. ¿Tienes hijos?

Mi pregunta, fuera de guion, lo cimbró. Se le nublaron los ojos...

—Es la primera vez que en una conferencia me lo preguntan y no pensé que lo diría públicamente. Nelly tiene ocho meses de embarazo, seré padre por vez primera en unas cuantas semanas.

Lo encontré en el *lobby* dedicando libros. Para entonces, había escrito un primer testimonio: *Prefiero empujar mi vida. Memorias de un cuadripléjico rehabilitado.* La portada entre verdosa y azul cerúleo tenía la foto de la primera vez que Fritz, con el apoyo de un grupo de terapeutas, logró estar de pie en Miami en una banda para caminar, con collarín, espaldera, fajas, férulas y medias, soportado su cuerpo por múltiples arneses. Compré el libro, me lo dedicó: "Deseo que los valores y las virtudes sean tu distintivo cuando la vida lo demande...", una frase prefabricada. Intercambiamos tarjetas, también un par de oraciones de cortesía. Esa misma noche devoré la lectura.

Al día siguiente, en su oficina, ya lo esperaba un sobre con uno de mis libros y una carta en la que le externaba que su libro era perfectible, que no estaba a la altura de su historia y circunstancia. Su desgarrador testimonio debía tener una prosa más depurada, su foco no debía estar sólo en los lesionados medulares, merecía una divulgación amplia porque cualquiera es proclive a ser sujeto de infortunios. Había que volver a escribirlo, cuidar la redacción, contarlo todo, había mil huecos en el relato, buscar nuevos hilos conductores para atrapar al lector, para hilvanar las coincidencias, los encuentros sin tiempo.

A partir de ese día y durante algunos años, nuestra casa fue para Fritz un segundo hogar. Una o dos veces por semana llegaba a la hora de la cena y su presencia era un privilegio. Fuimos desglosando a fondo los detalles de su tragedia, tomaba yo nota, cuestionábamos el porqué y el para qué de lo sucedido. Su testimonio era una lección para entender que la adversidad nos espera sigilosa en cualquier esquina ciega del camino y que, quizá, lo más importante es aprender a darle buena cara: asumir y crecer a partir de los momentos difíciles.

Fritz era un ejemplo viviente, un héroe que había enfrentado una y mil batallas. Arrebatado de alegría porque iba a ser papá, me insistía que su deseo ferviente era que su hijo naciera en la fecha prevista, al término de la semana cuarenta de gestación, es decir justamente el 24 de abril, aniversario de su accidente. A sus ojos, tener un hijo ese mismo día era sinónimo de un amanecer luminoso para su historia... Pensaba que con el nacimiento de su hijo podría cerrar aquel episodio sombrío y escribir nuevas páginas en su diario de vida.

Me daba escalofríos escucharlo. Su hijo no podía ser su prolongación, el pequeño no venía al mundo a ser su salvador. Desde mi perspectiva, era un mal inicio, un presagio nocivo.

—Fritz —me atreví a decirle—, cruzo los dedos para que tu pequeñito no nazca el 24 de abril, como tanto pides. Tu niño debe tener un camino propio, iniciar una historia personal. Me irrita ubicarlo como quien concluye tu infierno.

Tras titánicos intentos de fertilización en un laboratorio, porque para entonces Fritz y Nelly tenían 41 años, llegó Stefan el 14 de abril, diez días antes de lo que Fritz hubiera querido. Este pequeñito, un milagro de la fecundación *in vitro*, no se plegó al capricho de su padre, no se acomodó a ser una coincidencia más.

Librado aquel apuro, porque Stefan no fue el pase de estafeta para renacer, había que encontrar un nuevo hilo conductor para abotonar el relato que escribíamos para un nuevo libro. No hubo que pensarlo mucho, era evidente que lo que hacía *sui generis* esa historia era el relato de amor, de lucha, de compenetración y visión de futuro de la pareja que conformaban Fritz y Nelly, su novia solidaria que le dio el sí en el peor momento de la tragedia, recién operado en Médica Sur, y con quien se unió en matrimonio un año y medio después del accidente.

Desde mi perspectiva, ahí palpitaba la narración. Parecía un cuento de hadas, una historia romántica de Hollywood. ¿Sería así?, algo me hacía dudar. Le pedí a Fritz que convenciera a Nelly de hablar conmigo. Era ella protagonista de la historia; su voz, hasta entonces silenciosa, tenía que ser escuchada. Fritz trabajaba durante toda la semana en la capital y viajaba a Puebla los fines de semana para convivir con Nelly y con el pequeño Stefan.

A pesar de mi insistencia, nunca parecía ser un buen momento para concretar un encuentro con Nelly. Ella se negaba. Fritz me pedía paciencia, llegaría el momento. Fui sabiendo a cuentagotas que a Nelly no le gustaba ir a las conferencias de Fritz, que no había leído su libro, que se negaba a hablar públicamente de lo sucedido, que ella tenía su hermética verdad, impenetrable.

Paralelamente a las largas noches que pasamos tratando de armar el rompecabezas, arañando las aristas de la historia como en un diván de psicoanalista, entrevisté a Leni y a Veronika, mamá y hermana de Fritz, también a Eduardo Rivera, testigo del accidente y al ortopedista Antonio Cuéllar. Grabé cientos de horas y estudié los documentos, libros y legajos que tenía yo en cajas: radiografías, estudios, pleitos legales, diarios, notas, vivencias de otros cuadriplé-jicos, intentando conocer variados puntos de vista, descoser los hilvanes de lo acontecido.

Así supe que la tragedia no había llegado sola. De repente se habían convertido en una familia apaleada. Cinco años antes del accidente, Fritz había tenido una primera ingesta de cruda realidad, dos incidentes dolorosos que lo habían convertido en el pilar familiar: la muerte de su cuñado y, luego, la de su propio padre.

El 14 de octubre de 1995, Veronika se había unido en matrimonio con Marco Antonio Murillo Albarrán, ambos tenían veintiocho años, ambos eran médicos, llevaban ocho años de noviazgo. Gran parte de los invitados a la boda en La Cava venían de provincia y el viaje, por desgracia, había tenido un doble e inesperado propósito: boda y entierro.

El 19 de octubre fue el velorio del novio, un hombre totalmente sano que falleció en Huatulco, durante su luna de miel, víctima de una reacción alérgica por ingestión de mariscos. Los recién casados estaban en una isla desierta a donde fueron a pasar el día y, aunque ambos eran doctores, tras el choque anafiláctico, ella no halló un palo, tenedor, cuchillo o desarmador a la mano, para poder abrirle la tráquea y que él respirara.

A Veronika se le murió Antonio en los brazos. A Fritz, que voló con su madre a Huatulco, le tocó recoger el cuerpo de su cuñado, organizar el entierro, consolar a su hermana y asumir el liderazgo familiar. Fritz pasó noches enteras apapachando a Veronika, lloraban hincados junto a la cama, escuchando a Whitney Houston cantar "I can't live without you", que a Antonio tanto le gustaba.

Veronika, guardiana de Fritz en la lucha que le tocaría vivir unos años después, volcó su vida, en aquel momento de pérdida, a estudiar Neurología pediátrica, una carrera que muy pocos médicos eligen porque es muy doloroso ver a niños enfermos de problemas neurológicos que, más que curarse, se sobrellevan. Como si el destino hubiera estado jugando con los hilos familiares, Veronika eligió, de todas las especialidades posibles: neurología, exactamente la indicada para ayudar a su hermano cuando la tragedia lo condenara a la cuadriplejia.

Ocho meses después de la muerte de Antonio, el 16 de mayo de 1996, murió de un paro fulminante Alberto Thompson, el papá de Fritz, su absoluta adoración. A pesar de ser el más chico de los hijos, Fritz se quedó con la responsabilidad de ser el eje familiar. De apoyar y proteger a las dos viudas: madre y hermana.

Mujeres cercanas que, paradójicamente, se replegaron durante los años de terapias en Miami y Cuba. Dos viudas que, en su dolor y en su orfandad, en su desconcierto, se marginaron, encomendándole a Nelly la abrumadora responsabilidad de ser el único sostén de Fritz.

Stefan, luz en el camino

Fritz me buscaba por amistad, por un cariño creciente y, también, porque yo era un interlocutor cercano, una oreja solidaria y crítica. Con enorme dolor, a pesar de haber vivido la alegría más grande de su vida: saberse padres, Fritz acabó por confesarme que el vínculo con Nelly no era bueno, que cada vez estaban más distantes, más ajenos.

Era una paradoja que, con ese ansiado hijo en sus vidas, se separaran. Traté de aconsejarlo, de insuflarle ánimo para superar la distancia: tanto habían pasado, tantos sacrificios, tanta solidaridad, que, llegado el momento de la dicha, parecía absurdo que el bache fuera insalvable. Y, sin embargo, así fue.

Conocí a Nelly y platiqué íntimamente con ella el día del bautizo de Stefan. Entendí entonces que a ella le cayó encima un balde imprevisto, un desastre que le robó sus días sin que nadie, ni siquiera ella, se hubiera atrevido a preguntar si estaba dispuesta a asumir tan amorosa solidaridad durante tantos años. Sin que su relación hubiera madurado previo al accidente. Sin saber si estaban hechos uno para el otro quedaron atados irremediablemente.

Fritz le había propuesto matrimonio en el peor momento, cuando nadie con un mínimo de corazón en su entraña podía haber expresado una negativa. Cuando nadie imaginaba lo que les depararía la vida. Cuando entre ellos no había aún una relación de compromiso probado.

Como sucede con cualquier persona que de un día a otro se sabe cuadripléjico, Fritz llegó a ser un tirano que maldecía su condena. La víctima era él. ¿Sólo él? Los reflectores estaban sobre Fritz y, con el paso del tiempo, Nelly fue perdiendo su lugar en la vida. Se sometió a ser inmolada en una urdimbre de devoción, también de resentimientos.

Sus días se resbalaron de sus manos. Su penoso silencio confirmaba lo que era de imaginarse: ella fue protagonista, fue también mártir de una tragedia dolorosa de rabias y culpas, de cuestionamientos e insatisfacción. El tan ansiado arribo de Stefan la cimbró y, con el gozo, con la satisfacción de ser al fin madre, todo explotó en su interior. Nunca habían sido pareja del todo, su relación había sido subrepticia y los acontecimientos adversos no les permitieron cimentar la relación.

Fritz y Nelly se separaron en 2010 y, finalmente, se divorciaron tres años después. Ambos son magníficos padres de su precioso niño, pero resultó imposible que fueran "padres" del segundo libro de Fritz, de ese envidiable relato de amor y entrega solidarios que fraguábamos. Había que buscar otro hilo conductor en la madeja del drama.

Cuando se cumplían diez años de la tragedia, el 24 de abril de 2011, le propuse a Fritz publicar en *Reforma* una crónica seriada de su caso, pensando que, con la notoriedad pública, quizá la Comisión Federal de Electricidad (CFE) podía asumir su responsabilidad, cuando menos la económica. Pensaba yo que mi relato podía también servir de impulso para la promoción de un nuevo libro de Fritz enfocado al caso legal, a su tragedia y a sus luchas personales.

Él se negó. Bien sabía que la CFE no reaccionaría, el caso estaba amañado. Había sufrido demasiado, casi tanto como en el accidente, en los juicios colmados de corrupción que se habían llevado a cabo en 2005. En aquel entonces jamás había imaginado que los representantes de la CFE y de Comercial América, es decir José Luis, el chofer de la camioneta, y unos abogados gansteriles, llevarían la consigna de negarlo todo. Le resultaba inconcebible que hubieran inventado una historia, que prevaleciera un perverso clima de impunidad para negarse a asumir la responsabilidad de lo sucedido.

Con inmoralidad y seguramente con sobornos, llegaron a lavarse las manos acusando a Fritz de fabricar culpables. A los citatorios, Fritz había ido solo, ni siquiera contaba con un buen abogado. Inocente como era, tras haber mamado en casa valores firmes del sentido del honor y la responsabilidad, estaba seguro de que sus victimarios irían cuando menos a disculparse. En aquel momento ello le hubiera bastado.

Me ofrecí a investigar a fondo el caso, a dar la batalla de medios juntos, pero, lastimado por el cinismo y la arbitrariedad del sistema judicial mexicano, como si la tragedia que había padecido no hubiera sido suficiente, se mostraba escéptico y poco cooperador. El golpe judicial había sido brutal, tan inesperado como el golpazo de aquella camioneta, quizá aún peor porque llevaba implícitas páginas preconcebidas de maldad e inmoralidad.

Le había tomado años perdonar que distorsionaran la verdad, que lo tacharan de mentiroso. Ya estaba en paz, me insistía. No quería remover una vez más el hiriente estiércol legal, el perverso clima de impunidad.

Así pasaron los años entre ires y venires, en la discusión para darle forma a ese nuevo libro. Las piezas de su rompecabezas aún estaban en caída libre, las cuentas emocionales exigían el pago de onerosas facturas que aún no teníamos la perspectiva justa para juzgar.

En 2014, cuando el reacomodo permitió una transparencia más nítida, pensé que el libro de Fritz debía tener otro objetivo. Como habíamos dicho, no podía contar una lotería negra, ni un relato de amor rosa, ni una lucha legal, ni la conquista egoísta de la posteridad incluyendo a su hijo como un relevo. Debía ser, medité, una carta honesta de Fritz a su niño. Una misiva amorosa de un padre que desnuda sus sentimientos y aprendizajes. Un escrito en primera persona que develara al hombre que fue, que era.

Sugerí el título: *Sucedió en un instante*, porque eso fue lo que se necesitó para borrar de un plumazo todas las certezas. Sugerí también el contenido: debía de ser una carta amorosa a su hijo, una declaración de lo acontecido en 2001, cuando, con su fallida bola de cristal acomodaba su futuro, trabajando intensamente, construyendo inmuebles para los tres hijos que algún día pensaba tener.

Debía de ser la certificación de su paso por la vida. Del esfuerzo inaudito que puso en marcha para salir airoso del campanazo que atropelló su existencia. Debía de testificar el crecimiento existencial al que se sometió para tener la dicha de ser padre de Stefan. Debía escribirle un recuento de su existencia a su niño y hacerlo él mismo en primera persona. No me necesitaba como escribana.

—Fritz, eres tú el autor de tus días —le dije—. Eres tú quien tiene que expresarle a Stefan las verdades de tu accidente. Tienes que abrir tu corazón y permitirle conocerte. Relee lo que escribiste cuando todo estaba demasiado fresco. Tacha mucho, piensa y reconsidera cada argumento, cada aseveración, cada dogma. Permítele a Stefan habitar tu mundo mediante las palabras que le escribas, llegará el día en que yo escriba tu crónica. Hoy te toca a ti. Cuando Stefan sea adulto, debe saber quién eres. Espero que puedas contárselo entonces, pero la vida te demostró, y nos demuestra a todos a diario, que es incierta.

Y así fue, se volcó a escribir con frenesí *Sucedió en un instante*, un legado moral, un testimonio con los valores que deseaba inculcar a su hijo, mismo que le publiqué en Khálida Editores, la casa editorial que yo entonces había fundado. Con su vocabulario y a su manera, Fritz escribió su relato con las cicatrices-trofeo que le permitieron liberar su cuerpo enjaulado. Aludió al esfuerzo inaudito que puso en marcha para salir airoso del campanazo que casi atropelló su existencia.

El 2 de diciembre de 2014 presentamos *Sucedió en un instante*, Nahúm de la Vega, profesor del IPADE, Gaby Vargas, afamada conferencista y escritora, y yo, con Stefan de cinco añitos en la primera fila del auditorio del Foro Cultural Chapultepec. Adormilado, tal vez cansado, sentado en las piernas de Leni, la abuela, Stefan veía con orgullo a su padre. A Fritz le brillaban los ojos, a ratos le temblaban las piernas, estaba hinchado de satisfacción sentado en un trono. Bien sabía lo que había pasado para llegar a ese momento, su niño era el trofeo más valioso de la existencia. Su recompensa.

El Fritz que renació

Aunque hoy Fritz parece recuperado del todo, vive aún con su paquete de anormalidades. Con secuelas que dichosamente no afloran ni en la amistad, ni cuando juega con Stefan. Como su padre con él, Fritz tampoco puede jugar futbol con pericia con su hijo. Su andar es torpe, pierde el balance y la coordinación de sus movimientos. Su sistema nervioso quedó alterado: magnifica o reduce la sensibilidad a su antojo y, en algunas áreas, como las plantas de los pies, no siente y no tiene capacidad de reaccionar a tiempo si pisa, por ejemplo, vidrios o un piso hirviente.

En otras partes de su cuerpo, especialmente entre la rodilla y el tobillo, padece una hipersensibilidad que provoca descargas y calambres continuos. Los espasmos en las manos, en los dedos y en la espalda son pan de cada día, también los padece en la pierna izquierda con la que se tropieza porque no responde adecuadamente. Sin embargo, se empeña día a día en ser independiente fortaleciéndose con la piedra que le tocó por cama. Su suerte la enfrenta con valentía convirtiendo la adversidad en un trayecto de aprendizaje. A costa de todo, se ha negado a claudicar, a ser estorbo, a quejarse o a provocar lástima.

De 2014 a la fecha, Fritz ha seguido mostrando que es un héroe por su manera obstinada y cuasi enfermiza de salir adelante.

Su objetivo ahora, totalmente a contracorriente, ha sido practicar triatlones. Es decir, en una misma jornada, correr diez kilómetros, nadar un kilómetro y medio, y andar en bicicleta cuarenta kilómetros. Por supuesto el desafío es demasiado alto por sus deficiencias físicas y es de los últimos en llegar a la meta, pero él jamás claudica, termina lo que se propone.

—No creo que a nadie le sepa tan bien terminar la carrera, como a mí. Soy el triatleta más lento del mundo, hago el triple o el cuádruple de tiempo que cualquiera, pero sin duda, soy el más feliz. Es indescriptible la satisfacción de llegar, es un éxtasis que me motiva a seguir.

De inicio, la Federación Mexicana de Triatlón no quería dejarlo participar, querían que lo hiciera como discapacitado en silla de ruedas y no en su categoría de edad porque es un hecho que no es un hombre "normal" con el control de todas sus facultades.

Fritz no puede nadar bien porque tiene la pierna izquierda muy débil, no tiene fuerza para patalear o para bajarla dentro del agua. Desconecta sus piernas, las arrastra y todo el ejercicio lo hace con el tórax. No tiene músculos de abducción para abrir las piernas y subirse a la bici, ha tenido que ingeniárselas para lograrlo. No tiene fuerzas para bajar el pedal de la bicicleta con la pierna izquierda, pisa y jala con la derecha. Correr le cuesta demasiado trabajo, arrastra la pierna izquierda y sus tenis los destroza en cada carrera. La única manera que encuentra para acelerar el paso es moviendo la cadera de la cintura hacia arriba, para no arrastrar el pie izquierdo, para que éste no choque con las piedras del pavimento. Cuando son diez kilómetros, se vuelve un movimiento extremadamente doloroso.

No obstante, Fritz no ha permitido que nadie lo disuada, que lo desanime de participar con atletas normales en el triatlón y en su categoría de edad. Para lograrlo, porque con los directivos de la justa parecía no haber concesiones, se inscribió en esa primera carrera de Xel-Ha con otro nombre, el oficial: Gustavo Federico Thompson.

—El reto era inmenso, es cierto, pero no iba a dejar que nadie me quitara esa satisfacción, la oportunidad de pelear.

Tras participar en esa primera carrera, publicó en 2016 un tercer libro motivacional: *¿Que no puedo, qué?*, en el cual habla de su paso de cuadripléjico a triatleta. El meollo del libro es que quien se fija retos y metas elevadas, puede alcanzar lo impensable.

Hoy, Fritz lleva cinco triatlones: Xel-Ha 2015, Mérida 2016, Las Estacas 2016, Palenque 2016, Xel-Ha 2018, y en 2018 también le dio la vuelta a la isla de Cozumel, ochenta kilómetros en bicicleta en la carrera Gran Fondo Nueva York. En todas estas justas, una proeza en sus condiciones, él ha participado en su categoría de edad y jamás ha usado ningún artefacto que le facilite la carrera. Sin importar cuánto esfuerzo o dolor implique, él se ha mantenido en la brega con el deseo irrefrenable de darle un ejemplo a Stefan, de mostrar que es un hombre normal, que no hay imposibles, que todo se alcanza si hay voluntad, disciplina y determinación.

—No soy héroe —insiste— porque yo no elegí esta historia. Un héroe decide, tiene capacidad, actúa con inteligencia y vence. A mí la vida me plantó ahí. Estaba acorralado, no tuve otra opción.

Hace unos meses, en 2019, la vida le impuso otro enorme desafío: superar un cáncer de próstata y treinta y cinco sesiones de radiaciones. Dijo entonces que una vez superado el cáncer se prepararía para participar en noviembre de 2020 en el triatlón de Xel-Ha, pospuesto por la pandemia.

Fritz vive de dar conferencias a nivel internacional en el tema de la resiliencia. Aunque él no quiera aceptarlo es un héroe cada mañana. Se dedica a apoyar a personas que han vivido tragedias y dicta cátedra con su experiencia. Su tesis es que el pensamiento puede transformar el dolor, puede convertirlo en coraje, en energía positiva.

Ha cursado dos posgrados en el Instituto Español de Resiliencia a fin de especializarse en el tema y estudiar de manera más científica el comportamiento de las personas ante la adversidad. Entender por qué algunos logran salir y otros no.

Es un modelo, un ejemplo, un ser que provoca admiración incondicional. Por ello, un creciente número de personas de todo el globo lo busca para entender qué ha hecho en términos físicos, emocionales, deportivos y profesionales para salir adelante y, con base en su experiencia, ha llevado de la mano a cientos de personas para transformar la percepción de una tragedia, para hacer positivos los valores, hábitos y acciones negativas que afloran con la desgracia. Su consigna es cambiar el paradigma, modificarlo para bien.

Está por publicar su cuarto libro motivacional: *Resiliencia, siempre se puede*, donde sintetiza y ordena veintiséis pasos para salir avante de la desventura, de una crisis. Desde conocer el problema y conocerse, hasta aceptar, ser flexible, trazarse metas, tener sentido de vida, agradecer y aprender de otros, con el fin de tener más herramientas para lidiar con las dificultades. Bien sabe que la resiliencia no es revertir los problemas, sino sanarlos, trabajar para que no duelan, para retomar la plenitud como un objetivo mental, para vivir en condiciones emocionales sanas.

Fritz se sacó el billete premiado del 24 de abril de 2001, premiado con esa mala fortuna que se empeña a diario en revertir. El milagro de su existencia, aunque él no lo parafrasee así, fue resultado de la suerte o del destino: de una extraordinaria intervención médica a tiempo, pero, también, de una férrea voluntad que, a costa de todo, hasta de él, se exige encontrar resquicios de esperanza luchando a contracorriente, desoyendo la voz de los expertos para enfrentar aquel abrupto cambio de planes.

Sin el tesón, sin el rabioso y temerario empeño que él ha puesto en su rehabilitación, sin la personalidad de guerrero que está impresa en su ser, hoy no estaría andando por el mundo sobre sus dos pies. Insiste que no nació con dotes para nada en la vida, pero la tenacidad-perseverancia-terquedad con las que sella su ser, le brindan esa condición beligerante que no le permite perder ni un lance de honor.

Fritz estuvo en Médica Sur, en Miami y en Cuba conviviendo estrechamente con lesionados medulares, y ha pasado más de una década siendo el pilar emocional de niños, jóvenes y adultos que padecen accidentes que los hunden en el desconsuelo tras saberse parapléjicos o cuadripléjicos. Su caso resulta inexplicable. Fritz mismo jamás ha visto a nadie recuperarse como él.

Fritz Thompson Lenz, quien se precia de ser "el hijo más consentido de Dios", bien sabe que pudo haber muerto muy joven, aquel 24 de abril de 2001. Su historia, inverosímil por donde se mire, está colmada de loterías, de golpes de suerte para bien y para mal, de ángeles que impulsaron su vuelo, de fortaleza y coraje, de ese ímpetu casi frenético de creer en sí mismo, de portar con orgullo heridas y cicatrices, de trabajar sin tregua para alcanzar sus objetivos, incapaz de dejarse vencer. Aquel coraje que lo nutrió desde niño fue su tabla de salvación, la armadura que le permitió salir airoso de la más cruel de las adversidades.

Posdata

Casi terminado este libro y en espera de impresión, convencido Fritz de que él ya había palomeado su cuota de sufrimiento, creyendo que era un experto en esa materia, su vida dio un vuelco para enturbiarlo todo, para cimbrarlo, para demostrar que nada está dado y que las cicatrices-trofeos no son salvaguarda, que todo puede desfigurarse una y otra vez de modo irremediable.

Superada la cuadriplejia, el logro de ser padre, el divorcio de Nelly, el cáncer de próstata, la lucha para completar maratones en sus circunstancias y todos los retos que se ha impuesto a lo largo de su difícil camino, lo alcanzó entonces aquello que parece "el episodio más oscuro" de su existencia.

La historia detrás de esta posdata comenzó a dibujarse el 17 de agosto de 2020, cuando Fritz se vio obligado a someterse a una nueva cirugía de emergencia y, sobre todo, el acento se dio trece días después, el 31 de agosto, cuando se determinó que le tocaba resistir y digerir lecciones de vida aún más descomunales que las provocadas por el accidente, como si una fuerza sobrenatural lo zarandeara con caprichos e irracional antojo, con saña, riéndose de sus planes y certezas, para ponerle insólitas pruebas, cada vez más terribles y provocadoras.

—Uno puede llevar una vida sensata y el destino viene con sus exigencias a retorcerlo todo. No necesita uno ser un malandrín para que la vida se caiga en pedazos, las decisiones pasan facturas y no siempre a quien las causa.

Antes de la operación, llevaba un año con dolores crónicos en la región lumbar, molestias que se fueron recrudeciendo hasta que Antonio Cuéllar, el mismo médico que lo operó el día del accidente, señaló que era urgente descomprimir las raíces nerviosas machucadas por sus vértebras desalineadas y su motricidad asimétrica. Cuéllar aseguró que la cirugía, aunque peligrosa, era un riesgo calculado.

Temeroso del contagio por covid-19, Fritz no quiso que nadie lo acompañara, ni siquiera Veronika, su adorada hermana, siempre solidaria. La cirugía duró cinco horas en lugar de dos, porque uno de los tornillos no se zafaba, estaba incrustado en el hueso. Con enorme maestría, Cuéllar logró retirar las barras de titanio que le había puesto quince años atrás cuando sufría de lumbalgia y consiguió ensanchar los canales nerviosos oprimidos. Eufórico y agradecido, con la adrenalina al máximo nivel, Fritz nos escribió desde el hospital a familiares y amigos para contarnos que lo peor ya había pasado, que tenía mucho dolor, pero ya se había puesto de pie, se había bañado, inclusive había sido capaz de dar unos cuantos pasos con una andadera.

Escribió: "Saber que el problema ha sido corregido y que nuevamente puedo aspirar a vivir en un cuerpo sin dolores y sin necesidad de tomar analgésicos me provoca una alegría indescriptible. Saber que, en el futuro, aunque sea lejano, mi rol de padre será desempeñado nuevamente sin dolores y sin tener que pedirle a Stefan que nos abstengamos o hagamos más lenta tal o cual cosa, me ilusiona tanto o más que vivir sin la tortura del dolor crónico e incapacitante.

Quiero pedirles disculpas a todos porque no avisé de la operación. Si reciben esta nota es porque les tengo un gigantesco cariño. La razón obedece a mi deseo de enfrentar este tema con toda templanza, mentalizado y fuerte para que la resiliencia que la vida me ha enseñado haga su labor. Informo que estoy solo en el hospital San Ángel Inn Patriotismo por decisión propia para no arriesgar a nadie. El miércoles un chofer me llevará en mi coche a Puebla en donde me recibirá Vero para cuidarme y consentirme como sólo ella sabe hacerlo. Agradezco anticipadamente sus muestras de solidaridad y amor que estoy seguro vendrán. Les dejo a cada uno el más grande de mis cariños."

¿En qué cabeza cabía pensar que Veronika, neuróloga pediatra de 54 años, veinte meses mayor que Fritz, una mujer colmada de vitalidad, nobleza y empatía por sus semejantes, viajaría de Cancún, donde residía, a Puebla, para morir en los brazos de su adorado hermano convaleciente? ¿En qué mente cabría que ese último viaje implicaría legarle a Fritz la responsabilidad más complicada y espinosa de su existencia?

—La vida me rostizó en un instante.

Vero, abrumada en su soledad tras haber perdido a su esposo en la luna de miel, exitosa como médica y necesitada de ser madre y dar cariño a otros, en 2010, a sus cuarenta y cuatro años, había tomado una difícil decisión: adoptar a tres hermanos rechazados y maltratados que estaban en un refugio del DIF. Tres pequeñitos, víctimas de violencia que entonces tenían siete, cinco y tres años: Carlos y Meline, hijos de una mujer cocainómana de vida nocturna, y Magi (Margarita), a quien tuvo la misma mujer con otro hombre, también adicto.

Personal del DIF, instancia gubernamental cuyo objetivo es el Desarrollo Integral de la Familia, se los quitó a la madre, los extrajo de su hogar en un poblado de Yucatán con la intención de resguardarlos en un albergue de Chetumal. Para fincar responsabilidades con base en una evaluación médica, los peritos del DIF consultaron a Veronika. Esos niños nunca habían ido a la escuela. Carecían de hogar, alimento, cama o educación, los golpeaban con cables mojados y en especial Meline padecía desnutrición y no crecía, tenía un desarrollo físico estancado porque su alimento del día solía ser una Coca Cola de dos litros.

Veronika fue empatizando con esas criaturas desprotegidas, sin estructura, carentes de lo más elemental. En el transcurso de su evaluación fue testigo de tres intentos fallidos de adopción, una y otra vez las familias adoptantes los regresaban antes de un mes sin querer saber de ellos nada más y, un buen día, casi de un impulso, sin pedir o escuchar consejo, Vero decidió que el sentido de su existencia era adoptar a esos niños para brindarles una oportunidad de vida y convertirlos en gente de bien.

El DIF no tuvo empacho en concederle el permiso de adopción de facto; era ella intachable, solvente, una profesionista exitosa, una mujer religiosa con valores y educación. Pasados algunos años inclusive ganó el juicio a los padres originales, quienes jamás se presentaron a ninguno de los tres citatorios, y pudo entonces convertir oficialmente a los niños en Thompson Lenz, es decir, los mismos apellidos de Veronika, Carlos y Fritz Thompson Lenz. Así, de un instante a otro, Veronika cumplió con uno de sus más grandes sueños: ser madre proveedora.

—La noticia fue como un balde de agua fría —sostiene Fritz—. Claramente pensé entonces: ¿Y qué pasará con estos niños si ella falta?, pero, ¿quién era yo para cuestionarla?, para derrumbar su sueño.

Poco a poco, esos niños heridos y desafiantes comenzaron a sacar sus problemas y Veronika fue aprendiendo a la mala que ser madre, sobre todo en esas circunstancias, no era sólo materia de amor y perseverancia. Devota, tenaz y generosa como era, nada la haría claudicar.

—Muchas veces me llamó llorando, desesperada... Ya fuera porque Carlos, el mayor, la acorralaba con bravuconería, sacándole el pecho para golpearla, o porque Magi, la pequeñita, la retaba ante el menor límite. Aunque pasaron diez años en casa de Vero y había momentos de mayor estabilidad, cada día había algo nuevo. Esos niños habían sido muy dañados y la eterna lucha parecía no tener fin.

De la mano de Magi, porque no estaba dispuesta a dejarla en casa, el 23 de agosto llegó Veronika a Puebla deseosa de cuidar a Fritz. Su salud no era del todo buena, ella tenía pendiente una cirugía de corazón que, por la pandemia, se había aplazado.

Nueve meses atrás, en noviembre de 2019, tras estar excesivamente fatigada, había ido al cardiólogo. El diagnóstico había sido desolador: su corazón estaba crecido, se había esforzado de más en el tortuoso proceso de abastecer al cuerpo de flujo sanguíneo, tenía dañadas tres de sus cuatro válvulas cardiacas y la única solución era operarlo.

La causa del mal era una muela intervenida que se infectó y, como en ese diente tenía una endodoncia, es decir el nervio muerto, ella nunca supo que la zona se fue contaminando con bacterias que viajaron por el tracto sanguíneo hasta llegar al corazón. El proceso, afirmó el especialista, cuando menos tenía dos años de haberse iniciado. La fecha coincidía claramente con citas de Veronika al dentista y al odontólogo que le practicó la endodoncia.

Esa difícil noticia llegó cuando Fritz estaba en radiaciones, luchando contra el cáncer de próstata. Fritz le pidió buscar una segunda opinión y la llevó a consulta con el doctor Manuel Gaxiola, el cardiólogo que lo cuida en los triatlones. Tras evaluarla, con la frialdad de quienes saben convivir con la muerte, el médico le ofreció realizarle una cirugía de corazón abierto para subsanar los males. No urgía, dijo, podía ser en unos cuantos meses, pero había que tomar la decisión para ir reservando quirófano en el Instituto Nacional de Cardiología, un centro de excelencia, y conciliar agendas con el numeroso equipo de médicos de alta especialidad.

—Recuerdo con claridad ese día. Le pregunté: ¿Qué hacemos primero, Vero? Me hago las radiaciones y tú me cuidas; o tú te operas y yo te cuido.

Como la cirugía de Vero podía esperar, decidieron que en diciembre y enero atenderían las radiaciones de Fritz, y en la segunda quincena de marzo, a ella la intervendrían para ponerle las tres válvulas mecánicas que requería su mermado corazón. Gaxiola tendría tiempo suficiente para convocar a los doctores más avezados y lograr así el éxito esperado. En marzo, sin embargo, llegó la pandemia a México, Cardiología se convirtió en hospital covid-19 y la cirugía de Veronika se pospuso indefinidamente.

—Haberme radiado primero fue una mala decisión, parecida a haberme parado a tomar esa Coca Cola en la carretera de Puebla. Un instante más, uno menos, hubiera evitado la catástrofe, todo lo que se ha ido concatenando hasta el día de hoy.

La tragedia

Tras su exitosa cirugía para retirar las placas de titanio, Fritz se puso feliz cuando vio a Vero en Puebla. No podía agacharse, no podía hacer esfuerzos y agradecía la ayuda de su hermana para auxiliarlo con cosas tan elementales de la vida cotidiana como vestirse o ponerse los zapatos. Veronika, su aliada desde niños, su apoyo incondicional, se veía bien y muy guapa. Sus ojos azul ultramarino reflejaban la paz de siempre. Sólo de repente se agitaba.

—Eres mi Iron Man, fue lo primero que me dijo al verme —recuerda Fritz—, a ti nada te tumba.

Estaba impactada con mi fuerza, con mi determinación para salir adelante, para levantarme, para no quejarme... Al llegar me puso un Iron Man en mi buró, hoy ese muñequito es mi amuleto.

Stefan también se alegró de ver a su tía Vero y a su prima Magi. Fueron días de extremo cariño, de risas e intimidad. Salían a tomar helados con los niños, a caminar, a visitar la estación de ferrocarril decorada como en tiempos de la Revolución. Una noche, filosofando como solían hacerlo, hablaron de la posibilidad de fallecer: cada uno por motivos distintos manoseaba la antesala de la muerte.

—"¿Te harías cargo de los niños, Fritz?", me preguntó Vero. Me quedé callado, consideré mal planteada su pregunta. ¿Qué era hacerme cargo? ¿Pagarles la colegiatura, traerlos a vivir a mi casa, ver que alguien les cocinara en Cancún...? Estuve a punto de pedirle que me explicara, cuando ella agregó: "Por favor, encárgate de que nunca les falte nada." Estoy seguro de que Veronika quería que me los quedara, pero bien sabía que lo que me pedía era un infierno. Quizá por eso suavizó la petición.

A medida que los días fueron pasando, ella estaba lista para regresar a su casa en Cancún, donde la esperaban sus otros dos hijos, sus estudiantes de las clases de catecismo que ella impartía en la Catedral, sus pacientes, su cotidianeidad... También su hermano Carlos, diagnosticado con varios males, entre ellos síndrome de Asperger, una especie de autismo, a quien ella atendía y procuraba, siempre enfrentándolo porque es fumador y diabético, y no se cuida absolutamente nada.

Por algún motivo extraño, una y otra vez Vero fue posponiendo la partida. Estaba muy contenta en Puebla, inclusive llegó a decir que la ciudad le gustaba tanto que estaba dispuesta a envejecer ahí, junto a Fritz.

—Me dijo: Puebla me gusta cada vez más. Si se va Carlos —así se refería a la amenazante muerte de su hermano—, encantada de la vida me vendría contigo.

El 31 de agosto, fecha fatídica, Vero pasó la mañana hablando con un joven del apostolado, víctima de violencia familiar, que no quería estudiar ni seguir con su formación religiosa. Ella estaba muy angustiada con la tragedia del muchacho y le llamó obsesivamente, más de diez veces. Después de comer, se quejó de dolor de estómago. Fritz tenía una cita de trabajo a las cuatro de la tarde. Le ofreció quedarse en casa, traerle medicinas, pero ella se negó. Aseguraba que era un mal pasajero.

Fritz se fue y ella se quedó en casa con Stefan y Magi, de once y doce años. A las 5:30 de la tarde, Stefan llamó a su papá al celular: "Ven rápido, papá, es una emergencia." Veronika, que sudaba sin tregua y sentía asfixiarse, alcanzó a pedir que Fritz le comprara unas inyecciones. Paró él en la farmacia, tuvo que hacer cola, le ganaba la angustia de no saber qué le deparaba el destino.

Al llegar a casa, vio una escena dantesca: dos niños tratando de salvar de la muerte a una mujer desfalleciente. Stefan le echaba aire a su tía con un pequeño ventilador. Magi gritaba, caminaba de un lado a otro, ayudaba como podía. Vero estaba verde, transparente, sudaba a borbotones, se paraba, se sentaba, no tenía fuerza en sus piernas, alcanzaba a sostenerse con las paredes. Su cabeza y su cuerpo estaban empapados, Magi la había tratado de ayudar a bañarse. Fritz, que jamás ha inyectado, quiso ponerle el medicamento. Llamó con franca impotencia a una ambulancia y a Miguel Ángel, su vecino médico. Ella sólo susurraba: "Que no me intuben, que no me intuben." Buscó también a Nelly, su exmujer, para que fuera a recoger a los niños.

A las siete en punto, durante el ocaso, la cabeza de Vero se dejó caer sobre la mano de su hermano. No hubo forma de salvarla. La ambulancia no llegó a tiempo, el doctor, tampoco. Su cuerpo era peso muerto. La abrazó más fuerte intentando sujetarla. Al dolor de la pérdida se sumaba el tormento de su columna operada, se sentía impotente al no sostener el cuerpo de su hermana. Ambos rodaron al piso. Era evidente: Vero había muerto. Sus labios se tornaron blanquecinos, su mirada, cerúlea.

Era la primera vez que a Fritz le tocaba que alguien muriera en sus brazos. El doctor amigo apareció y ambos trataron de resucitarla. Fritz le dio respiración de boca a boca —en un principio, Miguel Ángel no quería acercarse, temía que la causa de muerte fuera covid-19—; ya luego, le dio masaje cardiaco. Sin embargo, nada se podía hacer, Veronika estaba cada vez más fría. Era demasiado tarde.

Carlos y Meline, hijos de Vero, a quienes Fritz llamó a Cancún sumido en un mar de lágrimas, le preguntaron: "¿Y ahora qué va a pasar con nosotros, tío, nos van a tirar a la calle?"

—La muerte de Vero fue brutal. Me caí emocional y mentalmente como nunca en mi vida, ni con mi accidente llegué a caer tan profundo. Ahora, a diferencia de todos los momentos de crisis previos, no estaba ella con su sabiduría para orientarme, para indicarme el camino...

Las siguientes semanas fueron un torbellino. Fritz sentía la enorme responsabilidad de "cumplirle" a su hermana, de reconstruir la vida para sus hijos. En Puebla, en compañía de los niños, amigos y familiares, incineraron el cuerpo. Un par de días después, viajaron todos a Cancún a fin de depositar las cenizas en la Catedral, desmantelar la casa de Vero y organizar una mudanza para llevar a Puebla las cosas de los niños.

Tan sólo cuatro semanas después de la tragedia, los niños ya tenían camas, zapateras, escritorios, computadoras para las clases por Zoom, bicicletas, cascos y ropa para el frío poblano. En una casa de dos cuartos, ahora vivía una familia de cuatro hijos: Carlos de 17, Meline de 15, Magi de 12 y Stefan de 11. Asimismo, Fritz contrató a Fátima, una institutriz, para que se hiciera cargo de la casa y supervisara tareas y apoyo emocional para los niños. También contrató psicólogos y los inscribió en la Academia Anrod, una escuela poblana bilingüe, donde también se imparte alemán y chino como idiomas opcionales. Con rigor estableció un sistema de roles, responsabilidades, reglas y límites para vivir en armonía.

—El único pensamiento que rondaba en mi cabeza en aquel momento era que tenía que trabajar para estar bien, para salir adelante juntos. Pensaba que lo hacía por mí, por los niños y, por supuesto, por Vero.

El esfuerzo fue descomunal y Fritz nunca se detuvo a pensar si tenía alternativa, si era lo que él quería para su futuro y el de Stefan.

Simplemente respondió a las circunstancias desde su visión responsable y ética de la vida.

—Tantas veces había repetido en mis conferencias: ante la adversidad uno debe de pensar qué papel quiere jugar en la historia, si el del cobarde que huye, el del héroe que emprende y resuelve, o el del mediocre que se acobarda... Esas palabras no dejan de resonar en mi cabeza.

Entre los papeles de Veronika, Fritz encontró tres testamentos. Uno de 2008, antes de que los niños llegaran a su vida, en el cual le dejaba sus bienes a su mamá. Un segundo testamento de 2014, ya con hijos, en el que repartía sus bienes en partes iguales, para sus tres hijos. Y finalmente un tercer documento de principios de marzo de 2020, fecha en la que supuestamente se iba a operar del corazón, en donde modificó sus deseos: Fritz era el heredero universal, el albacea para dar recursos a los niños en partes iguales.

—Vero, al final, me mandó tres mensajes muy claros: eres mi Iron Man, confío en ti y te dejo todo. Quizá sabiendo lo que vendría, me hizo la pregunta clave: ¿Te quedarías con los niños?

Con disciplina germana, asumiendo el rol de figura paterna de cuatro jóvenes adolescentes, se repetía una letanía autoimpuesta como si, a fuerza de repetición, tuviera el encanto de cumplirse: "No hay crisis que no sea superable. De ahora en adelante, cada uno de nosotros debe entrar en una rutina de trabajo, estudio y superación personal que nos debe dar, dentro de unos años, la posibilidad de hacer realidad el sueño de Veronika: que sus hijos se conviertan en personas de bien, de valores, preparadas y con la posibilidad de emprender su propio vuelo por la vida."

Más ácido en la herida

La muerte de Veronika es el parteaguas que define el rumbo, pero ahí no termina la historia. Fritz cuenta la vida en "semanas después de la muerte de Vero". La primera semana fue la de la tragedia. En la semana cuatro, el 28 de septiembre, Fritz consideró que se había terminado la adaptación, es decir, el esfuerzo descomunal para desmantelar la casa de Cancún, retomar la vida y sentar las bases de un proyecto de vida para una familia de cinco miembros en Puebla. Todo lo cotidiano se había acomodado con cierto orden, salvo lo económico, que era un desastre. Fritz había gastado casi todo su capital en vuelos de ida y vuelta de una veintena de familiares, mudanzas, pagos de la capilla de la Catedral, inscripciones y colegiaturas en la nueva escuela de los niños... Inclusive, falto de liquidez, su hermana le había prestado dinero para su propia cirugía.

Para la semana siete, sumamente endeudado, malbarató uno de sus departamentos para pagar los compromisos pendientes y logró así poner sus finanzas en regla. Consideró que había sido capaz de "cerrar" la crisis, de darle vuelta a la página. Ordenado como es, hizo un programa económico a futuro, un proyecto de vacas flacas, a sabiendas de que, por la pandemia, su trabajo como conferencista se había reducido a prácticamente cero.

Al comenzar la semana ocho, la crónica de muertes anunciadas tuvo un rebrote. Carlos, su hermano diabético, el primogénito de la familia, que padecía hipertensión, daños renales, malestares cardiacos y síndrome de Asperger, quien siempre tuvo a Vero para velar por su salud, le mandó una foto a Fritz de su pie infectado, casi gangrenado. Preguntaba qué hacer.

Fritz se fue de espaldas, parecía podrido, estaba negro, lleno de pus. Carlos no tenía valor ni dinero para ir al hospital. Desde hacía años, lo poco que "percibía" era el dinero que Fritz le mandaba mensualmente y Vero era quien se encargaba de velar por su salud y bienestar.

Al siguiente día, Fritz voló nuevamente a Cancún. Aterrizó a las 9:30 de la mañana y a las 11:00, como si se tratara de un quinto hijo que le cayó encima, Fritz llegó al hospital de la mano de Carlos, el primogénito, su hermano mayor. Para hacer una historia de terror corta, porque los dramas parecían no tener fin, la sangre no llegaba a las extremidades. Manos y pies estaban congelados. Tras practicar un cateterismo constataron que 86% de la aorta de Carlos estaba tapada y que, de tres coronarias, una estaba bloqueada y las otras dos sólo funcionaban parcialmente. Las calcificaciones por no cuidarse, por haber fumado dos cajetillas de cigarros casi diario y casi toda su vida, eran excesivas. Había que intervenirlo de inmediato, realizarle un cateterismo. Parecía un anciano de ochenta años a sus apenas cincuenta y seis. Por suerte, Carlos logró superar la cirugía y durante su convalecencia consiguieron también salvarle el pie mediante curaciones diarias que realizaban para limpiarle la cantidad bestial de pus.

No tuvo la misma suerte el patrimonio de Fritz que, en una semana, se esfumó por completo. El trabajo de cuatro años se fue en una intervención, dinero que hoy necesita para enfrentar la situación de su nueva familia, de sus cuatro hijos que requieren educación y terapias psicológicas.

—Siempre creí que, si uno toma la responsabilidad de actuar con rigor, aplomo e inteligencia, asumiendo decisiones correctas en momentos clave, uno puede garantizar una vida de éxito y felicidad. Hoy ya no estoy tan seguro de ello. Irónicamente, han sido terceras personas quienes me han metido en el infierno: José Luis Velázquez me dejó cuadripléjico; Vero, a quien yo amaba, me legó un paquetón en la vida; y Carlos, con su desidia de siempre, porque nunca se ha comprometido con nada, desequilibró mi existencia. Hoy reconozco que decidir bien no es garantía de nada. Somos títeres de un tinglado ajeno. Yo no me busqué nada de lo que ha sacudido mi vida. No tengo culpa. No es reclamo, pero esa es mi realidad.

Mientras yo escribo estas líneas, en diciembre de 2020, Fritz se debate con la realidad que la vida le ha impuesto. A ratos es Iron Man, en otros, la crudeza de su realidad lo derrota. A pesar de su entereza, de la nobleza de su corazón, aún es difícil dibujar lo que vendrá. Aún nos falta la perspectiva del tiempo. Aún es demasiado pronto para saber qué dictará el futuro.

—Todas las frases de resiliencia que escribí en mis libros y que yo repetía como recetario, me retumban en las orejas como burla sarcástica. La cuadriplejia fue un golpe raro, pero superable; perder a un ser humano cercano, a todos nos pasa; pero la responsabilidad de sacar adelante a estos niños es brutal. Tengo hambre de celebrar que estos chavos se gradúen de la universidad y que pueda yo llevarle a Veronika sus títulos al nicho de la Catedral donde descansa junto a mis padres.

Lo cierto es que ningún libro de resiliencia, ninguno, podía haberlo preparado para el enorme compromiso que ahora enfrenta. Como Job, a quien Satán probó una y otra vez, Fritz seguramente saldrá adelante.

El VIH de Sofía

Vivir en el silencio

Esta crónica, a diferencia de las otras incluidas en este libro, es casi anónima. Lleva décadas de silencio. Antes, porque Sofía, así la llamaremos, la primera mujer en Latinoamérica y la novena en el mundo que, contagiada de VIH, dio a luz a un hijo sano, esperaba a que su niña creciera para contarle la agonía que padeció para tenerla, para sobrevivir. Ahora que aquella niña/adulta conoce el crudo testimonio de su madre, este relato se mantiene aún bajo reserva porque, todavía hoy, prevalece el caprichoso y malintencionado estigma en torno al síndrome de inmunodeficiencia adquirida, mejor conocido como sida.

Desde aquel alumbramiento hace más de veinticinco años, han surgido avances revolucionarios en el ámbito médico que permiten a las personas con VIH llevar una vida normal, pero, como les sucedía a los enfermos de lepra, a quienes aún en épocas recientes se les marginaba no obstante estar curados, el progreso científico no ha impactado en las fobias ni en las prácticas sociales. Como ayer, prevalece el miedo y la franca discriminación a quienes son portadores del VIH o están ya enfermos de sida.

Quizá porque el esclarecimiento dista de ser proporcional al escándalo que se propagó con la pandemia, quizá porque en el grupo más vulnerable se encuentran los marginados de la sociedad, hoy se sigue condenando a los enfermos. Se les tacha y humilla. Se sigue nutriendo la desinformación con conceptos erróneos y malintencionados. Las falsas creencias, los mitos y el rechazo se defienden como dogma y, por desgracia, también los prejuicios en torno a las prácticas sexuales y el padecimiento de quienes resultan positivos al virus de inmunodeficiencia humana.

Por eso, para salvaguardar a los suyos, Sofía, una guerrera responsable y sincera, guarda silencio. Por eso son contados los familiares, médicos y amigos que saben lo mucho que ha sufrido. Por eso, prudente y discreta, sigue escudando sus días entre sanas mentiras y medias verdades. También, por eso, aunque resguardando su identidad, se anima hoy a compartir su historia a fin de esclarecer las fantasías que se propagan como verdades absolutas, las ficciones que se pregonan.

Su objetivo es que los lectores, al conocer la historia, puedan arrancarse la venda de los ojos y dejar de tachar, de condenar a los portadores del VIH. Le interesan, sobre todo, los jóvenes porque muchas veces viven su sexualidad con irresponsabilidad. Desea que su testimonio los cimbre, que reverbere en sus conciencias la necesidad de tener "sexo seguro", que sea una invitación para estar alertas, para formarse, para apelar a la vida y a la salud, sin tener que padecer, en carne propia, la atroz tiranía del sida.

La noticia

Pilón de una distinguida familia de alta sociedad, hija de un prestigiadísimo industrial neoleonés y de una mujer alegre dedicada sólo a la familia, Sofía creció mimada, creyendo que su destino estaba lacrado: viviría con un príncipe azul en una mansión de San Pedro como aquella en la que creció, tendría educación, dinero, viajes y felicidad por los siglos de los siglos….

Al casarse con Enrique se fueron a vivir durante algún tiempo a Saltillo, donde él trabajaba. Él no quería hijos pronto. Deseaba vivir, viajar y obtener una posición antes de asumir cualquier responsabilidad definitiva. Para no embarazarse, se cuidaban como podían, con geles y condones, porque los anticonceptivos la habían hecho engordar a ella y, preocupada por su figura, los desechó.

En diciembre de 1995 —a punto de irse a un exótico viaje familiar de casi dos meses a Asia, un repertorio que incluía probaditas de India, China, Tailandia, Camboya, Indonesia y Vietnam—, Sofía dejó de menstruar y como su periodo era siempre puntual, bien supo lo que ello significaba. La noticia fue intempestiva, sacudía los planes en la agenda. Justo esa semana pretendía vacunarse contra el tétano y comenzaría a tomar quinina, para la malaria; ambos medicamentos preventivos, pero altamente nocivos para mujeres embarazadas.

Un ginecólogo que les recomendaron en Saltillo, demasiado joven según Sofía, les sugirió irse al viaje y despreocuparse. Aseguró que la posibilidad de adquirir esas enfermedades era baja y que, a sus ojos, bastaría con ponerse un potente repelente de insectos en la piel, usar manga larga y pantalones en las zonas rurales, tomar agua embotellada, evitar alimentos en la calle y comer en restaurantes bien recomendados.

—¿No es mucho el riesgo?

—¿Riesgo, a qué te refieres? ¿Piensas cargar el avión? —el médico contestó burlón.

—¿Pero, y las vacunas? —insistió ella.

—Ni te vacunes ni tomes medicamentos, están totalmente contraindicados para ti.

—¿Y entonces?

—Si tu pregunta es que haría yo en tu situación, sí iría, no lo dudaría ni un momento. Cuídate de lo que comes y aplícate un buen repelente en todo el cuerpo para evitar piquetes de insectos que transmiten enfermedades raras.

—¿Estás seguro?

—Seguro no hay nada en la vida. Conozco a muchos que andan del tingo al tango sin ponerse vacuna alguna y ninguno se ha enfermado, ningún bicho se ha ensañado contra ellos. No tendrías por qué ser la primera. Mi opinión es que no pienses de más, que disfrutes y aproveches las oportunidades que la vida te presenta, no canceles tu viaje.

Sofía no se quedó tranquila. Ordenada y juiciosa como es, prefirió pedir una segunda opinión. Viajes jamás le habían faltado y disfrutar el momento no parecía ser la motivación para cometer imprudencias, para actuar de manera impulsiva, lo último que quería era tener un hijo enfermo por negligencia.

Tras consultar a un par de amigas, decidió ir con un ginecólogo más experimentado y ampliamente recomendado en Monterrey, quien resultó ser el reverso de la moneda. De manera contundente prohibió el viaje y solicitó una batería completa de estudios clínicos, incluyendo prueba de embarazo, porque sólo se había practicado un kit casero de los que venden en las farmacias.

Ordenó un TORCH para detectar rubeola, citomegalovirus, herpes y toxoplasmosis, esta última enfermedad era la que más le preocupaba porque Sofía tenía gatos en casa. Agregó también VIH, el virus de inmunodeficiencia humana causante del sida, porque el nerviosismo ante la creciente pandemia estaba en nivel rojo, es decir, alerta máxima según la Organización Mundial de la Salud.

—¿Sida?

A Sofía le pareció una absoluta exageración, un absurdo, porque ella no estaba en el estrato vulnerable.

—No eres factor de riesgo, es cierto, pero uno nunca sabe.

El médico regiomontano se había formado en Estados Unidos, donde los doctores piden toda clase de análisis para sustentar sus casos. Ahí todo el mundo tiene seguro y los galenos no se limitan, piden exámenes clínicos de lo inimaginable para siempre estar cubiertos, para fundamentar con pruebas cualquier posible enfermedad y evitar demandas.

—Prefiero ser precavido, hazte la batería completa. No escatimes, Sofía, no tienes necesidad. Te sacarán un poquito más de sangre y tú, como paciente, y yo, como médico, viviremos tranquilos.

Sofía y Enrique eso buscaban, un doctor comprometido, un hombre que les dijera lo que esperaban oír: que no debían viajar, que si ella estaba esperando un bebé no se debían exponer al menor riesgo, más valía prevenir que lamentar.

En aquel 1995, un año pico de nuevos infectados, en el mundo se habían reportado poco más de un millón de enfermos de sida. En todos los confines del mundo se le temía y, en algunos países, incluido México, la publicidad de la enfermedad se mezclaba con una ciega resistencia de grupos religiosos que, con dosis de irresponsabilidad, se oponían a la implementación de campañas masivas para el uso del condón como mecanismo preventivo, temiendo que ello pudiera ser una invitación al sexo. Con dosis de rancia moralidad algunos se referían al sida como el fuego y el azufre que Dios mandaba a los pecadores para acabar con la inmoralidad, como había sucedido en Sodoma y Gomorra.

El sida parecía ser una plaga mortal de dimensiones incalculables. El número de portadores del vih —el virus que ataca, debilita y mata las células CD4, las defensas del cuerpo que ayudan al sistema inmunitario a combatir infecciones— se multiplicaba exponencialmente, porque la enfermedad, el sida, podía aflorar años después del contagio y, además, porque no había cura. Los infectados, sin saberlo, transmitían el vih de manera silenciosa sin estar indispuestos, sin saberse afectados, sin conciencia de su responsabilidad como factores de propagación.

Era tal el pánico que, con rotundo desconocimiento, aún se decía que el sida se contagiaba de las maneras más inverosímiles. Se hablaba de las relaciones sexuales, de la contaminación con sangre o con cualquier secreción o fluido humano infectado, pero también se creía que un simple beso podía ser igualmente nocivo. La voz de alarma era un caldo de cultivo que mezclaba información certera con toda clase de embustes y exageraciones, especialmente con una censura ruin a los homosexuales, como si ellos, por su simple preferencia sexual, se merecieran la penitencia de la enfermedad.

Las recomendaciones eran de todo tipo. Se decía que había que tener cuidado en el dentista y en los salones de belleza, era importante checar que el instrumental se desinfectara con alcohol o hirviéndolo entre cliente y cliente. Se pedía, asimismo, revisar que las agujas que se usaran en laboratorios, inyecciones, tatuajes y uso de drogas fueran siempre nuevas. Los sectores más vulnerables eran los drogadictos debido al uso indiscriminado de jeringas; las prostitutas y los homosexuales por sus prácticas carnales, pero cualquiera podía ser víctima del mal, sobre todo los dependientes del sector salud expuestos a tocar sangre infectada, inclusive una esposa fiel y decente como Sofía, si había tenido la mala suerte de ser contagiada.

El médico regiomontano les sugirió a Sofía y a Enrique un par de laboratorios para realizarse los análisis, entre ellos, uno de un químico amigo de los papás de él, que fue el que eligieron. Como le daban pánico las agujas, Sofía le pidió al flebotomista que la consintiera extrayéndole la sangre acostadita en su cama. Días después, con los resultados en mano, el químico estaba escandalizado. Ambos análisis habían dado positivo: estaba ella embarazada y, como una maldición, también estaba infectada con VIH.

¡Cómo iba a transmitir tan terribles noticias! Antes de abrir su boca quiso confirmar los resultados con un nuevo examen. La prueba de ELISA —siglas en inglés de *Enzyme-Linked Immunosorbent Assay*, es decir, ensayo por inmunoabsorción ligado a enzimas—, el recurso más socorrido para detectar VIH, es rápido y económico, pero puede arrojar falsos positivos, por lo que el químico se dispuso, por cuenta propia, a hacer un nuevo muestreo usando el Western Blot, una metodología específica, cinco veces más cara, mucho más definida.

Sofía se enfureció cuando, arguyendo que la muestra había sido insuficiente, le dijeron que tenían que tomarle sangre de nuevo. Le parecía ridículo que el amigo de su suegro quisiera volver a picarla. Prefería cambiar de laboratorio, no paraba de despotricar contra el químico.

—Te lo digo de una buena vez por todas, Enrique, con ese viejito con ínfulas de científico yo no vuelvo... ¡Nunca había oído de un laboratorio que saque a medias la sangre, que no le alcance la muestra! No sé cómo accedí a ir ahí, cualquiera hubiera resultado más confiable que ese amiguito de tu papá.

Al final, Sofía fue a regañadientes a que le sacaran más sangre. Diez días después el químico le llamó de manera reiterada a Enrique, mostraba urgencia por hablar con él. A Sofía sólo le dijo que era un "asunto personal" y, como era de esperarse, a ella le olió mal tal insistencia y secrecía. Temió lo peor: ser víctima de toxoplasmosis y que, por culpa del viejito, la obligaran a regalar a sus gatos.

Esa tarde, Enrique regresó a casa con la mirada mortecina y con un curita en el pliegue del brazo. A él también le habían practicado análisis clínicos. Al verlo, a Sofía se le congeló la sangre. No era necesario ser adivino para reconocer que algo grave estaba sucediendo.

—¿Y ahora qué? ¿Por qué también te sacó sangre a ti, Enrique? ¿Qué pasa?

Ella lo ametralló con preguntas. Él sólo bajaba la mirada, guardaba silencio mientras las lágrimas le rodaban por las mejillas. Su tristeza era infinita. No tenía manera de disimular la congoja, el pánico, el desgarramiento que palpitaba en su interior, tiñendo sus entrañas del más negro pesimismo.

—Perdóname, mi niña, perdóname.

Pronunció ella entonces lo inimaginable:

—¿Tengo sida? —el contacto entre ellos fue eléctrico, aterrador.

Sin preámbulos, encajó la noticia:

—Sí, Sofía. Tienes sida. Perdóname...

—¿Por qué me pides perdón?

—Yo te contagié, Sofía. Fui yo, perdóname mi niña adorada.

—¿Tú tienes sida?

—Creo que sí, el químico me pidió que fuera hoy al laboratorio para confirmarlo.

—¿Y-yo-sí-ten-go?

A Enrique se le hizo un nudo en la garganta, su voz era imperceptible y sólo movía la cabeza de arriba abajo para afirmar el temible veredicto.

—¡Ya basta, Enrique! Esto es imposible. Mírame, mírame bien. Yo no estoy enferma, no tengo absolutamente nada, estoy sana al cien mil por ciento. Ya te lo dije mil veces, el viejito ese es un inepto, no le creo una palabra...

—Sofía, por eso te sacó dos veces sangre. Me explicó que le salió el mismo resultado con dos muestras, con dos pruebas totalmente distintas.

—Pues dos veces está equivocado. ¡Cien veces estará equivocado!

—Eso es lo que él quería, que todo fuera un error, pero no es así, Sofía. Tienes sida, mi niña, tenemos sida. Perdóname, mil veces perdóname, no sé cómo vamos a salir de esto. No sé cómo obtener tu perdón. Estoy seguro de que yo te contagié.

—Vamos a otro laboratorio, ese no sirve.

—Sofía, esto es una desgracia. ¿Por qué nos pasa a nosotros? Por qué tienes que estar enferma tú, una mujer tan buena.

—¿Estoy embarazada, Enrique?

—Sí, creo que sí...

— ¿Nos vamos a morir?

—No te atrevas a pronunciarlo.

—¿Y si fui yo?, ¿y si yo te contagié, Enrique?

—Fui yo, Sofía.

—¿Cómo puedes estar tan seguro?

—Es muy fácil deducirlo. Antes de mí, tú tuviste relaciones con un solo hombre. Yo me acosté con varias mujeres, con modelos, con algunas de baja reputación. Bien lo sabes...

Abrazados, lloraron de manera incontenible.

—Esto es un error. Es imposible.

—Esperemos que eso sea, un maldito error.

Búsqueda de culpables

Sofía sabía que Enrique no era promiscuo, por el contrario, no tenía especial predilección por el sexo y era capaz de recordar con absoluta claridad todas las ocasiones en que llegó a acostarse con alguna mujer. La situación de Sofía era muy diferente, a pesar de ser una mujer decente y de buena cuna, tuvo un romance lujurioso con un seductor que abusó de ella, que la sometió a una tormentosa esclavitud sexual.

Enrique tenía sus motivos para rechazar vínculos de pareja que priorizaran el deseo carnal, pero eso Sofía lo descubriría más adelante. Para fines prácticos baste decir por ahora que la asfixia que padecía ella, a consecuencia de la relación enfermiza con Octavio, y el deseo de Enrique de liberarla de esa humillante condena fueron la trama necesaria para unir sus caminos, para que Cupido les lanzara la flecha del amor.

Enrique y Sofía se habían conocido un par de años atrás en San Antonio, en la alberca del condominio de los padres de Sofía. Ella había viajado de Monterrey a San Antonio buscando huir de Octavio, queriendo cobrar fuerzas para romper con esa relación opresiva.

Enrique, por su parte, hijo único de una familia pudiente, un hombre varonil, decente, trabajador y con amplia independencia económica, había ido con su novia en turno, como siempre una mujer guapísima, una más en su historial. Un amigo le había prestado su departamento esperando que el romanticismo de aquella ciudad fuera aliciente para que de una buena vez se animara a un compromiso más serio y de largo plazo. En la sociedad regiomontana tenía fama de ser incasable, el soltero más codiciado.

Cuando conoció a Sofía supo que era la mujer de su vida. Sin tener certeza de ser correspondido, regresó a Monterrey para cortar y dejar en su casa a aquella novia que poco le interesaba, deseando volver cuanto antes a San Antonio. Al encontrarla en la alberca, le bajó las estrellas del firmamento, pero ella, aún anímicamente atada a Octavio, lo repelía, provocándolo aún más.

Tenía ella cuatro años andando con Octavio, un oportunista que se había colado a su existencia aprovechando un momento de crisis familiar. Al regresar de estudiar tercero de preparatoria en París, sus padres, siempre amorosos, una pareja estable de manita sudada y encomiables valores morales, habían decidido separarse. Su papá se había encandilado en una relación pasajera con una secretaria y la mamá de Sofía, que lo cachó en la movida, lo echó de la casa. Con el orgullo crecido, la agraviada se marchó a Europa, deseosa de mostrarle a su marido que ella también era capaz de hacer su vida, que era bella e independiente, que no lo necesitaba más.

Sofía, la única hija que aún vivía con ellos porque todos los hermanos estaban casados, regresó a esa casa fracturada. Sin previo aviso, sin la mínima preparación para la adversidad, padeció a sus escasos dieciocho años el resquebrajamiento de toda la argamasa con la que se había construido el universo de su infancia, los valores que tan escrupulosamente le habían martillado sus padres con rigor y disciplina.

Justo en ese contexto de incertidumbre y fragilidad, apareció Octavio, un joven cautivador e interesado que, aprovechando la arista más débil, buscaba infiltrarse en la élite neoleonesa. Le decía a Sofía que sus padres también eran divorciados, que él podía ayudarla y, sin un quinto en la bolsa, ese desconocido solapado se fue adentrando de la mano de Sofía en su grupo de amigos, en la bola de los jóvenes adinerados de San Pedro, hijos de familias de abolengo.

Sofía era la única de su generación que nunca había dado un beso, era inocente y dócil, obedecía sin cuestionamientos los valores de moralidad que había mamado en casa. Haciendo uso de labia, de buen verbo, Octavio reconoció en el desamparo de Sofía la oportunidad que se le ofrecía, el perfecto resquicio para tirar su red y escurrirse al mundo que tanto anhelaba.

Justo cuando su mamá estaba en Mónaco cobrando revancha de su esposo infiel y cuando su papá vivía ya en otro hogar, Sofía, en su orfandad, le abrió la puerta de par en par a Octavio, aprovechando que la moral se ablandó y que todas las reglas se flexibilizaron. Antes era inamovible la hora de llegada a la media noche o las sólidas exigencias de con quién podía o no salir; ahora, como la confianza en ella era plena, asumió su libertad: elegir con quién ir y venir, regresar a la hora que mejor dispusiera.

Pasados ocho o diez meses de separación, los papás de Sofía se reconciliaron. Se querían, ninguno podía vivir sin el otro. Sin embargo, para cuando ellos regresaron a casa, más unidos que nunca, Sofía era otra persona, vivía sometida a la tiranía de un novio déspota que succionaba su esencia.

No todo había sucedido de un día a otro. Al principio, Octavio se había hecho pasar como un lindo muchacho, un *self-made man* detallista y echado para adelante que encandilaba con sus modales de "buen gusto". Era exageradamente amable y dócil, granjeándose a casi todos sin levantar sospechas. Sin embargo, cuando sintió tener a Sofía entre sus manos, cuando le robó su identidad, minimizándola hasta hacerla sentir una nulidad, cuando la tuvo bajo su yugo, dejó caer la máscara y sus desplantes e insolencias se convirtieron en pan de cada día.

Alguna vez, después de una cena, el papá de Sofía, acostumbrado a mover los hilos del poder, del dinero y de la familia, le exigió a ella subirse a su coche para volver a casa.

—No, señor, ahora sí que no... Si Sofía llegó conmigo, se va a regresar conmigo.

Era inconcebible su descaro, su arrogancia y desvergüenza, y los padres y hermanos de Sofía no sabían cómo quitárselo de encima. Sobre todo, porque ella se tornó impermeable, dejó de escuchar. Fueron cuatro años de noviazgo, cuatro pesarosos años en los que ella, con una autoestima golpeada y cada vez más frágil, se volvió dependiente de ese fascinador aprovechado; soportó manipulaciones, vejaciones y los celos enfermizos con los que él la sometía, alejándola de todo lo suyo: amigos, familiares, rutina, valores, independencia y futuro.

Parecía embrujada. Para todos, menos para ella, resultaba claro que Octavio era un advenedizo que estaba ahí por dinero, por estatus, por un enfermo afán de poder y riqueza.

—No sé cómo, pero se me fue metiendo hasta el alma, sabía aprovecharse de todo. Usaba mi coche y era yo quien pagaba la gasolina y las salidas. Siempre tenía una excusa válida para que yo creyera que él tenía la razón. Dorándome la píldora me decía: yo pago los restaurantes caros, Sofía; tú, los baratos. Con la tarjeta de crédito de mi papá, ¡yo acababa pagando todo!, porque nunca íbamos a lugares elegantes. Era tan ilusa, estaba tan ciega, tan enamorada, que en todo cedía creyendo que era lo correcto.

Sofía era consciente de que nada había hecho para nacer en cuna de oro, esa había sido su suerte. Él le machacaba la culpa de ser rica en un mundo de tantas penurias, de tanta pobreza. Se jactaba de ser mucho más valioso que cualquier *junior* porque él estaba a la brega de ser alguien, por luchar a brazo partido para lograrlo. Sofía se tragaba el cuento completito, no era difícil convencerla de que cada una de las demandas de Octavio era razonable, un simple acto de justicia y equidad.

Octavio había sido el primer hombre que le había puesto atención, que la había hecho sentir bonita, que la miró como mujer. Ella, de inicio, se deslumbró con sus historias, con su empatía y perseverancia, con sus señuelos, pero, al paso del tiempo, fue incapaz de escucharse, de reaccionar. Inerme para entender cómo la fue reduciendo con un golpeteo constante a su autoestima, más que condescender por admiración, lo hacía por pánico. Temía que él la abandonara.

Era tan bribón que la hacía pensar que, sin él, ella se moriría, que nadie le haría caso nunca más. La razón principal para manipularla, para tenerla cautiva, era que ya estaba "usada", le decía que así, vejada, nadie la querría y, como la virginidad impregnaba la moral de la familia, como ese valor era un dogma en casa, Sofía acabó por creerle.

A los ocho meses de noviazgo él la había convencido de tener relaciones sexuales y, con el paso del tiempo, el vínculo entre ellos se convirtió sólo en eso, a todas horas y en sitios inesperados, inclusive escondiéndose en el hogar de Sofía, como desafío a sus padres, una provocación cuando ellos estaban en casa. Era una bravata continua, un riesgo permanente.

Lo sexual era todo en la relación, a él no le interesaba nada más de ella. La aisló de todo y acaparó sus sentidos, su voluntad. No la dejaba ni siquiera tomar café a solas con sus amigas o viajar con sus padres que, desesperados, buscaban hacer lo imposible para frenar aquella relación malsana. Ofrecieron mandarla nuevamente a París o a Florencia para que estudiara arte o cocina, lo que fuera, pero él se oponía, no la dejaba ir, y contra ello, no había poder humano.

Octavio era, además, un mentiroso contumaz. Decía que él también era de San Pedro, aunque los sampetrinos no lo conocían. Ni a él ni a su familia. Como buen seductor, era astuto como zorro. Mostraba siempre una arrolladora seguridad, era un imán, un ser sensual que disfrutaba ser visto, un hechicero que, como serpiente, se deslizaba con malicia y buen humor en el mundo de los ricos, cautivando con su lenguaje corporal, su ironía, su manera impecable de vestir, su forma de hablar.

A los nueve meses de noviazgo, cuando ya tenía a Sofía en la bolsa, cuando ya se había acostado con ella, Octavio le contó su verdadera historia. La llevó a su casa en Tampiquito, el barrio popular de San Pedro, para que conociera a su padre, un humilde personaje de la sierra de Oaxaca que, por la cercanía con un funcionario en el gobierno de Salinas de Gortari, había hecho algo de dinero, permitiéndole ascender en el escalafón social.

—¡Qué pasó, raza! —así saludó el padre de Octavio a su hijo cuando llegó con Sofía a su casa. El señor hablaba y vestía como albañil.

Sofía supo entonces que los padres de Octavio se habían separado cuando él tenía cinco años. La mamá se había ido sólo con la hija mayor y con el más pequeño; Octavio, un niño abandonado, se había quedado con su padre, alcohólico y sin educación que, irresponsable como era, acabó por regalar al niño con unos parientes lejanos que vivían en Monterrey, pensando que, por tener ellos más recursos y educación, podrían sacar adelante a un chamaco inteligente como era Octavio.

Algunos años después, cuando el señor alcanzó hueso en el mundo de la política, crecieron sus ínfulas y, al obtener dinero fácil de corrupción, se empoderó para ser padre. Viajó entonces a Monterrey para acercarse a Octavio, para darle cobijo a su manera, para comprar su voluntad con billetes y compensar sus ausencias. Su mayor deseo era que su hijo trajera coche y reloj como los *juniors*, eso le inoculó, que se vistiera con clase, que hiciera lo que estuviera a su alcance para obtener riqueza y estatus social.

Idealizando a su novio-mesías, tragándose cuanta mentira le embarraba, Sofía quedó conmovida por la historia de abandono de Octavio. Se creía la Madre Teresa de Calcuta, la salvadora. Era tan inocente que, si él le decía que estaba trabajando, ella no dudaba. Si se largaba de reventón por semanas con la excusa de estar en Harvard, también caía. Era tan embustero que, en un principio, para acercarse a los adinerados de Monterrey, había sido capaz de vestir a algún jardinero de chofer para hacerse pasar como un joven con posición y categoría.

Sofía lo negaba todo. Ante cualquier crítica de familiares o amigos, se ponía una coraza protectora y se encerraba en sí misma. Aunque no tenía fuerzas para cortar, para mandarlo al diablo, algo en su interior le dictaba que estaba mal, que transitaba sobre una cuerda floja, que su camino se había torcido. Cuando Octavio la veía titubear, salía con una nueva argucia, algún regalo, un detalle, con una empalagosa caricia o una treta para destruirla, para hacerla dudar, para cazarla nuevamente. Le decía que era la niña más preciosa del mundo, le llevaba mariachis, le llenaba su casa con cientos de docenas de rosas.

Sagaz e intuitivo, capaz de detectar cualquier pliegue en la mirada de Sofía, Octavio todo lo resolvía con excesos. Si ello no funcionaba, lloraba, decía que estaba arrepentido de cosas de su pasado, que quería formar una familia, que serían muy felices. Si tampoco eso la doblegaba, germinaba la maldad, las amenazas para sobajarla, para amedrentarla, para hacerle saber que, sin él, ella era una basura, una porquería, una ruindad sin futuro ni posibilidades de mañana.

Sofía estaba desgarrada. Buscaba algún motivo más poderoso que ella misma para terminar. Un día, escudriñando la ropa de él en busca de alguna señal, escarbando sus cajones tratando de hallar alguna infidelidad que justificara la ruptura, encontró la factura de un costoso brillante de compromiso. Se sintió morir, Octavio no tardaría en darle el anillo y bien lo sabía, si eso sucedía, jamás se libraría de él.

Se armó de valor y, sin su permiso, se escapó a buscar soledad al departamento de sus padres en San Antonio. Aprovechó que Octavio estaba en Los Ángeles tratando de conseguir su entrada a UCLA, quería hacer un diplomado en Negocios en esa prestigiada universidad para estar a la par con sus amigos adinerados. Ella necesitaba recapacitar, hallar la forma de envalentonarse para romper el cautiverio. Deseaba agarrar fuerzas para liberarse de esa relación adictiva, de la explotación anímica y económica, de ese embutido de culpas con las que él la estaba masacrando.

De tanto miedo, del desasosiego que le provocaba actuar por cuenta propia sin haberle pedido autorización, se retrasó su periodo. Estando en San Antonio creyó estar embarazada. Pensó que, si Dios la castigaba con esa condena, jamás abortaría, se casaría con Octavio y tendría a su hijo, aunque viviera con ese tormento el resto de sus días.

Fue entonces cuando se cruzó Enrique en el camino, un hombre de expresivos ojos verdes como los de un gato siamés, un personaje totalmente diferente a Octavio, un caballero atento que le coqueteaba, que la trataba como princesa de cuento. Él no cejaba en su empeño de conocerla, de escucharla, de dialogar y declararle su amor.

Sofía se llegó a desahogar con él, le contó algunos episodios de su vínculo con Octavio y, cuando finalmente menstruó, lo interpretó como un mensaje, como una nueva oportunidad, como un respiro de libertad. Sintió que Dios le estaba mandando una señal, que le brindaba licencia para cortar con su opresor, para entregarse a la nobleza de Enrique, quien se carcajeaba de las palabras de Octavio: "Después de mí, ya nadie te va a querer. Estás usada."

—¿Cómo es posible que una niña tan noble y bonita como tú se crea esa estupidez? ¿En qué siglo vives, preciosa? No dejes, jamás, que ningún hombre te aprisione o te apachurre. No lo mereces. Yo estoy en tu presente, me vale tu pasado, tú sólo déjate enamorar.

Las familias de Sofía y de Enrique no podían estar más felices, esa relación era una suerte para ambos. Para él, porque al fin sentaba cabeza, porque lograba atar su vida a una mujer buena y decente para enamorarse y casarse. Para Sofía porque, aprovechando que Octavio consiguió su beca para ir a UCLA, se libró de esa pesadilla y redimió también a su familia, que respiraba con alivio.

Tras la boda, Sofía quería tener bebés cuanto antes, pero Enrique, un hombre mesurado y excesivamente racional, la frenaba. Habría tiempo para ello, quería viajar y vivir en pareja, deseaba que ella tuviera un oficio, que creciera como persona y, con su empujón, Sofía se inscribió para estudiar Educación. Además, prudente y orgulloso, Enrique trabajaba con fruición para ahorrar dinero, para darle lujos a ella, para vivir una intimidad de dos. Era tan correcto que ni siquiera había aceptado que su suegro les diera un departamento, ninguna comodidad que él no pudiera pagar.

Sida, una amenaza

A los padres de Sofía les gustaba viajar con los hijos e invitaron a Sofía y a Enrique a Asia. Enrique era un alma solitaria y hermética, no era fácil que aceptara, pero se animó porque le hacía ilusión conocer aquellas culturas tan variadas y, raro en él, también estaba dispuesto a conversar en familia, a conocer a sus suegros, a compartir con ellos.

En los preparativos para aquel viaje, se les atravesaron las terribles noticias.

Sofía estaba embarazada.

Sofía era portadora del vih.

Una puñalada en el alma.

Esa primera noche con la noticia fue terrible. Abrazados en un nudo pasaron las horas adormecidos, sollozando sin cesar, sin saber aún a ciencia cierta si Enrique estaba o no infectado. Lloraron tanto que las lágrimas se les secaron. Se querían, se respetaban, los dos eran almas nobles dispuestas a darlo todo el uno por el otro.

A diferencia de lo que pasa con muchas otras parejas cuando se enteran de esa pavorosa noticia: saberse infectados por el vih, ninguno de los dos se atrevió a culpabilizar al otro. Por el contrario, ambos pedían disculpas, ambos tenían miedo del mañana, ambos se sentían en falta.

No tenían información suficiente sobre el sida, todo eran rumores. Tras cavilar y revisitar todos los pasos en falso de su pasado, Sofía estaba segura: si realmente tenía vih, el contagio tuvo que haber sido aquel día que se tatuó la rayita negra para acentuar los ojos. Ella no era proclive a buscar remedios de belleza, ni siquiera se maquillaba, pero su madre, una mujer guapa y distinguida, siempre impecable en su arreglo, le había insistido que fuera un poco más vanidosa, que se sacara provecho.

—Sofía, eres una fodonga, me choca que no te pintas. A nadie le hace daño un empujoncito, yo te voy a llevar a que te delineen los ojos, hazme caso, te vas a ver mucho más bonita.

El salón de belleza al que fueron era insalubre y a Sofía, temerosa del sida, se le quedó el gusanito en el alma. Estaba informada, en la radio se hablaba del cuidado que había que tener respecto al uso de las agujas y estaba segura de que el material que habían usado para tatuarla no era nuevo. Temió entonces haberse infectado, pero, como suele suceder cuando no hay indicios de enfermedad, se fue olvidando del asunto hasta ese momento en que, sabiéndose positiva al vih, toda la escena del tatuaje volvió a su mente para atormentarla con arrepentimientos.

Le dolía haber sido condescendiente con su madre, no haber exigido más pulcritud, no haber exigido agujas nuevas. Le reventaba el alma no haberse largado de ese improvisado changarro y, peor aún, haber ido por su propio pie a que la picotearan. Con la noticia, Sofía pensó en Octavio. Le avergonzaba la vida de libertinaje y lujuria que habían vivido, le daba terror haberlo infectado. Más pánico sentía de tener que sincerarse con él, de hacerlo cómplice de su enfermedad, de preocuparlo de un posible contagio.

A través de su amiga Lola, casada con el hermano de Octavio, Sofía sabía que él se había unido en matrimonio con una joven regiomontana siete años menor que ella, con el mismo perfil: hija de un connotado empresario neoleonés. Supo que había logrado lo que tanto buscaba, ser parte de la alta élite mexicana y, además, se enteró que acababa de ser papá de un heredero. Tras mucho cavilarlo, Sofía pensó que quizá él se había hecho pruebas prematrimoniales antes de casarse y que, seguramente, éstas sirvieron para confirmar que no tenía VIH. De nada serviría inquietarlo si estaba sano, si no era portador.

El tiempo de espera para saber si Enrique tenía sida o no transcurrió con una lentitud espantosa. Sofía le imploraba a Dios por ella, por Enrique, aún con más fervor por ese bebé de tres meses que se gestaba en su vientre. Ambos le rogaban a la Virgen que los escuchara, que los salvara de esa agonía, de la enfermedad, de sus devastadoras consecuencias. Juntos y de la mano se hincaron, se persignaron, se consolaban pidiendo que todo fuera un mal trago del cual despertarían ilesos, un alucinante espejismo del que pudieran reírse a la vuelta de la vida. La muerte, sin embargo, los miraba de frente tocando con nudillos firmes a su puerta; ellos, aterrados, sólo podían implorarle que se marchara.

La noticia del VIH de Sofía fue un alto de raíz, un instante decisivo de compasión, tristeza, culpa y dolor. Un relámpago con lenguas de fuego capaz de arrasar con todo, con todos. Se prometían ser fuertes, cuidarse siempre. Lo más irónico era que, sin tener síntomas de absolutamente nada, el sida había emponzoñado sus almas, envenenado su ser con sólo pronunciar su nombre.

Casi diez días después de la primera noticia, llegaron los resultados de Enrique. Eran negativos. Él no estaba contagiado, él no había sido el transmisor ni fuente del mal. Fue lo mejor que podían haber escuchado, brincaron de emoción, de gozo y gratitud.

—Yo estaré contigo, te voy a cuidar hasta el último momento, mi niña, te lo prometo.

Enrique fue empático con Sofía en franca correspondencia a la respuesta inicial de ella, pero, a partir de ese momento, todo cambió: dejaron de besarse, de tomar agua del mismo vaso, de lavarse con el mismo cepillo de dientes, de compartir jabón, cortauñas o cubiertos.

Sin que nadie en sus familias imaginara el balde de realidad que les había caído encima, el cambio de vida que se avecinaba, fueron a consultar a un primer epidemiólogo en Monterrey, un septuagenario que planteó un lúgubre panorama. Según dijo, de ese día en adelante no podían volverse a dar la mano, quedaba prohibido besarse, cualquier contacto entre ellos debía ser con guantes y, lo más grave de todo, Sofía tendría que abortar.

—¿Para qué día programamos el aborto? —preguntó sin la menor empatía o consideración.

Como ella guardó silencio, tomó aún más vuelo:

—Mira, jovencita, si no abortas, te vas a morir muy pronto. Si haces al pie de la letra lo que yo te digo, puedo ayudarte a vivir cinco años, quizá poquito más. Tus días están contados, por desgracia esa es tu realidad.

Sofía tenía la enfermedad muy avanzada, su cuenta del vih era de 423 mil copias y era probable que, de no recibir tratamiento óptimo, moriría pronto de sida. Tomó su calendario, sugirió el lunes o martes de la siguiente semana para llevar a cabo el procedimiento y comenzar con los antirretrovirales. Desde su perspectiva, no podía tomar los medicamentos si estaba embarazada.

Sofía se sentía inerme, no tenía con quién hablar, no sabía cómo actuar, sólo se tocaba su panza con tristeza, no quería perder al bebé que la unía con Enrique. Al salir de ahí, queriendo escuchar una segunda opinión, llamó con insistencia al ginecólogo que le había prohibido viajar a Asia. Una única vez lo había visto antes, pero le parecía lo suficientemente sensato para recomendarle qué hacer.

Dejó varios recados urgentes y, cuando el ginecólogo finalmente le respondió la llamada, le dijo muy quitado de la pena:

—¡Te oí tan preocupada que pensé que tenías varicela o rubeola! Por sida no creo que tengas que perder al bebé. Yo ni te practico el aborto ni te lo recomiendo, pero eso sí, urge que te trates, estás muy delicada y, además, puedes contagiar al bebé.

Con bibliografía en mano, le aseguró que ella podía salvarse y su bebé podía nacer sano si ella se medicaba, si daba a luz mediante una cesárea que evitara el contagio. Recomendó atenderse con otro especialista, más actualizado.

El domingo siguiente, durante la misa en casa, Sofía habló en privado con el sacerdote de la familia, quería confesarse. Durante dos horas se recluyeron sin que nadie supiera qué pasaba, por qué parecía ella ahora una muerta en vida. Su mirada de desconsuelo delataba que era prisionera de una tristeza contumaz. Al cura le habló de la enfermedad, de la presión para abortar, de aquel deambular por la cornisa más angulosa de su existencia.

Su familia era evasiva, no escarbaba de más, pero el rostro de Sofía delataba una tribulación infinita y su madre no estuvo dispuesta a aceptar un "por favor no te metas" como respuesta. La encerró en un cuarto y la obligó a contarle.

—De aquí no sales sin decirme qué diablos te pasa. ¿Te hizo algo Enrique? ¿Está bien tu bebé? ¿Qué tienes, Sofía, qué tienes?

Le confesó todo. También su sospecha: que el contagio había sido producto del tatuaje de los ojos. Para su mamá esa revelación fue devastadora, una culpa inesperada de la que jamás se repondría.

Durante el recorrido en Asia, entre palacios imperiales y budas, con el olor a curry impregnado en su piel, los padres de Sofía no dejaron de llorar. Se consolaban uno al otro; sólo ellos dos, porque Sofía y Enrique cancelaron. Viajaban sin foco, con la angustia electrocutando su existencia, perdidos entre contrastes, mirando con absoluto desdén los templos que unos días antes tanta ilusión tenían de conocer. Nadie más en la familia imaginaba el abismo de su pena, el desconsuelo que acabaría por matarlos de impotencia poco tiempo después.

Búsqueda de soluciones

El epidemiólogo que consultaron en la Ciudad de México fue el doctor Francisco Moreno Sánchez, el único que en esta historia debe tener apellido porque, al día de hoy, más de veinticinco años después, ha sido el salvador, el cómplice, el amigo y el mejor médico al que Sofía, hoy una mujer casi sana, podía haber accedido.

Una amiga en Monterrey, una de las únicas confidentes de Sofía, avispada y entrona, capaz de hallar siempre las mejores soluciones a los problemas, fue quien le recomendó que lo buscara en la capital. Tenía su consultorio en la calle de Petrarca, en Polanco.

Por una casualidad del destino acababa ella de escuchar que Moreno tenía escasos meses de haber regresado a México, después de haber realizado su especialidad en San Antonio, específicamente en el Health Science Center de la Universidad de Texas (ut) y, en la rotación del sistema hospitalario, había realizado algunas de sus prácticas en el hospital MD Anderson Cancer Center de Houston. Se hablaba de él como un médico brillante que había tenido ofrecimientos de trabajo en prestigiados hospitales de Estados Unidos y Europa, pero casado y con dos niñas, con la responsabilidad de velar por su madre y por su suegra, había decidido regresar a México.

Un día antes de que Sofía llamara a Moreno, él había buscado a su mentor en UT, al doctor Richard Graybill, un personaje ampliamente reconocido en el campo de la infectología, para pedirle que lo recontratara. Quería retornar a San Antonio porque en México su práctica médica no despegaba del todo.

Al escuchar su interés por volver, su mentor reviró.

—Quédate en tu país por ahora. Quiero sumarte a un protocolo de investigación que estoy dirigiendo para el National Institute of Health (NIH). Buscamos mujeres embarazadas con VIH, a fin de aplicarles un coctel de antirretrovirales que les permita dar a luz a bebés sanos. Me sentiría muy honrado de que aceptes. Creo que tendremos éxito y México, a través de ti, podría sumarse a este esfuerzo.

Aquel 27 de diciembre, Moreno pensaba cómo conseguir alguna embarazada con VIH que lo consultara, era como hallar una aguja en un pajar.

Un día después, el 28 de diciembre —día que en el mundo hispanohablante es costumbre estar alerta para evitar caer en las bromas que irremediablemente culminan con la popular frase: "Inocente palomita que te dejaste engañar"—, Sofía llamó a Moreno para consultarlo, para que le dijera qué hacer con su embarazo y con su condición seropositiva. La coyuntura de esa llamada, al otro día de haber consultado a Graybill, era estremecedora. La coincidencia, por supuesto, distaba de ser una treta más del Día de los Inocentes.

Todo parecía hilvanado como filigrana. Después de haberse recibido de médico en la Universidad La Salle, Moreno había presentado su solicitud de residencia en el Hospital ABC y en la UNAM, pensando ser pediatra, como su padre, pero, frente a la hoja de inscripción, sin saber ni cómo sucedió, tachó Pediatría y puso Medicina interna, quizá escuchando por vez primera su voz interior y no lo que se esperaba de él. Aún más extraña fue su determinación de dedicarse a la infectología, a la que se aproximó de manera idealista y un tanto errática, creyendo que sería la única especialidad capaz de "curar" enfermedades, no sólo de controlarlas, como sucedía con el resto de las disciplinas médicas.

Con el sida recién descubierto en esa década de 1980, una pandemia que con los años se fue ensañando y sin posibilidades de alivio, Moreno se topó con el primer gran fracaso de su carrera porque casi todos los pacientes fallecían. Nadie se curaba.

—En San Antonio veíamos enfermos jóvenes, de nuestra misma edad, que iban a morir. Todos los médicos que los atendíamos acabábamos en citas con el psiquiatra una vez a la semana, porque los pacientes de vih nos dejaban devastados, sin energía.

Moreno, a sus treinta y dos años, ya había visto morir a una infinidad de pacientes enfermos de sida. Sin embargo, ese encuentro en México con Sofía y Enrique parecía una conjura, una trama urdida por manos ajenas. El médico sabía que una mujer embarazada con vih tiene 30% de posibilidades de transmitir la enfermedad a su bebé si no recibe tratamiento adecuado, pero no quiso tomar en cuenta ninguna estadística. Prefirió aferrarse a la vida, a la idea de que juntos la librarían, en su mente sólo cabía la posibilidad de que Sofía sanaría, de que su bebé llegaría limpio de vih a este mundo.

—El panorama no es rosa, pero tampoco tan negro como se los pintaron —les dijo—. Hay medicamentos, hay manera de frenar el mal, no es necesario abortar. Debemos intentarlo.

El rostro de Sofía se iluminó, esbozó una sonrisa de alivio. Él continuó:

—Quizá serás la primera paciente que, en México, esté embarazada, enferma de vih y recibiendo tratamiento médico, quizá la primera en Latinoamérica. Si cumples con puntualidad con cada toma, saldremos adelante, tendrás un bebé saludable que puedas gozar. Vale la pena que lo intentemos.

El protocolo de investigación incluía doce pastillas diarias, durante el embarazo, de tres antirretrovirales, fármacos controlados con acción específica para el vih: Crixivan (indinavir), 3tc (lamivudina) y azt (zidovudina), todos ellos sumamente caros, costaban en esos días más de diez mil pesos mensuales, con posibles efectos secundarios en riñones, páncreas e hígado.

Cada toma era un continuo recordatorio del sida.

—Las dos enormes pastillas planas de Crixivan sabían a inmundo estiércol. Me provocaban debilidad, cansancio, hinchazón, dolor abdominal, migraña, una náusea insoportable, insomnio noche tras noche.

Había que tomarlas cada ocho horas con puntualidad inglesa y con dos vasos de agua para evitar que provocaran cristales en los riñones; además, para que su cuerpo las absorbiera, era necesario no probar alimento ni dos horas antes, ni dos horas después.

—Esos meses de embarazo me encerré en casa deseando con todo mi ser que mi bebé naciera sano. Las pastillas eran, sin duda, peor que la enfermedad. Acabaron con mi vida porque no había forma de acoplar las exigencias sociales al rigor tiránico de la medicina. Esas cuatro horas sin alimento siempre coincidían con la hora del desayuno, la comida o la cena.

Sofía y Enrique evitaban los cuestionamientos, se refugiaban en la confianza que le tenían al doctor Moreno, el único que parecía entender el mal, el único que les brindaba esperanza. Otros médicos, a quienes Enrique consultaba de vez en vez en Monterrey, aseguraban que las drogas que estaba ingiriendo eran experimentales, veneno puro que los matarían a ella y al bebé. Había alarmismo y desinformación por doquier, entre galenos y, peor aún, en internet.

Sintiendo las patadas de su bebé, rogaba que naciera sano. Encerrada en su hogar, porque las medicinas le provocaban continuas diarreas y vómitos, lavaba y desinfectaba la casa de manera compulsiva para evitar infecciones estomacales y respiratorias. Rechazaba fiestas, convites en restaurantes, comidas preparadas, cualquier enlatado.

Sofía agradecía tener dinero para pagar las onerosas medicinas y se conformó con todo: con el malestar y el desasosiego, inclusive con la distancia de Enrique, quien nunca más la volvió a tocar ni volvió a tener relaciones sexuales con ella.

—Cuando quería ser cariñoso, me hacía piojito en la mano.

Ella se aferró a la fe. Se empeñó en vivir desdeñando a la muerte que, de vez en vez, le guiñaba el ojo, apoltronada detrás de su puerta.

Nacer y morir, dos caras de la moneda

Para evitar riesgos, la cesárea se programó a los ocho meses de embarazo. La niña nació en mayo, aparentemente sana. Durante la gestación, Sofía le había ofrecido mil sacrificios a Dios: cuidar su vida, jamás contagiar a nadie, desbordar generosidad, rezar a diario. Sentía una culpa atroz, no quería hacer daño, mucho menos infectar a otros.

Había que esperar tres meses para saber si la bebé tenía o no vih. Los médicos esperaban que estuviera a salvo porque todo se había hecho de acuerdo con el protocolo: se había iniciado un tratamiento de antirretrovirales temprano en el embarazo, se practicó una cesárea para dar a luz y la nena no era amamantada con leche materna.

Sofía se instaló un mes en casa de sus padres, únicos cómplices de su secreto. La presión de familiares y amigos no tardó en aflorar.

—¿Por qué no la amamantas?

—¡Eso de no tener leche es pura fantasía!

—¡Ay, Sofía, eres tan dramática que pareces la primera mujer en el planeta que da a luz!

Cuidaba a la niña hasta del aire que rozaba su cara, temía por ella. El miedo de que estuviera enferma la paralizaba, no dejaba de llorar. Vivía mintiendo, sólo así podía sobrevivir.

Tras aquella espera aterradora, en agosto de 1996 supieron que su niña estaba limpia, no tenía anticuerpos del vih. Aunque había que esperar seis meses para hacer un estudio confirmatorio y mucho más exhaustivo, Sofía y Enrique se liberaron del pesimismo, de la devastadora penitencia.

Un mes después de aquel primer análisis, Enrique comenzó a desmoronarse. Estaba deprimido, drogado con antidepresivos, postrado en la cama. En apariencia padecía gastritis y úlceras, pero lo suyo parecía más complejo: tenía tremendamente hinchadas las piernas, su piel estaba moreteada, le costaba trabajo caminar y, aferrado a una necedad incomprensible, se negaba a consultar a médico alguno.

Sofía, creyéndolo hipocondríaco, harta de su indolencia, lo arrastró a terapia de pareja. Con su mal bastaba, él tenía que echarle ganas a la vida, salir a flote porque ahora, además, tenían la responsabilidad de ser padres, de educar a su pequeñita, de sobrevivir. A Enrique no le interesaba hablar, era hermético y racional, peleaba con garra para que Sofía respetara su intimidad, su espacio de privacidad.

En el inicio de la relación, cuando aún eran novios, algún día ella lo había abrazado y, al sentir que su corazón palpitaba de manera desapacible, lo cuestionó.

—Ay, Enrique, ¡qué feo se oye tu corazón!, tienes una arritmia espantosa.

Él se puso transparente e iracundo, la increpó:

—Jamás me vuelvas a hablar de mi corazón, Sofía. Jamás. ¿Me oyes bien? —sin saberlo, ella había pisado terreno pedregoso.

—Algún día me entenderás —era su salida para exigir privacidad.

Como bien aprendió de su familia y, luego, de su propia condición como portadora del VIH, ella aceptó jugar con Enrique el deporte de la evasión. Si él no quería hablar, ella lo respetaba. Si a él no le gustaba que lo acosara con preguntas respecto a su salud, se replegaba.

Con el nacimiento de su nena, Enrique dejó de comer, sólo dormía. Parecía un segundo bebé en casa, pasaba los días acostado en penumbra, exigiendo la atención de Sofía, quien lo evitaba arguyendo que la enferma era ella. Sofía llevó a casa a un par de psiquiatras, pero ninguno logró permearlo.

La muerte con su guadaña seguía rondando en su casa. Husmeaba la cama de Enrique, también la de Sofía, quien se negaba a sucumbir.

Sabiéndose endeble, ella le pedía a una amiga, con quien se desahogaba, que tomara nota para que, en caso de que faltara, Enrique cumpliera a cabalidad su listado de pendientes. A veces Sofía le dejaba cartitas en lugares estratégicos de la casa, también en la caja fuerte para que él algún día las encontrara. Palabras más, palabras menos, ella se sentía con la autoridad, quizá con la desesperanza, de dictar mandatos en torno al futuro. Era tal su candidez, ¡que hasta decretaba con quién podría él unirse en matrimonio!

—Te pido que incineres mi cuerpo y guardes mis cenizas en la iglesia de Fátima, ahí junto a mis abuelitos… Cásate pronto, Enrique, te sugiero a Lucía, a Renata o a Liza. Se parecen a mí y creo que pueden querer a nuestra hija. Cuidadito con buscar a una de esas modelos huecas con las que salías antes de conocerme… Te ruego que a nuestra hija la mandes al colegio Cecvac, me gusta porque es católico y atiende de manera personalizada a cada niña. Sin una mamá que la apapache, ella va a necesitar de mayor cariño… Para mí es muy importante que haga su primera comunión a los ocho años, que se prepare con un buen curso de catequesis, podría ser con los del Buen Pastor… Involúcrate, llévala a fiestas y estate atento a su desempeño escolar… Ya estuvo bueno de que sólo quieras ser un espectador pasivo, a veces te cacho observándonos. No se vale que sigas siendo distante, ajeno… Ahora la responsabilidad es tuya, sólo tuya.

Cuando la niña iba a cumplir un año, Sofía convenció a Enrique de que era momento de tomarse unos días de descanso e irse de viaje en pareja. Los papás de Sofía ahora los invitaban a Europa y era una buena excusa para inyectarle entusiasmo a la relación. Enrique accedió, aunque, para entonces, se le dificultaba caminar. Sofía creía que era psicosomático, que estaba sumido en un hoyo de desánimo, que en sus manos estaba despertar.

Jamás imaginó el verdadero motivo: la vida de Enrique, igual que la suya, también pendía de un hilo. Al retornar del viaje, estaba aún peor. Crecía la hinchazón, el insomnio, el dolor permanente en el estómago. Vivía empinándose la botella de Riopan, un medicamento para úlceras gástricas. Sofía, atada a los antirretrovirales, estaba cansándose de la actitud de su marido, lo tildaba de exagerado, hipocondríaco e irresponsable.

En la terapia de pareja, porque seguían buscando soluciones para vivir mejor, él exigió una sana distancia.

—Lo único que te pido, Sofía, es que me brindes espacio, que me respetes, que te tranquilices y dejes de hacerme preguntas. Quiero también que, aunque nuestra pequeñita tenga apenas un año, la inscribas en una escuela para que tú puedas estar más conmigo.

Era extraño que pidiera cercanía. Entre ellos no había intimidad. De hecho, casi nunca la hubo, ni siquiera antes de aquel análisis clínico que les cambiaría la vida para siempre. Enrique siempre había evitado situaciones que lo obligaran a agitarse.

Sofía piensa que Enrique, quien se distanciaba de las mujeres antes de que pudiera perder la cabeza por ellas, se enamoró más de ella cuando le confesó que su relación con Octavio, basada en lo sexual, la hundía en un ruinoso vacío y que, en adelante, eso era lo que ella quería evitar. Con Sofía, insistía él, todo era diferente. Mientras durara quería convertirla en la mujer más feliz del mundo y Sofía aprendió, desde un inicio, a satisfacerse con migajas de pasión, una situación que se agravó, aún más, después del VIH.

Enrique pasó meses en cama y sólo se levantó para ir a la fiesta de cumpleaños de su suegro, en San Pedro. De tan abultado que tenía el vientre y el tórax, los pantalones no le cerraban. No lograba mantenerse en pie porque sus piernas, hinchadas y con arañas vasculares, no lo sostenían. Pasó la fiesta encerrado en un cuarto, tirado en la cama que de soltera ocupó Sofía. Parecía globo, estaba frío como mármol, moreteado y sudando sin tregua.

Sofía le pidió a Lisandro, uno de los invitados, médico gastroenterólogo, que atendiera a su esposo. Alguien se atrevió a intervenir:

—Lo que este muchacho necesita es un cardiólogo y de manera urgente. Los síntomas no parecen ser del estómago.

Lisandro lo auscultó frente a Sofía, estaban ahí también algunos invitados de la fiesta que se colaron al cuarto queriendo ayudar. Enrique les pidió a todos que se retiraran, quería hablar a solas y a puerta cerrada con Lisandro. Se encerraron durante casi una hora en la que Enrique se desahogó con él. Nadie supo a ciencia cierta de qué hablaron, pero, al salir, Lisandro sólo pidió compasión.

—Consiéntanlo mucho, es un caballo pura sangre con los tobillos rotos —una metáfora del sacrificio inevitable al que se someten los caballos que se fracturan las piernas.

Sofía tenía boletos para ir a ver a Timbiriche al Auditorio Nacional. Enrique estaba cada vez más enfermo, pero le insistió a ella que viajara a la capital, que fuera al concierto y aprovechara para visitar al doctor Moreno, para ponerse la vacuna contra la influenza que ya le tocaba.

Ella se sentía culpable de dejarlo tan mal pero, ante la terquedad de él, decidió ir y regresar en dos días. Le hacía mucha ilusión viajar con sus amigas a aquel concierto histórico en el que Timbiriche se reencontraba. Enrique optó por quedarse con su pequeñita en casa de sus suegros, entonces de viaje en Australia, aprovechando que ahí había varias trabajadoras domésticas que podían estar al pendiente de ambos.

Cuando Sofía regresó, halló a su nana desconsolada. Le había masajeado las piernas hinchadas a Enrique sin lograr liberarlas del líquido, le había dado tés diuréticos que tampoco parecían funcionar. Su piel abultada era un enjambre de moretones y Enrique, incapaz de ponerse en pie, se asfixiaba jadeando.

Sofía llamó de madrugada a Lisandro y todo se fue precipitando. Los citó en el hospital más prestigiado de Monterrey —el nombre se omite para evitar acusaciones por haber implementado una suerte de eutanasia—. Mientras Lisandro arribaba, pidió una batería completa de estudios de sangre. Enrique se encaprichó, nadie lo tocaría ni siquiera para tomarle los signos vitales.

—Tengo miedo de morir, Sofía.

—¡Ya deja de decirme que te vas a morir!

—Es que me voy a morir, escúchame.

—¡La enferma soy yo! —se exasperó.

Él sabía que su vida estaba llegando a su fin y Sofía, sin imaginar el desenlace, le negó una y otra vez, la última oportunidad de confesarle su agonía. Quería decirle la verdad, pero ella no se prestó, se encerró en su coraza y no hubo forma de doblarla.

Cuando Lisandro llegó, Enrique exigió estar a solas con él. Acordaron que se le practicaría una endoscopía y una colonoscopía. Enrique pidió que Sofía estuviera a su lado, que nadie del hospital los molestara. Lisandro accedió, puso un letrero para prohibir la entrada de residentes y enfermeras.

En el hospital nadie le tomó pulso, temperatura, ni frecuencia cardiaca. Se decía que tenía una descompensación electrolítica. A Sofía le sonaba raro, lo veía tan enfermo que era más plausible que los médicos buscaran un cáncer. Habló con su suegro, que estaba participando en un torneo de tenis, le dijo que estaban en el hospital, que esperaba que no fuera nada importante, que no se preocupara, ella lo mantendría informado.

Comenzaron con la endoscopía. Enrique estaba adormilado en el momento en que el anestesiólogo le puso los electrodos para monitorear la frecuencia cardiaca. El médico se fue de espaldas, ¡superaba las 325 pulsaciones por minuto! Lo normal hubiera sido no más de 125. Al borde de un paro cardiaco, su agitado corazón se le salía del pecho, latía de manera exagerada, tenía taquicardia y palpitaciones. El electrocardiograma registraba arritmias, curvas pronunciadas e inconstantes.

Sacaron a Sofía del cubículo y, desde afuera, oyó gritos, llamadas de auxilio, gente corriendo.

—¡Mesa de parooo! —era el clamor a bocajarro de uno de los médicos.

Llegaron empujándose una decena de doctores y enfermeras, uno de ellos llevaba el carrito de electroshocks. A Sofía le temblaban las piernas, no creía lo que estaba pasando. Se sentía culpable por haberle insistido a Enrique que se dejara hacer los estudios, por haberle gritado que la dejara en paz.

En los pasillos se topó con el doctor Rangel, cardiólogo de su padre, le rogó que interviniera. Tiempo antes había sugerido que Enrique fuera a consultarlo y, paradójicamente, ahora lo conocía moribundo, en su último aliento.

Lisandro salió a dar la noticia.

—Enrique ya está bien.

Sofía saltó de felicidad. Lisandro, al ver que ella no comprendía, la tomó de los hombros para decírselo más claro:

—Ya está bien, ya está en el cielo.

Sofía perdió el piso, comenzó a sudar e hiperventilarse, veía estrellas a su alrededor, casi se desmayó. Estaba devastada: tenía vih, una niña de poco más de un año y, si lo que estaba escuchando era cierto, ahora además era viuda. No entendía nada y nadie parecía ser capaz de explicarle.

A partir de ese momento sus medicinas fueron su único alimento, eso sí, no omitió una sola toma. Buscó al papá de Enrique para estar con él, también a los amigos de Enrique, quería dormir en la cama de Enrique, oler su ropa, arroparse con lo poco que quedaba de su existencia. Pasaba las horas viendo la película de su boda, leyendo las cartas que algún día él le escribió, las notas que ella había ido desperdigando por la casa, creyendo que era ella quien lo dejaría viudo.

En la caja fuerte se encontró un estudio del corazón de Enrique. Era de 1991. Buscó al médico que lo había realizado. No recordaba el caso, pero en el expediente quedó consignado que el paciente se agitaba al hacer ejercicio, tenía arritmias y le aconsejó realizarse un ecocardiograma.

Quince días después, Lisandro citó a Sofía a desayunar. Le confesó todo: Enrique estaba mal del corazón desde que rozó la edad adulta, también él había vivido en el silencio. A nadie le había revelado su mal, ni siquiera a sus padres. Tenía el corazón crecido al doble del tamaño, la válvula mitral no funcionaba y lo único que tal vez lo hubiera salvado, a decir de un médico que había consultado en Houston ocho años atrás, era un trasplante de corazón.

Enrique se negó a pasar por ese trance y, con plena conciencia, asumió que viviría los días que le quedaran con calidad. Por eso dejó el tenis, por eso evitaba cualquier actividad que lo agitara, incluyendo la vida sexual, por eso quería posponer la llegada de los hijos. Su único interés era ser una mejor persona y disfrutar el hoy, hacer feliz a su mujer que bien merecía conocer un lado más amable del amor.

Atractivo como era, no faltaba quien lo confundiera con estrella de cine. Durante años se había dedicado a salir con mujeres despampanantes que, en casi todos los casos, enarbolaban el sexo como bandera. Como él perdía pronto el interés en esos vínculos superficiales, se mantuvo picando de flor en flor, hasta que se cruzó con Sofía. Quedó prendado con la sinceridad de su alma, con la nobleza de su corazón, con su belleza cabal.

Él le insistió siempre a Sofía que habría tiempo para los hijos, era su manera de postergar el trance, de enfocarse en el presente. Él sólo deseaba amarla, convertirla en una mujer feliz e independiente, rescatar su autoestima. Creía que en un ambiente de paz, estabilidad y armonía como el que le ofrecía Sofía, sin complicaciones ni mayores exigencias sexuales que provocaran a su frágil corazón, podría sobrevivir dos décadas más y, para cuando él faltara, Sofía estaría lista para hacerse cargo de un mañana más prometedor. Por eso le enseñaba a invertir el dinero, la incitaba a desenvolverse con soltura en todos los ámbitos, a volar con libertad.

¡Quién hubiera podido imaginar entonces el catastrófico escenario del VIH que la vida les tenía reservado!

Lisandro fue el puente que ayudó a morir a Enrique. Aquella noche que llegó a auscultarlo en la fiesta de su suegro, conoció su secreto. Enrique se sinceró con él como jamás lo había hecho con nadie, le confió todo buscando un cómplice que lo ayudara en el instante final. Por eso, en el hospital, con una endoscopía que no necesitaba, facilitó el camino para que muriera con la anestesia. Evitó que lo entubaran, que padeciera la vida artificial de las terapias intensivas. Lo ayudó a irse en paz.

A Lisandro, a quien no le contó una sola palabra del VIH de Sofía, le pidió que le transmitiera a ella un último deseo:

—Cuida a nuestra hija y, por favor, trata de estar bien. Intenta ser feliz.

La muerte, que rondaba su casa, llegó a ellos por un atajo inesperado. Los padres de Sofía nunca creyeron en los males cardiacos. Para ellos, Enrique murió de sida, fue él quien contagió a su niña.

El verdadero causante

Sin despegarse de su hija, Sofía lloró con amargura, con desconsuelo, no quiso ver la luz durante un largo año. La muerte de Enrique había sido aún más dolorosa que la noticia del vih. Quizá la conjunción de ambas era parte de una misma agonía, del flagelo con el cual debía pagar sus culpas, esa condena que Dios le tenía reservada.

Sofía tenía la piel gris, la mirada perdida, el cuerpo de anoréxica. La abatía la tristeza, los dientes se le descarapelaron, su pelo cenizo se le caía, su ropa negra era un luto insondable. Estaba irreconocible, pesaba menos de cuarenta kilogramos, asemejaba un palo de escoba. Los antirretrovirales que se usaban en aquel protocolo comenzaron, además, a dejar secuelas. En su organismo se hizo presente la lipodistrofia, una condición patológica que redistribuye la grasa del cuerpo y lo deforma. Desapareció toda la densidad de piernas, brazos, cachetes y glúteos, y el tejido adiposo se concentró de manera excesiva en senos desbordantes y en una joroba teatral.

El epidemiólogo, es decir, el doctor Moreno, su ángel amigo, le aseguraba que podría volver a enamorarse. Le recomendó hacerse cirugías plásticas y liposucciones para quitar el exceso de busto, la grasa desproporcionada, el abultamiento en espalda y tórax. Tenía la autoestima por el suelo. En principio no quería operarse, luego accedió. Además, le cambió las medicinas, de doce pastillas, tomaría sólo seis y con horarios más flexibles.

Familia y amigos, sin saber del vih, trataban de animarla, insistían en presentarle pareja.

—Eres una chava monísima, date chance —le decían.

Ella se negaba, siempre había una evasiva. Gracias a su disciplina y rigor con los medicamentos, se mantenía estable, con la carga viral indetectable y su sistema inmune en franca recuperación, pero, en términos prácticos, ella bien sabía que si tenía anticuerpos del vih, éstos jamás desaparecerían. El fantasma seguiría eternamente ahí, acechándola hasta el último día.

Tiempo después, rozando los treinta años, aceptó salir con un cincuentón divorciado con tres hijos. Se divertían a lo grande y él no tardó en enamorarla con detalles, caricias y arreglos florales. A Sofía se le empezó a olvidar su enfermedad: compró ropa de color y se preocupó por mostrarse más atractiva.

El teatrito se cayó cuando él la quiso besar. Aunque sabía que la saliva no es medio de transmisión, corrió aterrorizada a pedirle permiso al médico.

—Con besos no contagias —le dijo Moreno a través del auricular.

El enamorado no se conformó, quería ir más aprisa. Cuando la invitó a su casa en Cancún, ella se alarmó. Él buscaba intimidad y, para alcanzarla, usaba todos los recursos a su alcance.

—No te voy a gustar, tengo las piernas flaquitas, se me transparentan las venas.

—Así me encantas.

Intentó ella resolver la situación con toda clase de pretextos: que prefería quedarse en un hotel, que no estaba lista, que tenía que cuidar la reputación de su hija, el buen nombre de su familia, pero, para él, deseoso de hacerla suya, ninguna excusa resultaba válida. Impugnaba cada evasiva con palabras o caricias, hasta que, harto de sus subterfugios, la acorraló.

—Ya te caché, Sofía, ya sé lo que tienes.

—Ah sí, ¿qué tengo?

—Muy fácil, le tienes miedo a dos letras: a la H y a la S.

Él quiso decir: hijos y sexo, pero Sofía se sintió pillada, creyendo que la H era de hiv (*Human Immunodeficiency Virus*) y la S, de sida.

—Sí, eso tengo. ¿Cómo supiste?

—Es evidente.

—El sida, ¿es evidente?

Él enmudeció, no podía creer lo que estaba escuchando.

—¿Qué dices? No te entiendo.

Como en un diálogo de sordos, ninguno comprendía lo que el otro decía.

—Sí, tengo sida, eso tengo.

—¡Párale, Sofía!, no me gustan tus bromas.

—Me lo dijiste: vivo con miedo a la H y a la S, al HIV y al sida.

—No me espantes... —el maduro galán estaba impávido, se tallaba los ojos con desconcierto.

—Te estoy diciendo la verdad. Tengo VIH, el virus de inmunodeficiencia humana, estoy controlada, tomo medicamentos, pero vivo cada día con miedo a tener sida, tengo pánico de enfermarme, de contagiar a otros.

—¿Tu esposo murió de sida?

—No, del corazón. Yo me infecté al tatuarme la rayita de los ojos.

El hombre no pudo seguir con la conversación. A esa hora, las dos de la mañana, se desapareció durante horas. Cuando regresó dijo que había sido el *shock* más grande de su vida. Vomitó, lloró, le dijo a Sofía que era una niña preciosa, que él la cuidaría, que la llevaría con los mejores especialistas del mundo, que jamás la abandonaría. Le dio besos apasionados sin pretender mayor acercamiento.

Sofía no podía creerlo, lo lógico hubiera sido que saliera corriendo. Su empatía parecía demasiado buena para ser cierta y, como era de esperarse, todo cayó en su sitio: un mes después de conocerla, tras consultar la situación con un par de amigos, el cincuentón huyó despavorido, dejándola sumida en la depresión.

Desgajada de raíz, ella empezó a comer compulsivamente. Como efecto secundario de las medicinas se llenó nuevamente de grasa en el tórax y de horrendos vellos negros en todo el cuerpo, inclusive en la cara. Parecía hombre. Ello le sirvió como armadura para ahuyentar galanes, para no enamorarse. Se refugió en el cuidado de su niña y se volcó a la iglesia asistiendo a cuanto retiro se le presentó. Sus hermanos y algunos amigos, sin saber su tormento, la apodaban Hermana Sofía de las Carmelitas Descalzas porque, inclusive bajo las piedras, buscaba la mirada de Dios.

En aquellos años de amargura, soledad y tribulación, cuidó a sus padres que murieron uno tras otro de padecimientos terminales. Él de cáncer de hígado; ella, de pulmón.

—Sé que los mató mi enfermedad.

En siete años pasó de un mundo rosa al desamparo más aciago. Se le fueron todos sus pilares: esposo, papá, mamá, inclusive el olvidado de Octavio, aquel novio que la manipulaba sin cuartel, ese que la había sometido a una esclavitud sin trinchera. Fue Lola, la cuñada de Octavio, quien se lo hizo saber.

—Octavio está muy grave, tiene leucemia, quizá quieras despedirte de él...

—¿Está tan mal? —Sofía no lo había visto desde aquel día que se animó a cortarlo, cuando se marchaba a UCLA.

—Sí, está en una fase terminal. Toma medicamentes fuertísimos y carísimos, pero lo veo cada vez peor, nada parece curarlo. Perdimos ya la esperanza.

—¿Qué medicamentos toma, Lola? —algo la cimbró.

Sofía no tenía la menor intención de volver a cruzar palabra con él, no le perdonaba cuánto los había hecho sufrir a ella y a su familia, pero sí se dio a la tarea de investigar quién era su doctor y qué medicinas tomaba. Comprobó lo que sospechaba: Octavio tenía sida, no era leucemia. Él había sido quien la contagió.

Sofía había tenido suerte de saberse portadora del virus por un hallazgo clínico, por su embarazo, cuando su enfermedad aún era silenciosa y no había sucumbido a infecciones oportunistas. Los antirretrovirales le permitieron disminuir su altísima carga viral casi de inmediato. No era ese el caso de la mayoría de los infectados, que se enteraban de que eran portadores del VIH en una etapa tardía, cuando ellos, casi sin defensas, perdían la batalla definitiva contra el sida, como aparentemente le estaba sucediendo a Octavio.

Según le contó Lola a Sofía, Octavio estaba ya divorciado de su esposa. Sofía nunca le había confesado a ninguna amiga que era seropositiva, pero, en aquel momento, se lo dijo a Lola pensando que esa información podía ser crucial para la exmujer de Octavio y para su hijo.

—Lola, quiero confiarte algo, creo que tu cuñada debe saber esto que voy a contarte. Octavio tiene sida, era un mujeriego, se metía con mil mujeres y a mí me contagió. Yo tengo vih.

Aunque ninguno de sus amigos habituales sabe hoy del sida de Octavio, ni del vih de Sofía, alguno de ellos se atrevió a confesar en una noche de desahogos que, en un viaje a Cuba, cuando Sofía era novia de Octavio, él se había metido con cuanta muchacha encontró a su paso. Muy machito y tratando de alardear de su irrefrenable ímpetu sexual, se la había pasado de cama en cama en hoteles de paso con sirvientas, bailarinas y prostitutas. Se decía inclusive, aunque en voz más baja, que pesaba sobre su conciencia alguna violación. Seguramente ahí en Cuba, pensaba Sofía, él se contagió y, sin conciencia de su mal, diseminó la enfermedad: la infectó a ella y a todas las ingenuas que se le cruzaron por el camino.

Lola sabía que el tema era delicado y, durante algún tiempo, titubeó si debía llamarle a su excuñada para contarle la verdad, para sugerirle que se checara, que se hiciera análisis clínicos y verificara si estaba infectada o no. Al final optó por callarse pensando que los veía sanos a ambos, a ella y a su niño. En realidad nadie sabe si está enferma, porque el padecimiento no aflora a primera vista como una cicatriz. Quienes conocen el virus y saben leerlo entre líneas, como le sucede a Sofía, sospechan que quien fuera mujer de Octavio también vive entre mentiras.

Con esa nueva revelación, Sofía tuvo todavía tiempo de liberar a su madre de la culpa que cargaba. En su lecho de muerte, postrada en la cama por la malignidad del cáncer que la carcomía, supo la verdad.

—No fue el tatuaje, mamá, ya quítate eso de la cabeza. Tampoco fue Enrique, como pensó papá. Fue Octavio, se está muriendo de sida.

—¿Octavio?

—Sí, tuve relaciones con él y hoy sé que él me contagió.

La mamá de Sofía jamás pudo reponerse del VIH de su hija. Antes de morir, a cada hijo le dio un consejo. Para Sofía no hubo lecciones de vida, sólo unas palabras como despedida: "Gracias, Sofía. Gracias por ser mi hija."

Lo mejor y lo peor

A la fecha, Sofía tiene veinticinco años "limpia". En realidad, no se puede decir que el virus esté en cero porque la prueba PCR ultrasensible para VIH, *Polymerase Chain Reaction for HIV*, la mejor que hoy se conoce, revela un nivel mínimo del virus en la sangre y el de Sofía es tan bajo que resulta indetectable. Se sabe que, en su caso, como en el de todos los contagiados del VIH, existen áreas del cuerpo, se les llama santuarios, donde hay células del virus en latencia, es decir adormiladas, por ello no se pueden dejar de tomar los medicamentos, ya que si se activa una de esas células latentes la enfermedad se puede reactivar.

Sólo en la primera ocasión que Sofía se realizó análisis clínicos salió positiva en la prueba de ELISA. Nunca más. Gracias a su templanza y a su rigor para tomar las medicinas y acatar todo lo que le dijo el médico: cuidarse de lo que come, no beber, no fumar y hacer ejercicio a diario, el VIH dejó una memoria en su cuerpo, pero jamás ha vuelto a manifestarse de manera activa.

En las pruebas tradicionales del VIH siempre será seropositiva porque tiene anticuerpos contra el virus de la inmunodeficiencia humana, de la misma manera que alguien que ha tenido rubeola o sarampión o que se ha vacunado contra estas enfermedades, tendrá anticuerpos en su organismo.

Gracias a las millonarias cantidades que se han volcado para investigación del VIH en las últimas décadas, hoy se pueden hacer diagnósticos más específicos. Es posible saber, mediante sofisticadas pruebas de biología molecular como la PCR, si hay partículas virales activas del virus, si el virus se está replicando o no, si la infección es contagiosa, si el virus está en una fase dinámica con carga plena o totalmente adormilado.

Antes de esta prueba, los estudios se basaban sólo en la detección de anticuerpos, es decir, en la memoria inmunológica de enfermedades pasadas, y cualquiera contagiado de VIH era visto como una pistola cargada capaz de contagiar a otros. Hoy esto ha dejado de ser cierto.

Francisco Moreno, uno de los epidemiólogos más notables en México, autoridad en el tema del VIH, y ahora también en covid, asegura que personas como Sofía no contagian. Apunta, asimismo, que el sida ha sido una prueba de fuego para la humanidad, una gesta que ha sacado lo peor y lo mejor del ser humano.

Lo peor, porque ha demostrado la capacidad del hombre de odiar a su prójimo. La intolerancia, el racismo, el miedo y la ignorancia con los que muchos actúan estigmatizando a los homosexuales, a las prostitutas, a los drogadictos y a cualquier contagiado de VIH.

—La sociedad, con enorme perversión y mentalidad oscurantista, sigue pensando que el paciente con VIH es un depravado sexual a quien Dios castiga, que tiene el virus porque se lo merece, porque se lo buscó.

Según él, lo que mata, aún más, no es el virus, sino el estigma, el miedo, la pobreza y la condena social. El sida es un reflejo más de las polarizaciones sociales y económicas de nuestro tiempo: del racismo, del machismo, de la discriminación y el desprecio al indigente. La desinformación llega a ser tal, que pocos reconocen que casi cualquiera puede contagiarse, aunque no esté ligado a ningún grupo de riesgo específico.

De los cuarenta millones de infectados de 1982 a 2020, treinta millones de ellos han sido en la África subsahariana, en el continente pobre, donde, además, ha habido dos mujeres infectadas por cada hombre. ¿El motivo? Las mujeres no le exigen al marido que use condón para tener relaciones sexuales y, muchos de ellos, hombres promiscuos, acaban contagiando con VIH a la mujer que los espera en casa.

De hecho, en la práctica médica, las esposas, que creen que no tienen por qué cuidarse, han mostrado ser un sector de mayor riesgo que las prostitutas, que sí tienen el hábito de la protección. Además, hay otro dato a considerar: la mujer bisexual no contagia. Los hombres bisexuales, sí.

Moreno afirma que el sida, ese talón de Aquiles que azotó al mundo, ha tenido también su lado positivo. En su peregrinar asesino, desde la década de 1980, cuando por vez primera afloró, esta enfermedad ha sacado lo mejor del ser humano con "tres nunca" que han cimbrado a la ciencia y a sus instituciones, a los gobiernos y a la sociedad en general, mejorando el acceso a los medicamentos y transformando el panorama de la enfermedad.

En primer término, señala, *nunca* en la historia de la medicina se habían autorizado fármacos tan rápido, en *fast track*, para resolver una pandemia. En segundo lugar, *nunca* habíamos visto un desarrollo tan notable en biología molecular aplicada a una enfermedad, logrando pruebas avanzadas para el diagnóstico preciso. Y, por último, *nunca* habíamos visto a la sociedad, a tantas grandes figuras movilizarse, con absoluta empatía con quienes son seropositivos, para generar conciencia, para aportar recursos y destinar enormes cantidades a la investigación de ese amenazante mal del siglo.

Moreno se refiere, con esto último, a la labor abierta, activa y franca de destacadas figuras como Bill y Melinda Gates, Elton John, Richard Gere, Bono, Magic Johnson, Greg Louganis, Nelson Mandela, Emmanuel Macron y muchos más, algunos de ellos seropositivos, otros sólo activistas, empresarios, actores, cantantes, deportistas u hombres de Estado con preocupación social, que han levantado su potente voz para sensibilizar a la sociedad en torno al sida, para concientizar respecto a las prácticas que aumentan la exposición, para planificar estrategias que contribuyan a una atención integral y al acceso universal al tratamiento.

En el caso específico de la Fundación Bill y Melinda Gates, la fundación privada de filantropía más grande del mundo, desde el año 2000 a la fecha ha destinado más de mil millones de dólares al Fondo Mundial para el Sida y la Salud, creando alianzas mundiales para abordar la crisis, concebir vacunas contra la enfermedad, terapias genéticas de bajo costo y nuevos tratamientos intensivos con fármacos, aspirando a erradicar la enfermedad para el 2030.

Dispuestos a donar la riqueza de Microsoft para mejorar la vida de las personas, los Gates se abocaron a buscar objetivos de salud y educación a los cuales destinar su capital. Con la fortuna de Warren Buffett, que también se sumó a la causa, en los últimos veinte años han destinado casi 54 billones de dólares para combatir la desigualdad, coadyuvar al progreso, incentivar la creatividad científica, transformar la vida de los más marginados e impactar de manera sustancial sus vidas.

Cuando arrancaron esa causa filantrópica en el 2000, el sida era la pandemia del siglo, la peste más temida, sobre todo en la África subsahariana donde, por el incremento en el número de contagios, se esperaba que hubiera toda una generación de niños huérfanos, se hablaba de cuando menos diez millones de hijos que se quedarían sin padre y madre en ese continente.

Bill y Melinda Gates pusieron su foco en la distribución de medicinas, tecnologías y programas para salvar vidas y tan sólo en 2018, diecinueve millones de personas recibieron tratamiento de vih en países subdesarrollados. Por poner un ejemplo, cuando Bill Gates fue a Zambia a principios del siglo xxi, había más de un millón de personas contagiadas con vih y, por el alto costo promedio de los medicamentos, más de diez mil dólares al año, sólo 143 personas recibían tratamiento. Tener vih en Zambia era algo muy parecido a una sentencia de muerte. Para 2012, diez años después del primer contacto de Gates con los zambianos, el panorama cambió radicalmente: 80% de los contagiados recibían antirretrovirales y el costo de estos había descendido a sólo cincuenta centavos de dólar diarios por persona.

Como resultado de su esfuerzo, en casi todo el mundo se dispone de acceso temprano a pruebas de VIH y tratamiento a bajo costo, no sólo salvando vidas, también reduciendo dramáticamente las posibilidades de contagio porque, con programas de prevención y tratamiento, se han reducido las nuevas infecciones de VIH en más de un tercio y hoy el sida es una enfermedad controlada.

De hecho, la gráfica de la pandemia no es más una escarpada cúspide, más bien, una meseta. En 2020 hay los mismos cuarenta millones de seropositivos de diez años atrás: los decesos son equivalentes al número de quienes se infectan. Es decir, el número de casos de la enfermedad ni aumenta ni disminuye porque cada vez más gente está cubierta, alcanzando un nivel aceptable de salud y, quienes fallecen, es porque no tuvieron acceso a medicamentos o porque no se los tomaron.

Sofía y su futuro

En 2008, Sofía y yo tuvimos un primer contacto. Reservada como es, me contó entonces que sólo cuatro amigas, algún galán y los médicos tratantes conocían su enfermedad; aun así, tuvo ella la confianza de abrirse, a sabiendas de que guardaríamos el secreto durante algunos años. Sofía pensaba entonces que haría pública su historia cuando su hija creciera y fuera adulta, cuando pudiera contarle de viva voz lo que había padecido para convertirla en una mujer sana con posibilidades de futuro.

Cuando sucediera, Sofía pensaba acabar de una buena vez por todas con el silencio y las mentiras. Le hacía ilusión convertirse en embajadora de la enfermedad, sensibilizar a los jóvenes de los riesgos de ésta, aportar su granito de arena para frenar la epidemia. Su carta a

Santa Claus incluía encontrar pareja y disfrutar de su hija y nietos, por el resto de sus días.

Cuando concebí este libro con David García Escamilla, mi querido editor en Penguin Random House, la busqué pensando que, poco más de una década después de nuestro primer encuentro, había llegado el momento de difundir su historia con nombre y apellido, sumando detalles que le dieran credibilidad. Creí que Sofía era ya portavoz del sida, ejemplo y figura tutorial para quienes eran seropositivos.

Comimos juntas unos cuantos días antes de que la pandemia del coronavirus nos encerrara con piedra y lodo en nuestros domicilios. La encontré plena, guapa y muy sana. Me contó que aún requería medicamentos, por fortuna cada vez menos y más benévolos. Toma sólo una pastilla de Biktarvy al día (bictegravir, emtricitabina y alfenamida de tenofovir), un medicamento nuevo con características espectaculares que desplazó a todos los anteriores, una píldora casi sin efectos secundarios que da pasos para que, algún día, se halle una cura definitiva.

—Biktarvy no es aún la puerta a la curación, pero esperamos que este medicamento nos dé tiempo para encontrar algo que acelere la activación de esos santuarios y, así, terminar con todas las células infectadas —dice Moreno.

Los enfermos de VIH no padecen más la lipodistrofia que las drogas anteriores le habían causado a Sofía, obligándola a operarse tres veces del busto, a realizarse dos liposucciones, una cirugía para quitarse la joroba y una gluteoplastía, para reparar sus glúteos desfigurados.

Sofía está felizmente casada con Rodrigo, un viudo con hijos adolescentes, con quien se unió en matrimonio después de un largo noviazgo. Siempre tuvo la consigna de no contagiar a nadie y de hablar con la verdad, quizá por eso hoy se siente tan plena y en paz.

Después del cincuentón de Cancún, ese hombre que había salido corriendo despavorido al saber del VIH de Sofía, había tenido dos parejas más. Con el segundo no hubo intimidad, era un chismoso y ella prefirió cortarlo. Con Javier, el tercero, se había abierto de capa y él se había enamorado perdidamente de ella, pero no era una relación correspondida, sobre todo porque él se negaba a usar condón cuando tenían sexo.

—Me cayó gordo que no le tuviera respeto al VIH, que pensara que era como una simple gripe, que no es nada, que no le va a tocar, que se puede ningunear al sida. Afortunadamente no se contagió.

Javier le brindó la suficiente seguridad y confianza en sí misma para que llegara Rodrigo a su vida, para aceptar un compromiso más serio. Al verla tan emocionada, su psicóloga le recomendó no contarle nada a Rodrigo, le sugirió esperar a que la relación fuera más sólida, más madura. Sofía, sin embargo, sólo escuchó su corazón: decidió ser transparente, hablar con franqueza desde el inicio.

—Rodrigo dice que se enamoró más de mí por mi sinceridad. Tomé el riesgo de que todo se acabara y para mi buena suerte, a pesar de sus miedos, todo ha valido la pena. Es un tipazo y me siento muy feliz de tenerlo a mi lado.

Como antes lo había hecho Javier, Rodrigo fue a consultar al doctor Francisco Moreno, dialogó largo y tendido con él y, pasado algún tiempo de relación, con la certeza de que quería vivir para siempre con Sofía, llegó con anillo de compromiso y fecha de boda.

Por la paz de ambos, aunque el virus de Sofía no está activo y no se enferma ni de gripe, mantienen vida sexual con protección. La única condición que Rodrigo le pidió a Sofía es que, por los hijos de ambos, por el temor al qué dirán o a que sus hijos sean estigmatizados, el secreto se mantenga lacrado. Por eso es que esta publicación sigue siendo casi anónima.

—Yo no soporto decir mentiras y, sin embargo, todo el tiempo las estoy diciendo porque reconozco que los prejuicios y disparates respecto al VIH siguen siendo terribles. Quizá Rodrigo tenga razón cuando me pide discreción porque yo no soportaría que a ninguno de nuestros hijos los rechazaran, los hicieran menos o los excluyeran porque yo tengo VIH.

La hija de Sofía ya conoce la historia de su madre, ella misma se la contó. Tras ver morir a un par de amigas por situaciones diversas, Sofía cobró conciencia de la fragilidad de la vida y, temiendo que su hija se enterara de su VIH de boca de otra persona, le platicó hasta el más mínimo detalle de su pasado. Al escuchar aquel doloroso testimonio, la joven se quedó pasmada, vivió enojo y desconcierto, pero tras masticar y deglutir aquella verdad, aceptó la dolorosa realidad.

—La noticia la hizo madurar, me abrazó sin querer soltarme. Me agradeció que le hubiera dado la vida dos veces: cuando me embaracé y cuando decidí no abortarla. Mi mayor satisfacción es verla hoy, saber que es una joven preciosa, íntegra, dedicada, estudiosa y extremadamente cariñosa conmigo.

Dicen que en cada familia hay alguien seropositivo. Quizá así sea. Sofía, gracias a su disciplina con los medicamentos, a las casualidades o causalidades de su destino, al doctor Francisco Moreno y al apoyo de quienes conocen su secreto, quizá gracias a una fuerza divina que mueve los hilos del destino, es una heroína. Es una sobreviviente que vive para contarlo. Bien sabe que tuvo suerte y se ganó dos veces el premio mayor: primero el boleto premiado con la enfermedad, luego el del remedio, ese que le permite estar hoy aquí con su hija.

Lo cierto es que el sida, para fortuna de nuestra generación, ha dejado de ser el portavoz de la muerte y quienes son seropositivos pueden tener una vida casi normal, con la misma expectativa que la población en general, siempre y cuando cumplan con su tratamiento.

Su caso quedó en los anales de la historia de la medicina moderna como la primera mujer en México, la primera en Latinoamérica y una de las primeras diez en el mundo que pudo sobrevivir, seguir su embarazo y tener un hijo sano, a pesar del VIH. Por fortuna, sigue sobrepasando con creces los cinco años que algún médico irresponsable le vaticinó como margen de su vida. Gozosa mantiene una sonrisa en el rostro y un férreo compromiso con la vida.

Dana, desaparecida en México

Una más...

En México los feminicidios y las desapariciones, como la de Dana, van en aumento y, ante la viralización de casos espeluznantes y la indolencia de las autoridades, cientos de miles de mujeres nos hemos sumado a las movilizaciones con un clamor único, un ya basta: "Ni una más."

El 8 de marzo de 2020, Día de la Mujer, marcó un parteaguas. Fue histórico: una primavera lila, un tsunami de mujeres vestidas de morado, como las jacarandas en flor que, a partir de marzo, visten a la Ciudad de México, nos conglomeramos para marchar del Monumento a la Revolución al Zócalo capitalino, dispuestas a mostrar que tenemos alas, que estamos decididas a cambiar la narrativa imperante del machismo que prevalece en la cultura mexicana.

Espoleadas para levantar la voz en un frente común contra los feminicidios, las desapariciones y el silencio cómplice de las autoridades, ríos de mujeres, una marejada, portando toda clase de pancartas, nos manifestamos con un ya basta unánime ante la impunidad. Un clamor frente al miedo para que, como cantaba Mercedes Sosa, "lo injusto no nos sea indiferente".

Un "ni una más" para interpelar a un Estado paralizado, demandar acciones a un sistema de justicia trunco y poco fiable, sin protocolos eficientes de búsqueda, sin voluntad para hallar a los culpables, sin acciones claras de apoyo a las víctimas. Ni una niña violada y mutilada más. Ni una mujer cuyo cuerpo sea visto como territorio de conquista. Ni un espacio de silencio más ante la agudización de la violencia y la saña con la que tantas mujeres han sido desaparecidas o asesinadas.

La indignación, como dictó *Reforma*, fue equiparable al tamaño de la tragedia, porque, según la Oficina del Alto Comisionado de Naciones Unidas para los Derechos Humanos, hay cuando menos 10.5 feminicidios al día en México y la cifra se incrementa ante la pasividad de un régimen retórico y moralista, sordo a la realidad, que objeta la bandera del feminismo y declara que quiere darles abrazos, no balazos, a asesinos y delincuentes, desdeñando la acumulación de víctimas de feminicidio, y otro hecho terrorífico: según los datos de Redim y Mexico Peace Index 2019, 60% de la pornografía infantil del mundo se produce en México.

La saña de los asesinatos es cada vez más grotesca y desde la cúpula del poder maquillan las cifras y tratan de minimizar el horror, englobando los feminicidios en la categoría de crímenes comunes. La perorata es estéril porque si se priva de la vida a una mujer por el hecho de ser mujer, como tal vez le sucedió a Dana, la protagonista de esta historia, se cometió un feminicidio. Si en el crimen hay signos de violencia sexual de cualquier tipo, es feminicidio. Si a la mujer se le violó o se le infringieron mutilaciones degradantes antes o después de asesinarla, es feminicidio. Si alguna pareja, expareja o conocido con quien hubo una relación sentimental o afectiva, la incomunicó, ejerció violencia física en su contra y la mató, es feminicidio. En fin, cuando un macho, conocido o ajeno, se siente lo suficientemente empoderado para hacer cualquier cosa a una mujer, sintiendo que el cuerpo de ella es su botín, su propiedad, y la asesina, es feminicidio.

El Observatorio Ciudadano Nacional del Feminicidio registró, de enero de 2014 a junio de 2016, la desaparición de más de diez mil mujeres en México. En 2017, se reportaron tres mil doscientas mujeres asesinadas tan sólo en el primer trimestre, y para 2019 se hablaba ya del año más violento de las últimas décadas con miles de mujeres atacadas brutalmente en todo el país: niñas, jóvenes y adultas violadas, apuñaladas, estranguladas, mutiladas, quemadas con ácido, drogadas o desolladas, víctimas cuyos cuerpos, si se encontraron, fueron hallados en terrenos baldíos, carreteras, depósitos de agua, escusados, tubos de drenaje y contenedores de basura.

El vergonzoso expediente abierto de casos de desaparecidas en México contabiliza más de veinticinco mil en una década, en su mayoría impunes, porque el sistema de justicia mexicano sólo abrió carpeta de investigación para 7% de ellos y menos del 3% cerró con una sentencia.

La historia de Dana Rishpy, una extranjera, una turista israelí que desapareció en 2007 en Tulum, es un rostro más que se suma a las desaparecidas y muertas de Ciudad Juárez, Ciudad de México, Puebla, Veracruz, Quintana Roo o Guerrero. Es un rostro más entre la narrativa escrita con letras de sangre, frustración y desesperanza. Es un grito rabioso que no hay forma de silenciar. Es el clamor con el que muchas mujeres de todos los ámbitos, desde lo individual y familiar, lo social, económico, político, cultural y religioso, nos negamos a guardar silencio, a sucumbir ante la crudeza de la realidad.

Dana es un nombre más junto al de Fátima, la pequeñita de siete años que fue violada y mutilada, al de Erika, Ingrid, Norma, Guadalupe, Minerva, Isabel, Daniela, Pilar, Janet, Fabiola, Sandra, Nancy y tantas mujeres más, cuyos deudos sobreviven delirantes, desde aquel instante en el que sus hijas les fueron arrebatadas.

El duelo para todas esas familias es perpetuo, una congoja sin fin. Los Rishpy, como tantos más, ni siquiera saben qué le sucedió a Dana. El calvario tiñe de lágrimas cada minuto de su existencia. A su niña se la tragó la tierra mexicana. No han podido darle sepultura. No saben si murió, o si quizá, aún hoy, catorce años después de su desaparición, sobrevive oprimida en algún rincón del mundo siendo víctima de trata.

El idílico México de pirámides, playas y artesanías torció el rumbo. Se convirtió en el paraje del miedo, la parálisis, el llanto y la zozobra. Es el territorio de las más negras pesadillas de Dania y Dror Rishpy, que aún se despiertan de noche deseando volver a abrazar a Dana. Quisieran, dicen ellos, al menos tener una tumba, un remanso de consuelo a donde ir a rezarle a su niña un *Kadish*, una plegaria para que su alma descanse, para que sea suyo el paraíso luminoso de las almas justas.

El desconsuelo

El 20 de julio de 2007 conocí a Dania y Dror Rishpy, los padres de Dana, joven israelí desaparecida a sus veinticuatro años en Tulum, casi cuatro meses antes, el 30 de marzo. Insomnes y frustrados, francamente agotados después de una búsqueda estéril en la que la familia logró conjuntar la evidencia del caso siguiendo de cerca al principal sospechoso, se marchaban de México sin su hija, sin su cuerpo, sin saber cómo atrapar al culpable porque las autoridades se mostraban ajenas, indolentes, sin ninguna voluntad de cooperar. A sus ojos, la procuraduría o era cómplice o totalmente incapaz de cumplir con su responsabilidad.

Yosef Livne, embajador de Israel en México, me había llamado para ver si yo podía publicar una pequeña nota en *Reforma* diciendo que se marchaban con amargura e impotencia porque, al dolor de la pérdida, se sumaban los titubeos del poder judicial mexicano y las falsedades que las autoridades vertieron a los medios de comunicación para cerrar el expediente.

Bello Melchor Rodríguez Carrillo, entonces procurador de justicia de Quintana Roo, había filtrado a la prensa a mediados de junio, dos meses y medio después de la desaparición, que Dana Rishpy, a quien tildó de "drogadicta" y calificó como "una chica conflictiva, en guerra con su madre" —aseveraciones sin fundamento, producto de su total inventiva—, había sido hallada en Centroamérica. Sentenció que, lejos de estar perdida, estaba de fiesta, específicamente de reventón con su novio. Declaró con bombo y platillo que el escandaloso caso se desmoronaba, que para las autoridades era un proceso sellado. Una causa cerrada, archivada.

—Todo, absolutamente todo lo que declaró Bello Melchor y luego repitieron los medios de México, es falso —me dijo entonces Dror, padre de Dana—. Quiero gritarlo con toda mi alma: Dana sigue sin aparecer y no sabemos cómo encontrarla. En México no hay con quién hablar, las autoridades viven entre mentiras. No quiero ni pensarlo pero tengo casi la certeza de que a mi hija la mataron, de que Dana no existe más.

Bello Melchor declaró que la habían encontrado con un novio en Belice o en Honduras. Era una mentira rotunda. Ella seguía desaparecida, no tenía novio y la explicación del proceder de las autoridades era evidente: estaban por iniciarse las vacaciones de verano y el gobierno mexicano buscaba defender al coto del turismo. No les convenía que la paradisiaca imagen de la Riviera Maya, el "paraíso seguro" de millones de visitantes al año, el de mayor derrama económica del país, se manchara con el asesinato de otra turista más.

Hasta Joaquín López Dóriga, titular del noticiero nocturno de *El Canal de las Estrellas*, propiedad de Televisa, uno de los espacios noticiosos con más audiencia en televisión, hizo un amplio reportaje el 14 de junio en el que publicitó que el caso de Dana —"un escándalo mediático promovido por los padres", así lo dijo— se cerraba porque la chamaca ¡estaba de reventón en Centroamérica!

—López Dóriga difundió el engaño sin corroborar la nota y cuando Dania y yo le llamamos para decirle que era una mentira no quiso ni siquiera tomarnos la llamada —la indignación de Dror, mezclada con amargura ante la injusticia aumentó.

A fuerza de repetirse, la farsa se entronizó como verdad dando carpetazo al caso. De hecho, aquel 20 de julio de 2007, cuando el embajador de Israel me citó en su oficina, los Rishpy tenían una única intención: que se supiera que seguían buscando a su hija por cielo, mar y tierra. Deseaban que se publicara una pequeña nota creíble en los diarios donde se precisara la verdad, y se señalara que, desde el extranjero, intentarían mover hilos de instancias internacionales de búsqueda para hallar a su hija desaparecida en México.

Perdida en el alud cotidiano del exceso de información, como nos sucede a casi todos, el caso me era relativamente ajeno. Alguna vez había escuchado que una israelí había desparecido, pero luego pasé a otra cosa y olvidé el asunto con total desconocimiento de los pormenores.

Ese día de nuestro encuentro, me bastó mirar los ojos de esos padres sumidos en el abismo de la tristeza para constatar que no bastarían dos párrafos para cerrar el capítulo. Había que abrir el expediente de forma categórica, contarlo todo y a ello me aboqué durante un par de meses.

Con los Rishpy pasé sus últimas treinta y seis horas en México, no dormimos, no hubo tiempo que perder. Investigué luego todos los detalles del caso, estudié los expedientes, entrevisté a casi todos los implicados. No a Mathew, el último personaje que vio a Dana, porque no respondió mensajes ni *emails*.

Con todo ello, escribí una crónica seriada de cinco entregas que fue publicada en la primera plana e interiores del *Reforma*, del 1º al 5 de octubre de 2007. Hubo también una posdata, el 6 de octubre, con la información que proveyó una mujer que leyó mi reportaje, reconoció a Dana en las fotografías y brindó nuevas pistas para dar seguimiento al caso.

Éste es el recuento...

Desde el inicio

La primera llamada de alerta la recibieron los padres el 7 de abril de 2007. Telefoneó un joven al departamento que los Rishpy ocupaban en Nueva York, el número estaba anotado en una libreta de Dana. Respondió Dania, la madre. Fue un intercambio somero, aparentemente trivial.

—Soy Mati, conocí a tu hija, dejó su mochila conmigo y yo me tengo que ir.

No dijo dónde ni cuándo la conoció, tampoco su nombre completo ni a dónde tenía que irse. Los padres no preguntaron nada, ni siquiera si él sabía dónde estaba Dana.

—Muchas gracias. Déjale la mochila en la recepción del hotel. Hazle llegar una nota para que ella sepa en dónde encontrar sus cosas al rato que regrese.

Para los Rishpy fue una llamada intrascendente. Su hija, una joven sensata y altamente previsible, seguramente había partido de excursión, quizá a Chichen Itzá, y volvería en la tarde. Nada de qué preocuparse.

Dana, de nacionalidad israelí y alemana, había viajado a Cancún el 26 de marzo desde Los Ángeles. Era la benjamina de la familia, nacida más de diez años después que sus tres hermanos mayores, una niña que se crio mimada y consentida por sus padres. Con ellos, aventureros incansables, había viajado a variados rincones del mundo y ahora, ambos retirados —Dror fue piloto de El Al durante más de treinta y cinco años, y Dania, agente de viajes—, disfrutaban el ocaso de sus días conociendo lugares exóticos y, dos veces al año, de manera recurrente, descansando en una casa propia en la isla de Menorca y en un departamento prestado en Nueva York.

No era la primera vez que Dana viajaba sola. Al concluir el servicio militar obligatorio en Israel, visitó Tailandia y ahora, después de su paso por San Francisco, a donde fue a buscar una escuela de animación por computadora, llegó a México deseosa de conocer gente nueva, disfrutar sol y playa, aprender historia y cómo se vive en otras latitudes.

Inicialmente había querido ir a América del Sur, pero sus padres la desalentaron.

—Nos parecía que países como Colombia, Costa Rica o Guatemala podían ser peligrosos para una joven que viaja sola.

Un par de días después llamó para decir a sus padres que había conseguido un boleto barato a Cancún. Todo se alineó, como si el destino ahí la hubiera encaminado...

—Nos encantó la idea de que fuera a México. Treinta años atrás, nosotros habíamos ido a la zona y recordábamos Cancún como un sitio idílico de arena blanca, un destino que nos traía los mejores recuerdos.

Dana era un remolino de inquietudes, una mujer multifacética, quería tomar un respiro de sus variadas actividades deportivas y proyectos artísticos. En Israel todo mundo la conocía porque tenía cuatro años doblando programas para niños, ella era la voz de Sakura Kinomoto, la protagonista de la popular serie japonesa que en Israel fascinaba a todos los niños de entre siete y quince años. Contaba inclusive con un sitio en internet como Sakura y un asiduo grupo de fans. Aprendía, además, técnicas de animación porque quería trabajar en Pixar o Walt Disney y, a largo plazo, producir películas propias.

Como si su tiempo fuera a agotarse, se entrenaba también para ser atleta: su fuerte eran las carreras de cien metros planos e iniciaba una promisoria carrera como cantante. Unos meses antes de dejar Israel rumbo a América, compuso una canción con acento de rock y filmó un videoclip casero con su amiga Boaz Peleg en el jardín de su casa, mismo que subió a YouTube con el link: www.youtube.com/watch?v=I0hPuEpm9uE. Varios miles de israelíes vieron el rítmico clip en una semana y un productor la invitó a componer más canciones para lanzarla al estrellato. Entusiasmada por aquella llamada, había quedado con aquel hombre que, a su regreso a Israel, tendría más material que ofrecerle.

Como una paradoja del destino, en aquel video —que tras la desaparición sumó más de trescientos mil visitantes entre los distintos portales a los que se subió— Dana portaba una playera negra con la leyenda *Alive*: Viva. Decidida y guapa, echada para delante, les cantaba a los hombres, les pedía que no la acosaran, que le permitieran respirar, florecer en libertad.

Con palabras en hebreo que hoy vuelan como hojas secas, Dana les decía a Ofer y a Yoni, a Tomer, Eyal, Dor, Ronnie y Chagai que entendieran que no quería atarse a nadie, que la dejaran en paz. Deseaba ser independiente, bailar con libertad, vivir sin complejos, opresiones o cargas, ser mujer sin necesidad de tener un hombre a su lado. Decía: "Si el amor apareciera yo sabré reconocerlo. Por ahora, déjenme en paz."

Harta de las relaciones superficiales, Dana, una niña de tez blanca con estampa inocente, parecía anticipar el peligroso acoso de los hombres. Meciendo rítmicamente su larga cabellera lacia de un lado a otro, cantaba animosa sin saber que, lejos de Israel, del otro lado del mundo, otro hombre, en el lugar equivocado, la dejaría escasos meses después, tal vez sin aliento, sin vida, sin sueños, a pesar de su fecundo anhelo de vivir.

Cancún, una cita con el destino

Los padres de Dana se marcharon de Israel rumbo a la Patagonia a finales de enero de 2007. Dror tenía setenta años, Dania, sesenta y tres. El plan era ir a acampar durante dos semanas a la zona de El Calafate. Su *tour* incluía una caminata con un experto sobre los senderos de hielo en Perito Moreno, disfrutando imponentes vistas de lagos, formaciones glaciares y desprendimientos.

—Para nosotros la edad nunca ha sido un impedimento. ¡Siempre hemos sido más aventados que cualquiera de nuestros cuatro hijos! —me dijeron.

Dana se decidió demasiado tarde para ir con sus padres. Ellos hubieran querido que los acompañara, pero cuando se animó, el grupo estaba cerrado y no hubo una sola cancelación.

La noche antes de irse, la última que compartirían con Dana, su casa fue un hervidero, numerosos medios de comunicación israelíes buscaban a Dror Rishpy, la celebridad del día, para arrancarle alguna confesión en torno al estreno de la película británica *El último rey de Escocia*, alusiva al cruel dictador ugandés Idi Amín, porque Dror había sido su piloto personal de 1965 a 1967, cuando tras la independencia del país africano, Israel dio asistencia militar y de inteligencia a Uganda.

Los periodistas buscaban abrir el anecdotario. Era imposible imaginar que, como una paradoja del destino, a su regreso a Israel, los Rishpy nuevamente encontrarían a la prensa en su casa, ahora por la desaparición de Dana. Una trama inesperada, desoladora.

Dror, que aún no veía la película, contó entonces que, antes de que Idi Amin se convirtiera en el macabro y tiránico dictador de ojos encapotados, era un niño con el que él se divertía a carcajadas. A diario pedía sobrevolar la sabana asustando leones y elefantes, desgarbados ñus que corrían aterrados ante el ruido y el ventarrón que originaba el avión a su paso.

Relató que el entonces jefe de las Fuerzas Armadas de Uganda, alguna vez quiso subir a un búfalo vivo al avión para verlo bufar y bambolearse en el aire. Cuando después de una gran discusión se convenció de que, si lo hacían, podían estrellarse, le dio su pistola a su hijo para que matara al animal de un tiro. El niño desgajó en dos al búfalo y así lo subieron al avión. Idi Amín viajó entonces satisfecho, abrazando a su presa sangrante.

—A Dana estas historias le inquietan y la entretienen —Dania, su madre, aún hablaba de ella en presente—. Le fascina jugar a ser niña, siempre ha sido un tanto infantil.

Luego de un rato prosiguió:

—Acaba de cumplir veinticinco años —su rostro de repente se ensombreció recordando su ausencia— y ni siquiera pudimos festejarla. Si la conocieras, me darías la razón: parece de dieciséis. Es tierna e inocente, colecciona peluches y objetos de los Ositos Cariñositos, no se pierde una película de niños y todo el día me abraza jugando a ser mi bebé.

Pasado un rato, remató con una frase lapidaria:

—Somos tan cercanas que no sé si podría sobrevivir sin ella...

Mientras los padres viajaban a la Patagonia, Dana iría a Estados Unidos. El plan era encontrarse a mediados de marzo en Nueva York para disfrutar un par de semanas juntos asistiendo a conciertos, escuchando óperas, visitando exposiciones de arte.

En febrero, Dana partió de Tel Aviv a Nueva York. Había concluido un curso de animación en la escuela HaKfar Ha Yarok, ubicada en Ramat Hasharon, en el norte de Tel Aviv, enfocada a alumnos sobresalientes. Diestra en el manejo de Photoshop y de Freehand, deseaba profundizar en las técnicas de animación y estaba empeñada en hallar alguna escuela norteamericana en donde pudiera perfeccionarse.

En Nueva York contactó a Ron Habib, amigo de la familia, fotógrafo que documentó escenas de guerra en Bosnia, Irak y Afganistán para la revista *Time*, y se ocupó asistiéndolo en su estudio, aprendiendo de él. De ahí partió a San Francisco, donde encontró un par de escuelas de animación, en una de las cuales, tras tomar consejo de sus padres, se inscribió para comenzar el curso unas semanas después y, finalmente, llegó a Los Ángeles, a casa de unos primos de su madre.

—Descubrió a esa parte de la familia y, disfrutando del clima cálido, Dana se estacionó ahí un par de semanas —me dijo Dania, quien esperaba a su hija con avidez en Nueva York.

Nevaba a destiempo en la ciudad de los rascacielos y Dana, que odiaba el frío, hablaba a diario con sus padres para postergar el viaje. Insistía que prefería quedarse en Los Ángeles o viajar al trópico, específicamente quería conocer Sudamérica, que soportar el gélido ambiente de Nueva York.

Fue así como de manera fortuita se topó con aquel boleto de 120 dólares a Cancún que marcaría para siempre su vida, una ganga que se presentó en su camino, imposible de desdeñar.

—Cualquier cosa va a ser mejor que el frío —dijo.

No sabía lo errada que estaba...

El blanco equivocado

Dania Rishpy colgó el teléfono el 7 de abril después de hablar con el tal Mati y le escribió a su hija un *email*.

> *Querida Dana: un chico que se llama Mati nos llamó para decirnos que dejaba tu bolsa en la recepción. Dijo que se tenía que ir. Por favor llama o mándanos un mail para saber cómo estás.*

Dana se había comunicado con su familia por *email* diez días antes, el 28 de marzo. Parecía feliz. Contaba que había estado en Cancún en un pequeño hotel donde conoció a "gente muy linda". El día 27 a dos franceses, el 28, a un alemán con quien recorrió las playas de Cancún y se tomó un par de fotos. Mandó las imágenes de aquellos encuentros. El 29 pensaba ir a Isla Mujeres donde, escribió, seguramente se toparía con muchos israelíes.

Decía que todavía no veía israelíes, "pero que todos los demás turistas eran lindísimos". Con ese "pero que" insinuaba que a quien le tenía confianza era a los israelíes. Tres veces mencionó que las personas de diversas nacionalidades que iba conociendo eran *very nice people*. A la distancia, Dana daba señas de ser una niña incauta, cándida y bonachona, quizá un tanto *naïf*.

—Muchos de los mochileros israelíes se relajan cuando viajan —explica David Dafni, representante en México de los Rishpy—. En casa todos viven con paranoia creyendo que el vecino puede ser un terrorista suicida dispuesto a inmolarse y cuando están lejos de casa bajan todas sus barreras al creer que están fuera de peligro, que todos son buenísimos, como decía Dana. Los jóvenes israelíes tienen necesidad de desahogar su tensión y, para conocer a más muchachos de su edad, entablar relaciones y vivir de manera intensa y sin preocupación, resquebrajan el estado de alerta al que están acostumbrados.

En Nueva York, Dania revisaba su *mail* continuamente esperando noticias de su hija, pero pasaban los días y no había respuesta. Le escribían cada vez con más insistencia.

Dana, por favor cuídate y comunícate. No olvides ponerte crema de sol. Te queremos.

Un día después:

Dana, ¿qué pasa?, ¿por qué no sabemos de ti? Llámanos.

A la siguiente mañana:

Dana, ¿por qué no respondes? Nos estamos preocupando...

Sensata, como dice ser, Dania trataba de no alarmarse.

—Sé que cuando uno está de viaje, a veces es difícil comunicarse. Nosotros, mientras acampamos en la Patagonia, no tuvimos contacto con la familia durante poco más de dos semanas. Me reconfortaba pensando que *no news, is good news*. Creía que si algo le hubiera pasado, nos habríamos enterado.

Dania, siempre optimista, era de quienes pensaban que su familia estaba blindada con una coraza de buena suerte.

—Durante la última guerra de Israel, desde nuestro departamento veíamos todo el norte del país, hasta las montañas de El Líbano. Cuando Hezbolá atacaba, escuchábamos las sirenas y Dana y yo corríamos al sótano blindado a resguardarnos. Sólo nos quedábamos ahí un par de minutos y luego, curiosas, salíamos a ver desde la terraza dónde había caído el bombazo. Siempre creí que las cosas malas sólo le podían pasar a otros, nunca a nosotros.

Sin embargo, en Nueva York comenzó a tener un extraño presentimiento de que algo muy malo estaba por sucederles.

—Nunca había sentido algo así, era inexplicable.

Comenzó a percibir que su vida había sido demasiado buena e imaginó que se avecinaba la muerte de alguien cercano. Pensó en sus padres, ambos nonagenarios.

—Cuando Dania expresó su miedo —me confesó Dror—, yo más bien tuve una aprehensión irreflexiva por Dan, nuestro hijo, que vivía en Valencia. Le llamé tantas veces que lo dejé intranquilo. Por la cabeza de ninguno de nosotros pasó que el problema iba a ser Dana.

El domingo 15 de abril, Dania entró al *hotmail* que comparten los miembros de la familia. Dana no había entrado a su correo desde hacía dos semanas y los emails, aún sin leer, se habían ido acumulando. Dania reconocía todos los remitentes: amigos de Israel, familiares, primos desperdigados por el mundo, pero uno de inmediato atrapó su atención. El remitente era Flower Power. Lo abrió con recelo, ese sobrenombre le parecía sospechoso, podía ser alusivo a *hippies* o a drogas.

—Dana es vegetariana desde los cuatro años, está siempre preocupada por una vida sana, no soporta el cigarro ni el alcohol, no viste nada de piel de animal y mucho menos tolera a quien consume drogas. Era extraño que se relacionara con alguien con ese apodo. Flower Power no formaba parte de nuestro imaginario familiar.

El *email* correspondía a Mati, el mismo joven que les había llamado con el cuento de la mochila. A las 4:45 de la tarde del 7 de abril, después de haber hablado con Dania para hacerle saber que tenía las pertenencias de su hija, Flower Power le escribió a Dana:

> *Hola, me voy de mar caribe. Tus bolsas estarán en la recepción. Es sábado y yo tengo que seguir. Espero que tengas un buen viaje. Cuídate, Mati.*

¿Dror y yo nos preguntábamos dónde es "mar caribe"? ¿Sería una hostería, una pensión de estudiantes?

Dania entró en Google a buscar si era el nombre de algún hotel de Cancún. Le botaron más de ochocientas mil referencias alusivas al mar Caribe en el Atlántico, ningún sitio preciso por donde comenzar la pesquisa. No tenía tampoco el teléfono de Mati, nunca se lo pidió.

Dror optó por escribirle:

Hola Mati, hasta el día de hoy seguimos sin saber nada de Dana. ¿Tienes alguna idea de dónde podría estar? Por favor comunícate porque estamos preocupados. Agradecemos de antemano tu ayuda. Dania y Dror, papás de Dana.

Ese mismo día, Mati respondió con otro email:

Hola Dror soy Mati no he visto ni escuchado nada de Dana desde el sábado 31 de marzo. Me mencionó que conoció a un joven australiano en Isla Mujeres antes de venir a Tulum. Se suponía que me iba a encontrar a la 1:00 del sábado 31 en la cabaña. La última vez que la vi fue a las 11:30 ese sábado, ella iba a ir a las ruinas posiblemente con algunos jóvenes de Quebec. No la vi a la 1:00, así que le dejé una nota en la puerta para que me encontrara a 200 metros de ahí, en un sitio para acampar en la playa que ella conocía del día anterior. Perdón pero no tengo más información. Cuídense, Mati.

La información les cayó como un chubasco. Era la primera vez en su vida que escuchaban la palabra Tulum, nada sabían de sus exuberantes selvas, zonas arqueológicas ni cenotes sagrados. Las ideas comenzaron a revolotear en sus mentes. Si desde el día 31 de marzo Mati no había visto a Dana, ¿por qué se había comunicado con ellos hasta el 7 de abril, una semana después? ¿Por qué no levantó ninguna voz de alarma? ¿Por qué a pesar de que abrió la mochila para encontrar el teléfono de los padres y sabía que ahí estaban dinero, documentos y todos sus artículos personales, no dijo nada antes?

Las cosas olían mal, pero trataron de guardar la calma. Mati era su única fuente de información, había que mantener abierta la comunicación. Además, preferían anclarse a la cuerda del optimismo, creer que Dana estaba bien. Dror le preguntó el nombre de la cabaña en Tulum, también si sabía de alguna otra persona que hubiera estado en contacto con Dana.

El 16 de abril recibieron el segundo mensaje de Mati:

> *Las cabañas se llaman Mar Caribe, están en la playa norte de Tulum, junto a las ruinas. No tengo el nombre de nadie. Cuídense, Mati.*

Nuevamente buscaron en internet y no encontraron ningún hotel con el nombre de Mar Caribe. Retomaron la comunicación:

> *¿Tienes la dirección, el teléfono, algún email? Queremos saber si Dana recogió la mochila que le dejaste en la recepción...*

Mati se mostraba críptico. No dijo que él seguía en Tulum, no ofreció ningún dato de su identidad, no mostró la menor intención de coadyuvar en la búsqueda de Dana. Tres semanas después de la desaparición de Dana, es decir, el 21 de abril, Mati contestó por última vez. Con estilo escueto, casi telegráfico, respondió:

> *No tengo ningún dato de Mar Caribe, pero está junto a Don Cafeto. Quizá eso les resulte útil.*

Aquel día, Dania y Dror volaban de regreso de Nueva York a Israel. Tomaron la decisión de viajar a Tel Aviv y no a México —quizá una salida errática porque los días siguieron pasando impasibles—, pensando que, desde allá, con el apoyo de conocidos y de la oficina de personas extraviadas en el Ministerio de Asuntos del Exterior de Israel, podrían tener mayor margen de acción.

—Sin hablar español, sin conocer a nadie, ¿qué íbamos a hacer en México? ¿Pararnos en la playa de Tulum a llorar, a gritar que nuestra hija desapareció? —así justificó Dror el tiempo perdido.

El día 23 de abril, los Rishpy buscaron por internet el teléfono de la Policía Judicial de Tulum. Llamaron una y otra vez, hasta que les respondió Pablo, un oficial. Fue él quien el día 24 de abril dirigió a un equipo de policías a las cabañas Mar Caribe, ubicadas en la playa, exactamente en el kilómetro 0.470 de la carretera a la zona arqueológica, a fin de investigar si Dana estaba ahí, si Dana había ido o no por su mochila.

Mar Caribe era como se denominaba a una decena de rústicas palapas de madera con piso de arena y techo de guano, sin teléfono ni electricidad. Sergio Canul, el recepcionista y encargado, que sólo lleva una hoja de registro con el nombre de pila de sus huéspedes, negó la presencia de la israelí y confirmó que la mochila negra con verde turquesa tenía diecisiete días abandonada a la espera de que su dueña finalmente apareciera.

El rostro de la suerte

Esa mañana del 24 de abril, con el hallazgo de la mochila, veinticinco largos días después de la desaparición de Dana, se abrió apenas la primera página del expediente judicial. Ese día también, la Embajada de Israel en México y los medios de comunicación, mexicanos e israelíes, sabrían por vez primera del caso.

Todas las pertenencias de Dana, desde sus zapatos y ropa, hasta su cepillo de dientes, estaban impecablemente ordenadas en bolsitas al interior de la mochila. En otro bulto, más pequeño, estaba lo importante: un par de diarios escritos en hebreo, su cartera con diez *travelers checks* de cien dólares, su tarjeta Mastercard, su boleto de regreso a Tel Aviv vía Nueva York, sus tres pasaportes (el israelí, el alemán, por la nacionalidad alemana de su madre, y el de la

Comunidad Económica Europea) y un rompevientos, casi junto al cierre, de fácil acceso por si se ofrecía de último momento.

Ella era sumamente obsesiva con el orden y el acontecer de su vida, desde niña llevaba un registro puntual de cada instante de su existencia. En su casa en Haifa tenía decenas de diarios, fotografías y textos, inclusive llevaba un repertorio escrito de todos sus sueños, a veces cinco o seis por noche. Su madre, espantada con tantos testimonios, con tantos fantasmas: el expediente abierto de toda una vida, llegó a bromear con ella con una frase que, vista en perspectiva, pareciera premonitoria.

—Le dije: ¡Ay, Dana, documentas cada instante como si fueras a morirte pronto! ¡Ya párale, hija! ¿Quién crees que va a leer todo eso? En aquel momento ambas nos reímos con mi ocurrencia —recuerda Dania—. Hoy se me estruja el corazón al recordar mis palabras...

En la última página del diario que durante largos meses estuvo en manos de la Policía Judicial, Dana escribió en hebreo el 30 de marzo, seguramente el último día que pasó con vida:

Me fui de Isla Mujeres y de regreso a Cancún tomé un barco, dos camiones y un taxi. Me encuentro en la playa de Tulum, un sitio fuera de este mundo.

Cuenta que en el camión que la condujo a Tulum, conoció a dos suizos y, luego, a un americano que abordó en Playa del Carmen. Ellos le confirmaron lo que temía, que Tulum estaba abarrotado de turistas. Continúa:

Tomamos juntos un taxi a la playa. Los suizos encontraron una cabaña y yo acepté el ofrecimiento del americano de compartir la suya. Su nombre es Mati, es de Santa Mónica, tiene treinta y dos años. Ha vivido aquí durante dos meses, trabajando en bienes raíces. No sé qué pretende, pero yo con él no tengo ninguna intención, ni la más mínima. Tendría que rasurarse, bañarse y cortarse el pelo, y yo no voy a pedírselo. Quiere ser mi amigo, pero el tipo no me gusta. Apesta.

Señala que Mati se mostró empático cuando le contó lo que ella había vivido en Isla Mujeres. Dana había conocido ahí a unos jóvenes que la rechazaron y la habían hecho sentir mal. Escribió:

Es increíble cómo todo puede cambiar en un día. Hoy estoy feliz de estar aquí y de no haberme quedado en Isla Mujeres otra noche más. En la noche, vamos a ir a un bar con música viva. ¡Qué suerte tengo de toparme con un chavo como Mati que conoce tan bien este lugar!

Esa noche, Dana y Mati fueron a la fiesta de playa que cada viernes organiza el Hotel Mezzanine. Según declaraciones de israelíes, americanos y ciudadanos mexicanos, Dana estuvo ahí. La vieron tomando fotos, inclusive algunos la ayudaron a encontrar su cámara que se le extravió unos minutos. Fue la última vez que alguien la vio. Fue, quizá, su última noche con vida.

"¡Qué suerte tengo...!" fue lo último que escribió. Sin embargo, la suerte es sólo una cara del azar. La flecha de su destino había dado en el blanco equivocado.

La cuadratura de un crimen

La primera pregunta que Itzhak Erez, cónsul de la Embajada de Israel en México, le hizo a Dror Rishpy cuando el día 25 de abril lo telefoneó a Israel, era si Mati, sólo Mati porque aún nadie conocía su nombre completo, era un hombre de confianza.

Para Dror, Mati era una astilla, una fuente sospechosa porque ya ni siquiera respondía los *emails* que le mandaban pero, aún así, más que apelar a su intuición, Dror quiso aferrarse a la razón, al raro vínculo que lo unía con Dana, al único individuo que hasta ese momento sabía de la desaparición de su hija.

—Es totalmente de confianza, es un muchacho decente, fue él quien nos avisó de la desaparición de Dana. De él no debemos ni podemos desconfiar.

Erez organizó varios flancos de acción. Reservó un vuelo para salir esa misma noche del 25 de abril de la Ciudad de México rumbo a Cancún. Le envió un *email* a Mati, del que no tuvo respuesta. Contactó a Mark Stern, un médico israelí que estaba en Cancún para que le sirviera de guía y apoyo en la zona, y a varios israelíes que vivían en la Riviera Maya para que le ayudaran a recabar información y difundir los comunicados. Asimismo, diseñó un volante anunciando la desaparición de Dana que incluía fotos, nombre y datos de contacto en inglés, hebreo y español, mismo que mandó a pegar en espectaculares, hoteles y tiendas de Cancún y Tulum.

A medianoche del 25 de abril, Mark Stern recogió a Erez en el aeropuerto y juntos partieron a Tulum con el fin de reunirse, temprano el 26, con Mario Fernando Lira Manzanero, comandante de la Policía Judicial de la zona.

Esa misma mañana, Lira Manzanero convocó a una pequeña brigada de voluntarios, policías y periodistas para comenzar la búsqueda. Iniciaron en Mar Caribe, las cabañas donde se halló la mochila. Con una fotografía de Dana en sus manos peinaron la zona arqueológica, la playa Pescadores y la selva, preguntando a quienes encontraban a cada paso si la reconocían, si alguien la había visto. Hablaron con la gente. Buscaron implicados y testigos. Trataron de desentrañar los hilos de una desaparición inexplicable.

Pasado medio día, Mark Stern se separó de Itzhak Erez. Consideró que había que dirigir, cuando menos, dos flancos de investigación. Uno, para encontrar a Dana. Otro, para tratar de localizar a Mati. Con el apoyo del comandante Lira y de Aviv Gezonterman, un israelí de treinta y dos años que también vivía en la Riviera Maya, quien habló con Dana en la fiesta del Mezzanine, Stern comenzó a buscar a Mati, la última persona que vio a Dana con vida, el hombre que dio aviso de la mochila.

Hasta ese momento se buscaba a Mati como testigo, no como sospechoso.

Los hallazgos

A pesar de que en Tulum todos conocían a Mati, la policía aún no sabía nada de él, ni siquiera su nombre completo. Michaela, una alemana dueña del restaurante Azafrán, confirmó haberlo visto la noche anterior. Era su vecino, vivía arriba de su departamento y durante la noche escuchó sus pasos, movió muebles, hizo ruidos extraños que a ella la angustiaron. Dijo que hasta su pastor alemán, siempre tranquilo, le ladraba a él de manera inquietante.

Michaela los condujo al departamento. La puerta estaba abierta, los judiciales pudieron entrar sin tocar. Mati, sin embargo, no estaba ahí, acababa de irse. Ante la movilización del día anterior y la proliferación de panfletos con la foto de Dana en toda la zona, incluida la carretera de Cancún a Tulum, Matthew Ryan Walshin estuvo bajo aviso e intempestivamente decidió marcharse.

Justamente cuando Mark Stern, Aviv Gezonterman y policías dependientes del comandante Lira hurgaban el cuarto que había ocupado Mathew, él estaba abordando el vuelo 316 de US Airways de Cancún rumbo a San Francisco, vía Phoenix. Había estado en la Riviera Maya casi tres meses, desde el 5 de febrero hasta el 26 de abril, habitando sus últimos días en la zona ese pequeño espacio rústico con cocineta.

El maloliente departamento estaba asqueroso, infestado de colillas de cigarrillos regadas por doquier. Aún había hielos sólidos en una hielera, bebidas frías y un periódico de Miami del 25 de abril, del día anterior. Flor Pastrana Flores, amiga de Mathew desde 1996, era la dueña de ese departamento en el pueblo, ubicado sobre la carretera federal Tulum-Playa del Carmen, atrás del *night-club* Cabaret.

Según declaró Flor a la policía, Mathew le había liquidado las noches hasta el día 28. Por ser conocidos, le había cobrado sólo una cantidad simbólica: mil cien pesos, por casi quince días de alquiler. Un par de semanas antes, cuando se había marchado de Mar Caribe, tras dejar la mochila encargada, llegó a pedirle hospedaje a Flor Pastrana.

Era evidente que Matthew Ryan Walshin huía de la justicia y, por ello, se convirtió de facto en el principal sospechoso. En el piso del departamento, porque seguramente había salido con prisa, se le había caído su licencia de conducir. Emitida en Los Ángeles, California, esta identificación tenía su fotografía —misma que comenzó a difundirse—, su huella digital, su firma irregular un tanto esquizoide, su dirección en Estados Unidos y algunos otros datos personales. No tenía treinta y dos años como le había dicho a Dana, sino treinta y ocho; su fecha de nacimiento era 22 de diciembre de 1968.

Desde Israel, Dania y Dror Rishpy también hicieron su parte. Contrataron a un grupo de militares especializados en hallar cuerpos en zonas de desastre, temiendo que hubiese muerto ahogada o, quizá, al caer de un peñasco. Asimismo, encomendaron a Dan, hermano de Dana, quien hablaba español fluido, que viajara a Tulum para tratar de dirigir las pesquisas a fin de localizarla. La esperanza, en aquel momento, era que estuviera secuestrada o drogada en algún sitio remoto.

Además de buscar pedazos de ropa o huesos en las inmediaciones de la playa, los expertos israelíes examinaron minuciosamente la selva con perros entrenados, estudiaron las corrientes del mar y cuestionaron incesantemente a la gente sobre Dana y Matthew.

A pesar de tener tantos flancos abiertos, la información fluía a cuentagotas.

En realidad, era nula.

—A los policías mexicanos no les gustó que hubiera investigadores extranjeros en la zona y se replegaron sintiendo que se cuestionaba su autoridad. Sin saberlo, cometimos un error —acepta Dror.

Dan se enteró que una joven fotógrafa semanalmente iba a la fiesta del Mezzanine para tomar fotos. La contactó y revisó el material capturado el día 30 de marzo. Como esperaba, encontró varias imágenes en las que aparecía su hermana. En una estaba sentada de espaldas, observando el espectáculo de tambores afroamericanos. En otra, caminaba sola. En una más, aparecía tomando fotografías. También había una en la que conversaba con Steven William Miller, tío o primo de Matthew, de quien nada se reportaba en la investigación judicial.

Como claramente podía verse en todas las imágenes, Dana vestía una sudadera verde de manga larga, pantalones negros y al cinto cargaba su cámara. Dan constató que ninguna de esas prendas: la sudadera, el pantalón o la cámara estaban en la mochila de su hermana, aún custodiada por los judiciales. Concluyó que, con el calor de Tulum, que rebasaba los cuarenta grados Celsius al mediodía, Dana no pudo haber salido el día 31 de marzo con esa ropa puesta.

Si realmente partió a las ruinas a las 11:30, como dijo Matthew en uno de sus *mails*, hubiera tenido que vestir shorts y playera de manga corta, y habría guardado en su mochila la vestimenta de la noche anterior. Además, obsesiva como era ella para protegerse de los rayos del sol, se hubiera llevado su sombrero y su protector solar que aún estaban empacados.

Matthew había mentido. Dana desapareció la noche del 30 de marzo, al término de la fiesta del Mezzanine, y no como Matthew dijo, la mañana del 31. Dana jamás fue a las ruinas, todo apuntaba a que Dana desapareció o murió esa noche.

Líneas de investigación

El Ministerio Público comenzó a rendir declaraciones a los posibles testigos. En cada uno de los testimonios que están registrados en la averiguación previa T-386/2006, salía a relucir el nombre de "Mateo" o

"Matio", al que casi todos los entrevistados calificaban de persona problemática y cuestionable. En múltiples referencias se le definía como un hombre inestable, bronceado y delgado, con barba espesa, largos rizos rubios, inclusive hubo quien aludió a su crapulosa mirada azul.

Olaf, un empleado de Don Cafeto, lo recordó acosando a unas turistas argentinas. Szolt Fejer, un ciudadano húngaro que fue su amigo, declaró que Mateo tenía "problemas con mujeres" porque buscaba tener relaciones sexuales con ellas contra su voluntad. Yaad, una exnovia, reveló que Matthew era impotente y que se drogaba con marihuana y pastillas de éxtasis. Otra joven señaló de forma anónima que Matthew no paraba de hostigarla.

El testimonio de Scott, un norteamericano quien por su propia voluntad viajó a México para rendir declaración en cuanto supo de la desaparición de Dana, resultó revelador. Este discípulo de la clarividente Ann Brennan, autora de *Manos que curan*, declaró que el 4 de abril platicó con Matthew en la playa. Hablaron de bienes raíces y de su deseo compartido de comprar propiedades en la zona por el aumento de la plusvalía de la tierra, pero que, sin más, Matthew comenzó a hablar de una chica que había conocido, que se fue a las ruinas y que no volvió.

Le dijo a Scott que la mochila de ella estaba impecablemente organizada y que quería mostrársela porque no sabía qué hacer con ella. Scott, según expuso, no quiso ver las pertenencias de la joven y más bien cuestionó a Matthew por no haber dado parte a la policía. Matthew respondió que tenía miedo de avisar, que le inquietaba que fueran a sospechar de él. A Scott le sonó raro, le parecía muy equívoco su comportamiento, habían pasado cinco días y no había hecho absolutamente nada por la muchacha desaparecida, quien aparentemente había sido su amiga.

Se preguntaba, ¿por qué sentía tanto miedo? El relato proseguía. Un par de días después, cerca de las once de la noche, Matthew llegó muy asustado a la cabaña de Scott. Divagaba, de nuevo insistía en que no sabía qué hacer con la mochila. Aludía al pasaporte, a los mil dólares que dejó la chica, a una tarjeta amarilla con la información de contacto de los padres. Scott volvió a la carga con la misma letanía: enfatizó que de inmediato fuera a la policía. Matthew se negaba. Disperso y ansioso, notoriamente perturbado, sólo alivió su angustia cuando se le ocurrió una salida: pedir consejo a su padre, abogado en Los Ángeles.

Según declaró Scott, no se volvieron a ver más. Señaló, además, que Matthew acosaba a las mujeres y que, inclusive, en alguna ocasión, un hombre lo persiguió en la playa para golpearlo. Sus palabras, plasmadas en el acta judicial, fueron: "Tengo la corazonada de que Matthew es un tipo inestable, desequilibrado y de cuidado."

Un par de semanas después, por intermediación de la Interpol, la policía mexicana dejó registro en el oficio DGAPII/5315/07 de que Matthew Ryan Walshin tenía una historia criminal "bastante amplia" en Estados Unidos. La oficina del *sheriff* del Condado de Santa Cruz y Lakeport, tenía registros previos que lo comprometían. En 1989 fue acusado de violación, de resistir y obstruir a oficiales de la policía y de desacato a la corte. En 1990 fue acusado nuevamente por violación y agresión sexual, y sentenciado a cinco años de probatoria y 180 días de cárcel. En 1993 reincidió y fue acusado de agresión sexual en Santa Cruz y posteriormente en San Francisco.

Las torpezas de una investigación

Cansados de llorar a distancia, de moler las horas del día con tormentosos pensamientos, Dror y Dania Rishpy llegaron a México a finales de mayo. Desde Israel había ya muy poco que hacer, preferían estar en el lugar de los hechos, presionar, gritar a los cuatro vientos que su hija debía aparecer.

Les indignaba la tibieza de la investigación, la burocratización del sistema judicial mexicano. La policía de Quintana Roo no había cuestionado a fondo a los principales testigos, tampoco presionaba a las autoridades norteamericanas para obligar a Matthew Ryan Walshin a rendir declaración en torno a la desaparición de su hija. Dan, el hermano de Dana, y su tío Rafael, también hispanohablante, quien había viajado desde Israel para coadyuvar en la investigación, llevaban ya tres semanas yendo y viniendo de Cancún a Tulum, frustrados ante la parálisis de los funcionarios, ante una burocracia inútil e ineficiente.

Con el paso de los días, tras dos largos meses desde la desaparición, las pistas parecían agotarse. A la familia de Dana le inquietaba, sobre todo, que las preguntas a los testigos no fueran incisivas.

A Flor Pastrana, por ejemplo, defensora indígena de treinta y cuatro años, amiga de Matthew desde 1996 y quien le rentó por un monto simbólico el departamento número 2 de Chemuyil 13, donde él se refugió tras la desaparición de Dana, no se le cuestionó suficiente. Esta mujer, que en 2001 se había hospedado en la casa de Matthew en Maui, se enredó en una coraza de contradicciones para justificarlo.

Como quedó consignado en las páginas 51 y 52 de la Averiguación Previa T-386/2007, Pastrana declaró que el 31 de marzo en la tarde, día en que Matthew aseguró que Dana no volvió de las ruinas, ella se encontró con él. Dijo que Mathew le contó que quería mudarse, rentarle un departamento, porque Vicente, un artesano, lo tenía amenazado. Mezclando indistintamente los nombres de Mirador y Mar Caribe, Flor afirmó que Matthew no se cambió de hotel entonces, sino mucho después, porque "no podía con todo, lo suyo y lo de la chava" y porque "desconfiaba de dejar las mochilas encargadas".

Aseveró que ella misma leyó una nota de Dana en inglés que decía: "Espérame, voy a regresar", una nota que los investigadores saben que no existió. Como si alguien reclamara que Matthew no esperó lo suficiente, Flor añadió: "Mati hubiera querido esperar a la chava más tiempo, pero no toleró las amenazas de los artesanos."

Ella agregó un dato más. Dijo que, en abril, es decir después de la desaparición de Dana, Matthew compró una camioneta que aún seguía estacionada en el departamento que ella le rentó. El Ministerio

Público no le preguntó a Flor por qué pensaba que Matthew estuvo dispuesto a abandonar aquel carro nuevo, sin decírselo a nadie. Tampoco hubo intención de saber si no le había parecido extraño que hubiera comprado un coche, cuando sólo usaba bici para transportarse. Peor aún, no la cuestionaron sobre si aún mantenía comunicación con él, si ella era la responsable del coche, ni cómo era la supuesta nota que ella aseguraba haber leído.

—Los judiciales bien sabían que Flor mentía, pero la solaparon —me dijo Dror.

Tanto en sus declaraciones, como en un blog de internet que seguía el caso: http://yourfreepress.blogspot.com/2007/05/new-evidence-in-rishpy-case.html, Flor defendía a Matthew y acometía en su defensa con largas peroratas, algunas veces de manera anónima, otras con su nombre, en todos los casos con la misma retórica.

Inquietaba igualmente a la familia que la Policía Judicial tardara más de un mes, hasta el 25 de mayo, en citar a Zsolt Fejer, amigo de Matthew, un individuo tatuado en cada centímetro de su cuerpo, quien declaró que vendía drogas al menudeo en Tulum y Playa del Carmen. A un grupo de investigadores privados que tomó el caso en sus manos cuando la justicia mexicana quedó empantanada, Fejer, de treinta y cuatro años —apodado El Húngaro— les confesó que él mismo le vendía pastillas de éxtasis y de LSD a Matthew.

La investigación permitía deducir que Zsolt Fejer era un testigo valioso. Aparecía cerca de Dana en las fotos de la fiesta del Mezzanine y en el pueblo donde era bien conocido, todos lo reconocían como "buen amigo" de Matthew.

—Cuando llegamos a Tulum, cuestionamos a las autoridades para entender por qué no se había llamado a Fejer a declarar —me contó Dania—. Los policías nos decían que no lo habían hecho porque no lo encontraban, porque era difícil dar con sus señas de identidad. Nos sonaba totalmente ridículo. El colmo fue darnos cuenta de que, en una ocasión, al salir de las oficinas de la Policía Judicial, mi hermano oteó hacia la calle y ahí mismo lo vio. Todos reconocían a El Húngaro, seguramente los policías lo protegían y recibían su buena tajada por permitirle vender drogas en la zona.

Los hallazgos de la policía no parecían llegar a ninguna parte, inclusive era posible que estuvieran adulterados. La primera semana de mayo, por ejemplo, Dan y su tío Rafael hallaron el coche que aparentemente pertenecía a Matthew, una camioneta Toyota color gris con placas de circulación XPV605 de Oregon, que los judiciales decían no haber encontrado.

Cuando los Rishpy hicieron la denuncia del coche, un policía rompió el vidrio y, según dijo, halló restos de sangre que seguramente permitirían calificar el delito como lo que parecía: homicidio. La Procuraduría General de Justicia de Quintana Roo, tras asegurar y custodiar el auto, el 10 de mayo ordenó a la Dirección de Servicios Periciales que llevara a cabo un rastreo hemático con la prueba de Luminol para certificar el descubrimiento.

En los medios mexicanos e israelíes circuló ampliamente la información, se hablaba de una "pista contundente". La familia, a través de la Interpol de Jerusalén, envió un cabello de Dana y muestras de su ADN para compararlo con la sangre que estaba en el vehículo.

El químico Arnulfo Méndez, de la Subdirección de Servicios Periciales de la Zona Norte, realizó tres peritajes que resultaron contradictorios. El 10 de mayo, afirmó que en el piso de la parte trasera del auto y en la tapa de la cajuela existía la presencia de sangre. Unos días después, que la quimioluminiscencia del reactivo daba positivo para sangre animal en la parte media de la puerta. Y finalmente, tres días después, al aplicar bencidina, señaló como "rotundamente negativa la presencia de sangre humana o animal".

Para Dror, este asunto de la sangre y las consabidas declaraciones del perito fueron una llamarada de petate para entretener a la prensa, o bien, una forma malévola de encubrir el asesinato.

—Dania tiene un tío alemán especialista en ADN, internacionalmente famoso. Dijo que era absurdo y ridículo que un perito dudara si era sangre humana o animal, porque hasta con una muestra microscópica puede saberse. Peor aún que hubiera divergencia entre si era o no sangre.

Los investigadores que tomaron el caso por parte de los Rishpy pusieron en duda cualquier hallazgo respecto a este coche: que perteneciera a Matthew, porque la información provenía de las dudosas declaraciones de Flor, y que tuviera sangre humana, porque atrás del departamento, donde siempre estuvo estacionado había un rastro donde se llevaba a cabo la matanza de cerdos y aves para el consumo de los restaurantes locales. Según dijeron, los residuos de carne, grasa y sangre animal eran para distraer, formaban parte de una confusión.

La agonía de la incertidumbre

Desde su hogar en el Medio Oriente, los Rishpy habían actuado en paralelo con la investigación mexicana movilizando recursos y esfuerzos. Su casa en Haifa fue un hervidero durante todo el mes de mayo. Los amigos de la familia, los de Dana y los de los otros tres hijos de Dania y Dror —Dalit (cuarenta años), Dafna (treinta y siete) y Dan (treinta y cinco)—, les ofrecían toda clase de ayuda.

—Eran tantas las llamadas y sugerencias que nos abrumaban. Ni siquiera nos habíamos dado cuenta de que tuviéramos tantos conocidos, tantos amigos.

Una amiga de Dania, que vivía en Bélgica, viajó a Haifa para hacerse cargo de los torrentes de información. Además, con apoyo de especialistas, fueron armando un mapa siguiendo los movimientos de Matthew que continuamente se mudaba en el interior de Estados Unidos. De Maui se había ido a Santa Mónica, luego a Los Ángeles, siguió Nevada, ciudades donde su adinerada madre, vuelta a casar, poseía propiedades y pagaba hipotecas a nombre de su hijo.

Una persona de confianza de los padres de Dana contactó a la madre de Matthew, divorciada tiempo atrás, en su casa de Las Vegas, y le hizo saber que su hijo era sospechoso de asesinato. Ella escuchó a su interlocutora, pidió que nunca más la volvieran a molestar y afirmó que no colaboraría en absolutamente nada de aquel asunto en el que querían embarrar a su hijo.

Por su parte, Matthew optó por el silencio. Siguiendo el consejo de su padre —Perry Walshin, abogado, quien en su juventud trató de ser defensor de Charles Manson, el asesino de Sharon Tate—, Matthew dejó de responder, contestar *emails*, pagar sus gastos con tarjetas de crédito o contestar sus celulares. Con nueva imagen, barba crecida como *hippy* trasnochado, Mati, como le gusta llamarse, comenzó a brincar de ciudad en ciudad, evitando dejar rastro.

Ante la imposibilidad de encontrar pistas sólidas para dilucidar dónde podía estar Dana o, en su caso, su cuerpo inerte, los conocidos de la familia comenzaron a contactar brujos, chamanes y eruditos. Uno dijo que Dana estaba secuestrada en uno de los grandes barcos atracados en Tulum.

—Tuvimos que llegar a la zona para ver que ahí no había barcos —me dijo Dror.

Otro imaginó que Dana viajaba en un crucero rumbo a Arabia Saudita para formar parte del harem de un jeque, una explicación más acorde con la cultura de Medio Oriente que con la realidad mexicana. Uno más dijo que ella se había caído de un farallón y se había perdido en la profundidad del océano.

—Los expertos israelíes que estuvieron en México nos dijeron que, si se hubiera ahogado, las aves carroñeras hubieran dado aviso del cuerpo. Además, las corrientes hubieran expulsado pedazos de ropa o huesos a la playa y no había nada. Por lo tanto, esa hipótesis tampoco era plausible.

Cada propuesta abría un mar de posibilidades. Dana estaba en un barco con ventanas redondas, cautiva de una mujer. Atrapada en un bosque de Venezuela, drogada contra su voluntad. Presa en una jungla y, como en un cuento de brujas, su madre tenía que ir encontrando claves en su camino para liberarla. Atrapada en una cueva en Chihuahua. Desfalleciendo en un coche en la selva...

Un psíquico encendió cientos de velas, impregnadas de azúcar y canela con el nombre de Dana. Otro elucubró con objetos y fotografías. Casi todos insistían que estaba viva, pero no precisaban cómo llegar a ella.

—Estábamos muy desconcertados, no había pistas claras ni por parte de los adivinadores, como era obvio, ni tampoco por el camino judicial. La desesperación nos consumía. Nuestros hijos se despertaban con los gritos de Dana implorando ayuda, sin poder auxiliarla.

Antes de viajar a México, Dror buscó al ilusionista Uri Geller en su casa de Londres, mundialmente conocido por sus poderes psíquicos y telepáticos, amigo suyo de décadas. Sin prometer resultados, pidió la foto de Dana. No les dio falsas esperanzas, pero los contactó con un multimillonario que tenía oficinas de investigación en todo el mundo, también en México, quien aseguró que podría ayudarlos.

—Nadie sabe quién es ese hombre y nunca daré su nombre —afirmó Dror.

Fue a este magnate a quien visitaron cuando, a finales de mayo, los Rishpy llegaron a México. Él había ya mandado a un especialista a Cancún. Creían que, con su ayuda, de inmediato iban a fluir torrentes de información que aclararían el expediente empantanado. En ese momento, más que nunca, quisieron aferrarse a la idea de que Dana estaba viva.

El investigador, un hombre calvo que fue asignado por aquel millonario, relató que, con la foto de Dana en mano, fue a todos los prostíbulos de la Riviera Maya y que nadie la conocía. Visitó también a grupos del bajo mundo, también sin resultados. Más que darles información a los Rishpy, sembró preocupación. Dijo que desde el primer día que comenzó a buscar a Dana en Quintana Roo se dio cuenta de que lo seguían y le tomaban fotos. Les recomendó que tuvieran cuidado. Les anticipó que la mafia en Cancún estaba bajo alerta, parecía caldeada.

—No le digan a nadie que son padres de Dana, los pueden matar —fueron sus palabras.

Con este ultimátum les cortó las alas de tajo, mutiló la esperanza.

Los Rishpy, que contaban con más información que la policía misma, iniciaron su deambular en México atados de manos, desprotegidos.

Miel sobre cenizas

Bastó llegar a Cancún para toparse con Dana en cada rincón. Su hija sonreía en los espectaculares que mandaron instalar por toda la ciudad. La imagen se nublaba con la leyenda: "Desaparecida: Dana Rishpy."

En ausencia, escasos días antes acababa de cumplir veinticinco años. Se ofrecían cinco mil dólares de recompensa a quien diera información; el teléfono del Centro Nacional de Atención de la Policía Federal se había inundado de llamadas con información falsa.

Los israelíes, y en especial los Rishpy, estaban acostumbrados a ver la foto de Dana en carteles citadinos. Cuando tenía cuatro años, una muñequita de ojos verdes y mirada pícara, un amigo de la familia le había tomado fotos y, con el permiso de sus padres, su imagen la había ocupado el Moshav Lajish para anunciar las uvas producidas en Israel. Siendo niña todos la reconocían y, durante años, su rostro figuraba anunciando las frutas de Israel. Aparecía en camiones, escaparates, anaqueles, supermercados, cajas de fruta; sin embargo, a diferencia de entonces, su fotografía en México era miel sobre cenizas.

Dania y Dror llegaron a México asumiendo un compromiso como pareja. Independientemente de lo que les deparara el futuro, se mantendrían unidos como jefes de su familia. Pocos días antes de viajar, en Israel les habían presentado a un hombre que padeció el asesinato de su hijo en Estados Unidos, hacía cuatro años. Era veinte años menor que Dror, pero era ya un anciano. Fumando con desesperación, con los dedos amarillos de tanta nicotina, les contó que no sólo murió su hijo sino que, con la tragedia, lo había perdido todo: mujer, familia, dinero, amigos, salud, apetito y sueño. Nunca logró saber dónde quedó el cadáver de su hijo ni la memoria de su vida pasada. Dijo que cada miembro de la familia tuvo una idea de cómo responder a la pérdida y las recriminaciones terminaron en rupturas irreconciliables.

—Nos aconsejó no destruirnos, reconocer que, a pesar de todo, la vida continúa. Nos hizo prometer que no nos desplomaríamos en el hoyo negro que él cayó. Sobreviviríamos por nuestros hijos, por nuestros nietos. Por nosotros.

La retórica parecía fácil, pero era inevitable el llanto y el dolor, la pérdida del apetito y del sueño. Dania se contentaba con una ilusoria esperanza: mientras no hubiera cuerpo, todas las teorías y posibilidades estaban abiertas. No era esa la perspectiva de Dror. Para él, el escenario era contundente: su hija había sido asesinada.

—Alguna vez me inquietó ver su cabello tan largo —me confesó Dror—. Le dije: Dana, me da miedo que alguien te llegara a ahorcar con tu pelo. Para ella, era su orgullo de feminidad. Hoy me horroriza haberlo pensado. Me atormenta lo que ella pudo haber vivido en sus últimos momentos. Quizá, Matthew quiso violarla o drogarla. Quizá, Dana no se dejó. Ella era alta, veloz, capaz de defenderse, pero, pudo haber sucedido que él la haya estrangulado. Quiero suponer que no quería matarla, pero, es posible que así haya sucedido... Vivo atormentado con estos pensamientos, con estas disyuntivas. Vivo día y noche mortificándome. No encuentro consuelo...

Testigos clave

Dror piensa que Matthew no pudo haberse deshecho por sí solo de ella, alguien tuvo que haberle ayudado y esa fue su intención al llegar a México: hallar al cómplice.

—No la arrojó al mar ni a un cenote, tampoco la dejó a la intemperie. Mi impresión es que la enterró a más de un metro de profundidad en las dunas de arena de la Reserva de la Biósfera y, como suelen actuar los criminales, él se quedó en Tulum hasta que se cercioró de que sería imposible hallarla.

El Húngaro, quien dijo ser comerciante de playeras y artesanías, era el testigo que buscaba Dror Rishpy. Cuando finalmente fue cuestionado por la policía el 25 de mayo, Zsolt Fejer, ciudadano europeo que no se identificó con ningún documento, aceptó que el viernes 30 de marzo asistió a la fiesta de playa del Hotel Mezzanine. Dijo que fue solo y que, como a la una de la mañana, Mateo y ocho o diez personas más le pidieron aventón para llegar a Playa Esperanza.

Fejer rentaba una cabaña en Hydens Hideout donde se hospedaba con su mujer, de origen argentino, y con su niño pequeño, que habían llegado a visitarlo. Según declaró, había aceptado darles *ride* a quienes cupieran en la caja abierta de su camioneta Chevy roja. Aseguró que eran muchos, pero que sólo recordaba a Mateo y a una chica de pelo largo. Señaló que, como a las tres de la mañana, Mateo lo había despertado para pedirle una cobija. Declaró en repetidas ocasiones que él no había sabido nada más, sólo que, una semana después, Mateo le había contado que tenía la mochila de una chica que se había ido de viaje.

La declaración de El Húngaro, quien aceptó que le daba cápsulas de éxtasis a Matthew, quedó sin mayor cuestionamiento. La policía sabía y se confirmó en una entrevista posterior llevada a cabo por un equipo de investigadores independientes, que él era distribuidor en las fiestas y en las playas de LSD, éxtasis y otras drogas exóticas. Nunca fue perseguido por ello y ese delito federal hubiera podido ser motivo suficiente para que la Procuraduría General de la República asumiera un papel protagónico en la desaparición de Dana.

Las autoridades tampoco cuestionaron el asunto de la cobija. El Húngaro declaró que Matthew la dejó en la mañana en la cerca, pero nadie verificó que efectivamente la hubiera regresado al Hydens Hideout. Con la cobija hubieran podido realizar pruebas para confirmar o desechar hipótesis. Se sospecha que esa cobija que Matthew le solicitó a Zsolt Fejer, bien entrada la madrugada, sirvió en realidad para cubrir el cuerpo de Dana, para cargarlo y enterrarlo.

—El Húngaro seguro sabía mucho más de lo que en realidad confesó. Quizá ayudó a su amigo a desaparecer el cuerpo, tras el asesinato —me dijo Dror.

Los Rishpy reconocen que la policía de Quintana Roo inicialmente intentó investigar qué fue lo que sucedió: cuestionó a los recepcionistas de los hoteles, destinó a cerca de treinta elementos para explorar zonas selváticas, manglares y cenotes, indagó las salidas en líneas aéreas y centrales de autobuses, hurgó los expedientes de las arrendadoras de Tulum, realizó operativos en Campeche...

—Sin embargo, todos sus esfuerzos no fueron suficientes —me comentó Rafael, tío de Dana.

Bello Melchor, el procurador estatal ordenó el día 27 que la buscaran y la encontraran viva o muerta, pero, a medida que se acercó el verano y la afluencia de turistas, él mismo desvió el interés.

—Tulum resulta idílico a ojos de cualquier turista, pero la fantasía de ser un lugar placentero se camuflajea con la realidad: ahí conviven en simbiótica relación las drogas, el turismo, el comercio y la complicidad de las autoridades —puntualizó Rafael.

Cuando en Quintana Roo sintieron agotados los cauces, procedieron a realizar operativos de búsqueda en Belice con el fin de ubicar a Dana en otro sitio. El objetivo era claro: garantizar que la Riviera Maya fuera "zona segura".

El 7 de junio, antes de las vacaciones de verano, Didier Vázquez, director de la Policía Judicial de Quintana Roo, Jorge Rishmawy Ávila, agente del Ministerio Público de Tulum y Mario Fernando Lira Manzanero, comandante de la Policía Judicial del estado, partieron a Centroamérica a buscar a Dana. Siguiendo una ruta desde la frontera, es decir desde Corozal hasta el Cayo Plascencia, fueron mostrando la foto de Dana Rishpy a los pobladores. Los acompañaba Santiago Góngora, policía de Belice.

La mayoría de las personas que cuestionaron respondió lo mismo, nadie había visto a Dana. Sin embargo, Peral Leslei, una mujer

de sesenta y nueve años avecindada en Plascencia, al ver fotos individuales de Dana Rishpy y Matthew Ryan Walshin, dudó conocerlos,
pero luego acabó por decir que a "esa pareja" sí la vio.

—Segura, segura, no estoy, pero estos dos como que se parecen a
una parejita que pasó por aquí. No conozco sus nombres, eso ni me
lo pregunten, lo único que sí recuerdo es que se fueron a Honduras
—señaló Leslei, atreviéndose a añadir más detalles a la confusión.

Esa información vaga e imprecisa bastó para que el 14 de junio,
unos días después, Bello Melchor, el procurador estatal, afirmara de
manera contundente que tenía evidencia de que Dana estuvo con
"su novio" en Belice, que huía de sus padres y se dirigía rumbo a
Honduras.

Cuando López Dóriga hizo eco de esa nota en su noticiero nocturno en Televisa, Dania y Dror comenzaron a recibir llamadas de
felicitación de sus conocidos.

—¡Está viva, está viva! —les repetían familiares y amigos.

Bien sabían los Rishpy que ello era imposible. Matthew estaba
en Estados Unidos, conocían con exactitud el punto donde se encontraba. Era quimérico además que Dana se hubiera marchado sin
documentos, sin dinero y sin llamar. Era un ardid más de la procuraduría estatal.

Unos días después, Itzhak Erez, cónsul de Israel en la Ciudad de
México, le pidió a su homólogo en la Embajada de Israel en El Salvador que buscara a Peral Leslei en Plascencia y que le llevara fotografías de cualquier otra muchacha para ver qué respondía la mujer.
El cónsul se avecindó en su domicilio con imágenes de una de sus
sobrinas, con fisonomía totalmente diferente a la de Dana.

—Dígame, señora, ¿reconoce a Dana Rishpy? —le dijo el cónsul
mostrándole a Peral Leslei la foto de su familiar.

—Ya se los dije, es ella —eso respondió sin dudar, al ver las fotos
de las sobrinas del cónsul de la embajada de Israel en El Salvador.

Resultó obvio que Peral Leslei mentía, que tenía indicaciones de
confirmar la información que le presentaban, fuera cierta o no.

—No sé si fue cuestión de dinero o fue la necesidad de retribuir alguna deuda o favor. Lo que es un hecho es que la información era totalmente errática y falsa —me advirtió Itzhak Erez.

Dania Rishpy llamó la noche del 14 de junio a Televisa para aclarar la mentirosa alusión a Dana. Nadie de peso quiso responder a su llamada; optó por dejar un recado contundente del error, también dejó su teléfono. Ni López Dóriga ni nadie del equipo de noticias de Televisa estuvo dispuesto a contactarla ni a rectificar la nota.

Cinco semanas después, los Rishpy tomaron la decisión de regresar a Israel y compraron sus boletos para salir de México el 21 de julio. Escasos días antes, Juancho, un conchero que les llevó Mercedes Sauvignon, una amiga mexicana, les aseguró que Dana estaba muerta, que murió ahorcada.

—Nos vamos físicamente, pero no descansaremos hasta saber lo que sucedió la noche del 30 de marzo, cuando Dana desapareció —me dijo Dror.

A él y a su mujer les atormentaba saber que si Matthew Ryan Walshin saltaba a la vista como el principal culpable de lo acontecido, ni la fiscalía de Quintana Roo ni la Procuraduría General de la República hubieran presentado una petición para extraditarlo de Estados Unidos.

—Nos indignan las mentiras del gobierno y de los medios mexicanos. Dana jamás se fue de México, Dana seguramente murió aquí —Dror, quizá más realista que su mujer, se resignaba sabiendo que ella podía estar muerta.

—Nosotros no cesaremos hasta hallarla —ahora eran palabras de Dania—, continuaremos las pesquisas con el apoyo del gobierno israelí y del FBI. Tenemos esperanzas de localizar a nuestra hija, de encontrarla viva pronto.

El 1º de julio, Bello Melchor Rodríguez Carrillo, procurador de Quintana Roo, decidió cerrar el expediente. Dijo públicamente que Dana, una niña caprichosa, estaba jugando a las escondidillas con las autoridades.

Los Rishpy nunca lograron que la Procuraduría General de la República se involucrara en el caso y les ardía la sangre de escuchar tal nivel de complicidad, cinismo y estulticia por parte de Bello Melchor.

—¿Cómo es posible que con tantas pruebas, Bello Melchor actúe de ese modo? ¿Cómo es posible que las autoridades federales no tomen cartas en el asunto para resolver el caso, para evitar un conflicto diplomático, para favorecer la seguridad de Cancún? —eran las preguntas de Dror Rishpy.

Los empresarios y hoteleros de la zona, indignados ante la inseguridad creciente, en aquel 2007 exigieron, una y otra vez, que el procurador Bello Melchor fuera cesado de su cargo (*Expresión libre*, 1 de julio de 2007) porque, a la presencia del crimen organizado y a los asesinatos y desapariciones de turistas, se abultaba el narcotráfico que extendía su poderío bajo el amparo del gobierno.

Laura Susana Martínez Cárdenas, segunda visitadora de la Comisión Estatal de Derechos Humanos, denunció que la injusticia era tal en Quintana Roo, que ningún expediente se movía sin la debida gratificación.

El caso de Dana era uno más que se sumaba a una extensa lista. El crimen más notorio en la zona había sido el de los canadienses Dominic y Annunziata Ianero, degollados el 20 de febrero de 2006 en su cuarto del Barceló Maya Beach Resort en Cancún, hotel de cinco estrellas, tras asistir a la boda de su hija Lily.

Más de un año después, sin ningún avance en aquel brutal asesinato de los Ianero y sin ningún avance en la desaparición de Dana Rishpy, los quintanarroenses se preguntaban hasta cuándo seguirían las extorsiones, la ineficiencia, los atropellos de la justicia en su estado.

Posdata

El reportaje en *Reforma* del caso de Dana Rishpy, seis páginas del diario publicadas en octubre de 2007, arrojó nuevas pistas en torno a lo que pudo haberle sucedido a esa joven israelí de veinticuatro años, desaparecida seis meses atrás en la Riviera Maya.

En los días en que mi trabajo estaba siendo publicado, recibí valiosa retroalimentación de personas que me aportaron nuevos detalles del caso. Específicamente recogí información de dos fuentes fundamentales.

En primer término, un lector norteamericano me hizo saber que quince días antes, específicamente el 18 de septiembre, la policía de El Cerrito, California, había publicado en internet la detención de Matthew Ryan Walshin, hombre de treinta y ocho años residente de Henderson, por un disturbio provocado en el número 11100 de la calle San Pablo Avenue. Según me dijo este hombre, Matthew, que quizá por temor a ser aprehendido permanecía en los Estados Unidos, había sido liberado horas después en espera de que procedieran los cargos pertinentes del fiscal del condado de Contra Costa, en California.

El reporte, que bien pude corroborar, era el número 07-17543, en la página http://www.el-cerrito.org/police/pr_0709.html?tpl=prn, mismo que me permitió dar con el investigador Lozada, protagonista en esa detención.

Lozada, quien me pidió velar su nombre completo, durante más de dos décadas realizó labores encubiertas para capturar asesinos. Este expolicía de San Francisco, que luego sabría que fue contratado por los Rishpy —ellos habían decidido mantener en absoluta secrecía esa carta y no me la revelaron—, durante cuatro meses: desde el 7 de mayo de 2007, es decir, doce días después de su arribo a los Estados Unidos, hasta el momento del incidente en California, a mediados de septiembre, siguió a relativa distancia a Matthew Ryan Walshin, esperando el momento propicio para cuestionarlo.

La misión de Lozada, no necesariamente apegada a la legalidad, era buscar un acercamiento, una simple entrevista amistosa, para solicitarle alguna declaración en torno a Dana. Los Rishpy sólo querían saber dónde estaba su hija, el cuerpo de su niña.

Durante semanas, Lozada había estado pisándole los talones. A diferencia de otros *hippies* que permanecen hasta un mes en el mismo sitio, Matthew se había comportado como un nómada reacio a cualquier contacto con extraños.

—Lo suyo era ir de fiesta en fiesta, buscando música y drogas. No había forma de seguirle el paso —confesó Lozada—, de trabar amistad con él, de acercarse. Se quedaba sólo una o dos noches en cada sitio, luego migraba.

Así estuvo durante meses, casi siempre de un lado a otro en el norte de California, aunque a veces también manejaba de seis a ocho horas seguidas de un estado a otro.

—Hay quien diría que ese comportamiento errático y vagabundo es característico del estilo *hippy* pero, con mi experiencia, sé que también actuaba así porque huía de la justicia.

Según Lozada, Matthew se mostraba paranoico y vigilante. Manejaba con un nivel de alerta máximo oteando a menudo por el retrovisor para cuidar que no lo estuvieran siguiendo. Además, a pesar de tener tres coches propios, en todo ese tiempo sólo manejó autos rentados que cambiaba continuamente.

Esa noche del martes 18 de septiembre, Lozada creyó que había llegado la oportunidad que buscaba. A las diez de la noche vio que el coche con licencia 5YKH064, mismo que Matthew había conducido del condado de Marín a El Cerrito, estaba estacionado junto al restaurante de comida rápida Weinerschnitzel, en Madison, al oeste de la avenida San Pablo.

Como dejó escrito en el incidente #07-17543 de la policía del condado de Contra Costa, supuso que Matthew no tardaría en llegar. Lozada iba acompañado por los detectives Robert del Torre, Leonard Morrow, Steve del Fierro y Rich Cairns, que viajaban en otro auto. Al cuarto para las once de la noche, Matthew apareció. La calle estaba iluminada y Lozada pudo reconocer perfectamente su rostro. Caminó hacia él. La puerta del conductor ya estaba abierta. Se identificó como investigador privado y, cuando quiso interrogarlo, Matthew comenzó a gritar como un maniático.

—Sé perfectamente qué estás buscando y no pienso contestarte. ¡Déjame en paz!

—Tranquilo, Matthew. No grites.

—Vienes por lo de la chica de México y no pienso responder nada, ni una sola pregunta.

—Sí, por eso estoy aquí. Me contrataron los padres —le dijo Lozada—, tranquilízate, no voy a hacerte nada.

—¿Qué quieres de mí?

—Sólo quiero que me respondas un par de preguntas, queremos saber qué le pasó a Dana. Fuiste el último en verla.

—Yo no sé nada. Nada, me oyes. Nadaaaaaaa.

—¿Cuándo fue la última vez que la viste?

—No sé nadaaaaaaa.

—¿Por qué no avisaste antes de la mochila?

—Déjame en paz —mientras huía, Matthew movió vacilante su mano izquierda hacia su cintura.

Lozada temió que fuera a empuñar una pistola.

—¿Traes armas, Matthew?

—¡Maldito, te voy a matar! Sí te voy a matar, ¿por qué me sigues? No tengo nada que contestarte —gritaba iracundo.

Matthew probó clavar las llaves del coche en el ojo de Lozada. Lo intentó un par de veces, pero el investigador consiguió esquivarlo.

—Tranquilízate, Matthew, sólo quiero hablar contigo. Sólo hablar.

No había forma de aplacarlo, forcejearon unos minutos y Matthew, quien seguía gritando iracundo, finalmente logró encajar las llaves en la mano izquierda del investigador.

—¡Viejo maldito, yo no hice nada! ¡No tienes derecho a perseguirme! ¡Te voy a matar! ¡Te voy a matar!

Para contener la rabia y los gritos, porque la escena era brutal, Lozada tumbó a Matthew al suelo con ayuda del detective Robert del Torre, que se acercó a brindarle apoyo.

—¡Auxilio, auxilio! ¡Michael! ¡Ayú-da-me, Michael! —Matthew le gritaba con desesperación a su amigo Michael, dueño de la casa de la que había salido—. ¡Michael, son investigadores privados! ¡Dispárales! ¡Ayúdame!

Acto seguido, hubo un disparo proveniente del edificio colindante. Lozada y su equipo temieron que la escena acabara en tragedia. Durante tantos meses habían esperado ese contacto con Matthew, que resultaba ridículo el desenlace. La situación se les había salido de las manos. ¡Era una pena!

Con la ayuda del detective Del Torre, Lozada esposó a Matthew en espera de la policía local. Matthew gimoteaba como un loco. Mientras se arrastraba en el piso como un gusano herido, sonreía repitiendo una cantaleta mordaz que provocaba escalofríos:

—¡Nunca la van a encontrar! ¡Nunca! Escúcheme bien, ¿me oye?, busque todo lo que quiera. Nunca. Jamás.

Los oficiales Sagan, Hernández y Pierson, con el sargento Cliatt, detuvieron a Matthew y, creyendo que se trataba de un pleitecillo de barrio, decidieron ponerlo en libertad escasas horas después. Como una paradoja, después de exonerarlo, se enterarían que Lozada tenía razón, que Matthew estaba en la lista de "Most Wanted" del FBI por el caso de Dana (http://www.amw.com/missing_persons/brief.cfm?id=48334). La información llegó demasiado tarde y Matthew, quizá con el apoyo de sus influyentes padres abogados, se les escabulló, se salió con la suya.

Lozada siempre tuvo la certeza de que Matthew, en alianza cómplice con su primo Steven Miller —quien también estuvo en la fiesta del Mezzanine y de quien poco se sabe— tuvo absoluta responsabilidad en la desaparición y posible asesinato de Dana.

—Tras la desaparición de Dana, Matthew creyó que, al contactar a los Rishpy, quedaría exonerado de cualquier culpa —me dijo Lozada—. Creyó que se salvaría de ser sospechoso, pero quienes conocemos sus antecedentes sabemos qué tipo de canalla es, sólo estaba repitiendo un patrón de conducta criminal que bien conoce.

Lozada me aseguró que en 1989 Matthew llegó a la cárcel tras haber drogado hasta la inconsciencia a una joven en el campus de la Universidad de Santa Cruz, a la que luego violó.

—Le puso algo en su bebida y luego abusó sexualmente de ella —ratificó—. Como consecuencia, Matthew fue a la cárcel seis meses y estuvo en libertad condicional algunos años.

En 1998, con el oficio legal de sus padres, aquel cargo se redujo con cínica complicidad en su expediente. Por "buen comportamiento" pasó de ser crimen sexual, a simple fechoría. Es decir, fue delito menor.

—Tengo veinticuatro años de experiencia en casos de esa índole y nunca había visto un cambio tan radical de calificación en una sentencia como sucedió con el de Matthew Ryan Walshin. Supongo que sus padres, ambos magníficos abogados, supieron mover sus relaciones para argumentar en favor de su hijo, para minimizar el daño.

El investigador no logró su cometido de entrevistarse con Matthew y la oportunidad se malgastó. Perdida esa posibilidad, los Rishpy depositaron su última esperanza para saber qué pasó con su hija en la presión de los medios, en mi reportaje. Deseaban que el escándalo público ejerciera suficiente presión para provocar una actuación responsable por parte de las autoridades mexicanas. Su esperanza era que las instancias federales asumieran el caso bajo su jurisdicción y que tuvieran el suficiente interés de extraditar a Matthew Ryan Walshin para saber a ciencia cierta dónde había dejado el cuerpo de Dana.

Por desgracia, nada de ello sucedió.

El testimonio de "Olga"

La otra llamada que me cimbró fue la de una lectora que vivía en el norte de México, una aficionada al buceo que, al ver la fotografía de Dana en *Reforma*, me aseguraba haberla visto en la Riviera Maya, específicamente en Playa del Carmen, en fechas cercanas a su desaparición. Según me dijo, al leer el reportaje, se dio cuenta que, sin saberlo entonces, había pasado con ella lo que quizá fueron sus últimas horas de vida.

Olga —así la llamaremos porque, por miedo a represalias, me pidió omitir su nombre— leyó con fruición el reportaje en *Reforma* y, con un creciente nivel de angustia, tuvo plena convicción de que la niña drogada que ella conoció en Playa del Carmen, seis meses atrás, tenía un nombre: Dana Rishpy.

Hija de un acaudalado empresario del norte del país, Olga buscó por cielo, mar y tierra cómo comunicarse conmigo porque, tras repasar los detalles de mi texto, sentía la obligación moral de brindarme información importante. La primera vez nos reunimos en un café en Polanco y, cuando constaté que era una persona fiable, nos juntamos en mi casa un par de veces más.

El *hobby* de Olga era el buceo, por ello continuamente viajaba a la Riviera Maya. Estaba segura de que los primeros días de abril ella se había cruzado con Dana en la playa del restaurante La Tarraya, días después de la fiesta en el Mezzanine y antes del primer mail de Matthew a los padres.

—Fue el 4, 5 o 6 de abril. Lo recuerdo muy bien porque después de la boda de mi hija, viajé a Playa del Carmen.

Según me contó, como a las dos de la tarde, estaba ella sentada en La Tarraya, un sitio cerca del muelle muy popular y concurrido. Esperaba a José, su pareja, instructor de buceo y especialista en cenotes, cuando le tocó presenciar un alboroto, una situación extraña que, según ella, estaba ligada al reportaje.

—De lejos vi cómo se iba acercando una familia, un gringo grandote con su esposa. Tenían cuatro hijos adolescentes de entre dieciséis y veintiún años, dos mujeres y dos hombres, el más pequeño con Síndrome de Down. Ellos traían en brazos a una muchacha que cargaban como si fuera un costal. Estaba desfallecida, empanizada de arena y comenzó a hacerse mucha bola de gente porque la jovencita se les iba cayendo de los brazos.

Con el paso de los minutos, se fue armando un tumulto, inclusive llegaron algunos policías. Olga le pidió a Palillo, un mesero de su confianza, que se acercara a ver qué estaba pasando.

—Lo de siempre, señora —le respondió Palillo—. Traen a una muchacha perdida, drogada. La quieren detener los policías, pero la familia no acepta. Dicen que se la van a llevar con ellos al crucero.

A Playa del Carmen llegan los turistas de innumerables cruceros que atracan a diario en el Muelle Calica, junto a Xcaret, a menos de cinco kilómetros de ahí. Según dijo Olga, un par de policías se acercaron a cuestionar a los turistas y, palabras más, palabras menos, acabaron aceptando que la familia se hiciera cargo de la niña. Inclusive el comandante llegó a cerciorarse de que sólo fuera una chica pasada de copas y él mismo levantó un acta.

Olga recordaba que una mujer policía, de las que recorren la playa en *shorts*, fue quien tomó los datos de un estadounidense que llegó después, gritando que la chica era su novia, que él se haría cargo de ella.

—Esa acta existe, estoy segura. Los policías me contaron que la muchacha no era de esa familia, la habían encontrado tirada en la Quinta Avenida de Playa del Carmen y que, durante mucho rato, insistieron en llevársela con ellos al barco.

Al principio, Olga supuso que la chica era pasajera del crucero y que los miembros de aquella familia la conocían, aunque lo cierto es que ella no traía el corbatín del barco que los demás portaban en su cuello.

—Me dio una pena profunda ver a esa chica tan deshidratada y perdida, el sol estaba a todo y ella, rojísima, no parecía tener protector solar ni se preocupaban por cubrirla bajo alguna sombrilla. Se desvanecía continuamente, no había forma de que se mantuviera sentada.

Olga se acercó para aconsejarles que la pasaran a un camastro y, con la ayuda del joven con Síndrome de Down, la recostaron.

—Provocaba tristeza, a mí me angustió. La muchacha estaba muy mal. No estaba borracha, estaba como drogada, totalmente perdida, sin conciencia. Le enrosqué su cabello y le puse hielo en la nuca. El chavo con Down me estuvo ayudando. Inclusive traté de darle pequeñas cucharadas de agua en la boca. Tenía muchísimo pelo, negro, rizado, enredado como si durante días no se lo hubiera cepillado. Ella manoteaba, pero no podía emitir ni un sonido, ni siquiera lograba abrir los ojos.

Cuando José llegó, se enojó con Olga, le fastidiaba que su novia pasara tanto tiempo con desconocidos. Se veían poco, siempre había chavas borrachas y era absurdo que el poco tiempo que tenían para ellos, se perdiera atendiendo a gente pasada de copas que jamás reconocería la ayuda o tendría la mínima gratitud. Olga no hizo caso, se quedó como tres horas, quizá hasta las cinco de la tarde, enfocada en su objetivo: reanimar a la joven.

—Creo que los gringos eran mormones. En todo el tiempo que estuvimos juntos no tomaron más que agua y refrescos, ni una gota de alcohol.

Le contaron a Olga que vivían en un pueblito de Texas y que estaban fascinados con el recorrido en el barco. Habían zarpado de Miami, visitaron un par de islas del Caribe y la noche anterior habían atracado en Cozumel. Según decían partirían nuevamente a las seis de la tarde.

—La joven era un bulto. Mi única preocupación era evitar que se deshidratara.

Cerca de las cuatro, llegó un estadounidense gritando, exigiendo que le regresaran a su novia.

—La señora de Texas se puso al tú por tú con el tipo y hasta le pidió una identificación que le arrebató. Casi le pegaba, no paraba de increparlo. Le gritaba: ¡Te voy a denunciar en Estados Unidos por tener a tu novia en este estado! No te voy a dejar que te la lleves. ¡Eres un irresponsable!

Olga no recordaba el rostro de ese hombre y no fue capaz de reconocer si era Matthew o no.

—Yo estaba ocupada con la chica, mi única intención era brindarle fortaleza y mentiría si afirmara que puedo identificarlo, casi no volteé a verlo.

A las cinco de la tarde, Olga finalmente se fue de ahí porque José estaba ya muy enojado con ella. Además, la familia no tardaría en irse, su barco zarpaba a las seis. Olga no supo al final quién se llevó a la joven desfallecida.

—Hoy me resulta imposible entenderlo. ¿Cómo pretendía aquella familia subirla al crucero, sin pasaporte, sin datos, sin equipaje, sin ropa? —me dijo Olga en aquellos días de octubre de 2007.

A pesar de que ella viajaba casi quince días a la zona y en su momento vio los espectaculares que inundaron el área tras la desaparición de Dana, éstos no levantaron en ella ninguna sospecha, no despertaron la voz de alarma. Su explicación es que la fotografía del anuncio era una toma de noche, con el rostro de Dana bien iluminado, pero no se le veía el cabello.

Por eso, cuando leyó la historia en *Reforma*, ilustrada con una decena de fotografías, se fue de espaldas porque, según dijo, se dio cuenta de que la densa cabellera de Dana era la que tuvo ella en sus manos. Todo regresó de inmediato a su mente: la costra de arena, el pelo, la inconsciencia de aquella muchacha, la altanería del norteamericano que decía ser su novio.

—Hoy no tengo duda. Estoy segura, era Dana.

José, su compañero, también lo confirmó. Asimismo, los trabajadores del Tarraya recordaban a la joven, a aquella familia con un hijo con Síndrome de Down, a la muchacha drogada.

Uno de los meseros afirmó que el novio, al final, se salió con la suya: recuperó su licencia que la señora norteamericana le había arrebatado y se envalentonó para finalmente llevarse a rastras a la chica.

Trama inconclusa

Unas semanas después de que publiqué la posdata, los Rishpy viajaron nuevamente a México para reunirse con Olga, en un encuentro que les organicé, al que también asistieron algunos investigadores privados que seguían tratando de seguir las pistas para dar con el paradero de Dana.

Sé que siguieron varias líneas de investigación: fueron a entrevistar a los meseros del restaurante Tarraya, buscaron las actas de Playa del Carmen de aquellos días y, en el afán de dar con la familia texana, tuvieron acceso a todas las listas de pasajeros de los cruceros que atracaron en la zona. En los periódicos de Texas publicaron mi reportaje traducido al inglés y algunos anuncios buscando informes de la familia texana de la que Olga les habló. Creyeron que no sería tan difícil dar con su paradero, sobre todo por el distintivo de ese joven con Síndrome de Down. Asimismo, peinaron todas las iglesias mormonas de la zona.

Aunque a nadie nos pareció que Olga fuera capaz de mentir, las pistas nuevamente se toparon de frente contra un muro seco. No llevaron a ningún sitio. Pudo ser cierto que esa muchacha fuera Dana, pero, al final, ningún rastro, ninguna pista derivó en buen puerto.

Publicado el reportaje, Carmen Aristegui, una de las periodistas más respetadas de México, me invitó a su programa nocturno, entonces en CNN, para hablar del caso. Cuando estábamos al aire, entró una llamada. Era Bello Melchor Rodríguez, el procurador de Quintana Roo, quien, sin ofrecer ninguna prueba, me tildó a gritos de ser una mentirosa. Insistía en que Dana estaba de parranda, que yo tenía motivos ocultos, no paró de amenazarme, insistía que la Riviera Maya era un "paraíso seguro en espera de los turistas del mundo entero".

El caso hoy sigue siendo un enigma: Dana desapareció en Tulum en 2007 y nada se volvió a saber de ella. Nadie persiguió a Matthew, el principal sospechoso, no hubo cargos en su contra. Por otra parte, Bello Melchor Rodríguez archivó el caso y seguramente aún tiene mucha más información de la que quiso ventilar.

Dania y Dror, al igual que toda la familia Rishpy, siguen llorando su pérdida. Su súplica es que nadie los moleste más, a menos de que los datos sean certeros y fiables para arrojar luz sobre lo sucedido a su hija. El descomunal calvario les ha arrebatado sueños, sosiego y esperanza de futuro.

Mi intención, al abrir el caso una vez más, es lanzar una botella al mar de las certezas, al océano de los murmullos, al de los arrepentimientos, cimbrar a quienes en su momento guardaron silencio, para tratar de cerrar este doloroso capítulo y conocer la página final: ¿Qué le pasó a Dana Rishpy?

A diferencia de las otras historias contenidas en *Ese instante*, ésta carece de final feliz. No hay duda: Dana tomó decisiones erradas, no fue cauta y bajó la guardia de la intuición —hay ahí una lección que transmitir a los jóvenes que se arrojan al mundo sin protección, que envalentonados y sin armaduras se vuelcan al gozo de vivir y experimentar—, pero la nota final es que resulta inaceptable que en México siga reinando la impunidad y la indolencia de autoridades ineptas y cómplices.

En México, donde se mata a las mujeres en la cara de la gente, hay cuando menos diez feminicidios diarios, diez mujeres desaparecidas o asesinadas que siguen abultando las gráficas y las estadísticas. A quienes calientan la silla ante un escritorio en los ministerios públicos o en los juzgados, en las secretarías de Estado, en el poder legislativo o desde la cúpula presidencial, poco parece interesarles el número creciente de mujeres asesinadas pero, una a una, estas mujeres son gotitas que, en su conjunto, irrumpen como tsunami. Son mujeres con rostro que se niegan a diluirse en inventarios anónimos. Todas ellas tienen nombre, un pasado, una familia que las busca y una historia que es imposible borronear de la faz de la tierra.

Dana, como otras más, tuvo la mala suerte de estar en el lugar, la circunstancia y el momento equivocados para enfrentar el destino fatal, la cita pactada con la maldad o la muerte. Lo cierto es que ni ella, ni sus familiares —como los de tantas otras— merecen la condena de transitar por la vida con el fardo punzante de la ausencia. Con ese ruin calvario que agolpa el dolor con las dudas, con ese tormento que acorrala el sueño, que circunscribe la vida, que la arrincona a ser una incesante pesadilla de preguntas sin respuesta.

La eterna congoja suma días, meses, siglos de tribulaciones y agonía. Por ello, insisto. Por ello apelo a que alguien responda: ¿Dónde está Dana? ¿Qué le sucedió? ¿Alguien...? Ya pasó tiempo suficiente, es hora de hablar.

Si tienes, querido lector, cualquier información que nos permita encontrar a Dana, por favor escribe al área editorial de Penguin Random House México: alejandra.valdez@penguinrandomhouse.com

La lucha a muerte de Chava contra el covid-19

Tres muertes, tres renacimientos

Raquel Mendoza Aguilar, una de las infectólogas del Centro Médico ABC, socia del doctor Francisco Moreno Sánchez, del grupo que a lo largo de los meses ha marcado la vanguardia en el frente de batalla contra la pandemia del SARS covid-19 en México, reconoce que uno de los peores casos que ha tenido que atender, de milagrosa recuperación, es el de Salvador Rivera, quien a las diez de la noche del domingo 28 de junio de 2020 llegó a Urgencias del hospital ABC con 90% de sus pulmones comprometidos, inflamados, cubiertos de moco y coágulos, con un pronóstico francamente desolador y mínimas posibilidades de sobrevivir.

Chava, como se le conoce en el medio artístico —primer lugar en La Voz Senior 2019 promovida por Televisión Azteca—, lejos estaba de imaginar que su vida pendía de un hilo. Menos aún, que su historia se convertiría en caso de libro.

Desde que la pandemia comenzó a paralizar al mundo, y sobre todo cuando llegó a México a mediados marzo, él asumió, como casi cualquier persona informada, que había que resguardarse religiosamente en casa, más aún porque las imágenes que provenían de Europa le provocaban estupor y miedo: los enfermos haciendo cola para tener una cama de hospital, los miles de muertos que se acumulaban

293

en las calles, y aunque él creía no tener precondiciones que lo pusie-ran en riesgo, eso pensaba entonces, hizo lo obligado, encerrarse a cal y canto para no contagiarse, para evitar que el temido intruso se colara en su hogar.

Con el paso de las semanas de reclusión, comenzó a buscar cómo trabajar, cómo reinventarse. Productivo desde niño, encontró una manera de salir adelante ofreciendo festejos personalizados por Zoom. Promovió serenatas grabadas en estudio entre sus clientes y amigos, entre los cientos de personas que lo han seguido durante décadas contratándolo para amenizar sus fiestas.

Comenzó asimismo a producir eventos masivos, también vir-tuales, como el que organizó la noche del sábado 20 de junio para celebrar el Día del Padre. Esa noche, acompañado de sus músicos y técnicos, transmitió un concierto entrañable desde La Cueva, un piano bar bohemio que durante la pandemia se ha mantenido ce-rrado, y logró que poco más de seiscientas personas le pagaran un *eticket* para festejar a los papás de forma novedosa, encontrándole un sentido de continuidad a la vida.

El día 21 de junio, un día después de aquella noche de celebración, Chava amaneció con la garganta cerrada, un poco de flujo nasal y tos con flema. Nada de qué alarmarse, resfrío y ronquera después de los nervios y la entrega, después de haberse volcado a dar todo en el escenario.

Supuso lo lógico: que se le bajaron las defensas, que sería un mal pasajero. Se autorrecetó un jarabe de ambroxol para la tos y chupó pastillas con miel. Para la noche tenía temperatura: 38 grados, esca-lofríos e intensos dolores de cabeza. Al día siguiente Chava agregó Tylenol y Tabcin, un antigripal.

A su hija Fernanda no le latió la situación, todo apuntaba a que era covid-19, más aún porque él había perdido el olfato. A la medianoche del día 23, Chava tuvo el temido resultado: era positivo a covid-19. Cla-rita Corona, dueña del laboratorio Biomédica de Referencia, quien le dio la noticia, le suplicó que se tratara con un epidemiólogo cuanto antes.

Optó por un médico general que le sugirió vigilar temperatura y oxigenación, y sólo recetó antigripales: Severin, Tabcin, Actron y Panoto-S para la tos. Sugirió conseguir un tanque de oxígeno para tenerlo a mano si algo se complicaba.

Para el 25 de junio había claras señales de un franco deterioro en su condición. Ya no tenía temperatura, pero su oxigenación comenzó a disminuir de manera repentina, se sofocaba al caminar de la cama al baño. Para el 26, el nivel de oxigenación en la sangre llegó a 86 (debajo de 90 es voz de alarma) y el 27 de junio se desplomó, rozando de manera abrupta 55.

Fernanda, su hija politóloga de 32 años, y Sylvia, una querida amiga, comenzaron a tomar decisiones porque Chava ya no tenía fuerzas ni para pensar. Fernanda consiguió una cama en el Instituto Nacional de Ciencias Médicas y Nutrición, hospital gubernamental altamente especializado, y Sylvia, por su parte, a través de la ginecóloga Tita Steta, habló con la epidemióloga e internista Raquel Mendoza quien aceptó valorarlo esa misma noche de domingo, en Urgencias del ABC.

Hija y amiga optaron por el Centro Médico ABC, un nosocomio privado que goza de fama de ser "el mejor de México", porque en tiempos de pandemia tiene el menor porcentaje de decesos en enfermos hospitalizados por covid-19. El seguro médico de Chava era limitado, había que pagar una diferencia, pero nada importaba, había que sacarlo adelante.

—No te preocupes, Fer —le dijo esa noche Salvador a su hija, al despedirse en la puerta de Urgencias. La acompañaban dos amigos de su padre: Alfonso Martínez y Juan Rodolfo Farber, que presenciaron la escena—. Ya verás que pronto nos vemos de nuevo.

—No lo dudes ni un instante, pa, de ésta saldrás pronto. Estoy segura.

La suerte estaba echada. Su tomografía mostraba el deplorable estado de sus pulmones y los intensivistas coincidieron esa misma madrugada en que la única posibilidad para salvarlo era intubarlo cuanto antes. La noticia les cayó como balde de agua helada. La vida de Chava se tambaleaba sobre la cuerda floja. La intubación podía ser la deseada antesala de la sanación, pero también el funesto ingreso al pabellón de la muerte.

Fernanda sólo les pidió una cosa a los médicos:

—Mi papá puede perder la vida, no la voz. Cuiden sus cuerdas vocales.

Escasas horas después, Salvador Rivera estaba sedado, tenía un tubo desde su boca hasta la tráquea, respiraba a través de un ventilador mecánico y así, ajeno a la realidad, pasaría trece largos días en terapia intensiva, columpiándose entre los designios de Eros y Tánatos. En total, fueron treinta y cinco días hospitalizado. Cinco semanas en las que padeció tres infiernos, tres pesadillas plenamente documentadas.

Cantante y guerrero desde niño

Primogénito de una familia con cuatro hijos, a Chava se le medía con una severa vara de rigores y exigencias. Para su padre, también Salvador, impresor de oficio, nada de lo que hiciera su hijo parecía ser suficiente. Peor aún cuando Sergio, el tercero de los hermanos, mayor que Lupita y menor que Lucy, un niño de trece años que era el categórico consentido del padre, se enfermó de un linfoma asesino que nada pudo curar.

El padre vendió entonces sus dos imprentas, la de la calle del Carmen y la más pequeña en la calle de Bolivia, para hacerse de capital que le permitiera salvar a su hijo, pero nada bastó para sortear aquel trance doloroso, porque Sergio finalmente murió el 26 de septiembre de 1977, una fecha imborrable en la que, como familia, miraron el rostro más cruel de la existencia.

A Chava, chamaco de dieciocho años, le tocó ir a reconocer el cadáver de su hermano a Oncología del Seguro Social. Imborrable aquel momento cuando le abrieron una bolsa para identificarlo y, después de decir "sí, sí es mi hermano", se lo entregaron como si se tratara de una compra en un supermercado. Le dolió, quizá aún le duele, que su padre evadió todo, dejándole en sus manos esa responsabilidad y todas las subsecuentes.

Para no asumir la carga de ser sostén de la familia porque ya había perdido su negocio y la intención de vivir, el papá le puso a Chava una pequeña imprenta en la esquina de la casa. Le pidió trabajar para pagarse la carrera de Economía en la UNAM, también para convertirse, con el tiempo, en proveedor del hogar.

Chava no se intimidó, bien sabía laborar desde pequeño. Siendo un niño de preescolar había comenzado a trabajar y nunca había dejado de hacerlo. En aquel entonces imprimía felicitaciones que vendía a los comensales del restaurante de antojitos mexicanos El Taquito, visitado por grandes personajes como Jacobo Zabludovsky, Cantinflas y María Félix. Ahí, en la calle del Carmen, frente a su kínder, las celebridades se conmovían con la sonrisa y el arrojo de aquel chiquillo.

Chava padecía "culpa" por no haber podido "salvar" a su hermano, un pesar que se compró de manera gratuita y opresiva durante muchos años. Se exigía lo indecible, quería ser "salvador" del mundo, como evocaba su nombre, se sentía siempre en falta ante el desconsuelo de sus padres.

—Mi papá se llama Salvador, como yo. Yo mido 1.72. Él, cuatro centímetros menos: 1.68. Hasta hace poco tiempo, si me preguntabas cuánto medía, te hubiera respondido que yo era mucho más chaparrito que mi papá. En mi inconsciente, no me atrevía a rebasarlo, siempre era yo inferior, más bajito en todos los sentidos, hasta que una terapeuta me hizo reconocer mi complejo. Aunque me esforzara al máximo, no podía superar mi baja autoestima, la falta de reconocimiento.

A los cuatro meses de la muerte de Sergio, Chava se inscribió en un concurso de canto del Canal 4 de Televisa. Lo conducían Daniel

Pérez Arcaraz y Madaleno, que se vestía de indito despeinado, portando una jerga a rayas y cuyo rol estelar era hacerles *bullying* a los concursantes para provocar carcajadas entre los espectadores. Con ellos trabajaba Janet Arceo, de tres añitos, que anunciaba las muñecas Lily.

Al momento de salir de su casa, cuando Chava iba rumbo a la televisora, su padre lo increpó.

—¿A dónde vas?

—A un concurso de canto.

—¿Para qué vas? Tú no sabes cantar.

En la familia todo mundo cantaba por afición. Su tío mayor era parte del Grupo Chihuahua con Pepe Jara, Mario Alberto Rodríguez y Paco Sierra, esposo de Esperanza Iris.

Chava no se dejó amedrentar por la crítica de su padre. Fue dos semanas seguidas al concurso, hasta que le dieron la oportunidad. Interpretó "En un rincón del alma", de Alberto Cortez. Su inconsciente le pedía esa canción que le dedicó a su hermano: "En un rincón del alma, donde tengo la pena que me dejó tu adiós. En un rincón del alma, me falta tu presencia que el tiempo me robó. Me parece mentira encontrarme tan solo, como me encuentro hoy. En un rincón del alma, donde tengo la pena, guardaré tu recuerdo hasta el día que me vaya yo..."

Lo citaron para salir al aire el día 26 de enero, justo el día del cumpleaños de su mamá. Un vecino que arreglaba las calderas del Centro Deportivo Israelita, quien además tenía la concesión del guardarropa del salón de fiestas, le prestó un traje para verse más presentable. Al aire, Chava cantó "Las Mañanitas" y la canción de Alberto Cortez. Madaleno, siempre mordaz, a veces cruel, se contuvo, no se burló de él, sabía que Chava quería festejar a su madre y darle un momento de alegría tras el deceso de su hermano.

Perdió el concurso, pero al regresar a su casa, Chava encontró a su mamá sonriendo por vez primera, después de cuatro meses de duelo y devastadora tristeza. En ese momento entendió su misión de vida: cantar para alegrar a otros, para celebrar fiestas, para festejar el gozo de vivir.

Decidió profesionalizarse en la música. Como era de esperarse, su padre pegó el grito en el cielo.

—Yo, a diferencia de ti, canto desde que nací. El que es bueno no necesita de cursitos ni de premios.

Chava intentó entrar a una escuela en forma pero, para el Conservatorio Nacional de Música, el límite de edad máximo era doce años y él ya tenía diecinueve. En la Escuela Nacional de Música era imprescindible cursar un propedéutico de tres años antes de la carrera, es decir que los alumnos empezaban a los quince años.

Como el tiempo para entrar a dichas instituciones se le había pasado, buscó otro camino, preguntó por los maestros del Conservatorio y así llegó a casa del barítono costarricense Alirio Campos Chanto, en la colonia El Parque.

Engominado y afeitado, enfundado en su bata de seda floreada verde, que solía amarrar con un cinto sobre su elegante traje de casimir inglés, a bocajarro lo mandó a volar desde la ventana.

—Yo no le doy clase a cualquiera, menos a un chamaco que viene a tocar a mi puerta. Soy maestro del conservatorio, ahí es donde yo doy clases.

Chava, muy serio, con la corrección de un señor chiquito, comenzó a cantar en la calle. No estaba dispuesto a darse por vencido. Así doblegó al maestro.

—Sí tienes buena voz. Sí puedes cantar. Ahora bajo a abrirte la puerta. Te voy a cobrar cien pesos por clase —le dijo.

Era mucho, pero Chava podía pagarlo con lo que ganaba en la imprenta. En la segunda sesión, lo invitó a participar en el Coro de la Universidad del Estado de México, con sede en Toluca, que él dirigía y, además del privilegio de participar con grandes cantantes, comenzó a recibir un sueldo por cantar: mil quinientos pesos mensuales.

Chava era el más joven del grupo y don Alirio, severo y muy estricto, depositó enorme confianza en él porque no rezongaba, tenía buena actitud y cumplía con todo: no comía chile, no tomaba refrescos con gas, no comía antes de cantar, inclusive acataba una orden puntual que él imponía: no tener sexo días antes de los conciertos.

A los dos meses, lo llevó a cantar a Costa Rica. Chava seguía cursando su carrera de Economía y, como era excelente estudiante, encontró la manera de ausentarse para gozar del privilegio de viajar y presentarse en grandes escenarios. El coro interpretó melodías clásicas en el Teatro Nacional de San José, en Liberia, en Guanacaste y en todos los foros y universidades del país. Era mucho más de lo que podía esperar un joven de apenas veinte años que, a ojos del maestro, era una promesa para el mundo de la ópera.

El camino pactado se torció cuando don Alirio firmó un contrato para dirigir el festival del 10 de mayo de la Cervecería Cuauhtémoc. Para que las voces del coro de los trabajadores de la cervecería sonaran mejor, Alirio Campos Chanto incluyó a su esposa, que era soprano, a un tenor de Uruapan, a una mezzosoprano y a Chava, en rol de barítono.

Ensayaron canto operístico, que era con lo que el maestro se sentía más cómodo, pero también, para complacer a una audiencia gustosa de la música popular, temas de María Grever, Jorge del Moral, Alfonso Esparza Oteo, inclusive canciones de Agustín Lara.

Unos días antes del concierto, un solista de la cervecería se puso altanero con la encargada de relaciones públicas, le exigía mayores prerrogativas y, como no las consiguió, renunció creyendo que le rogarían porque, según él, ninguno de los trabajadores de la cervecería podía cantar "Júrame" como él. Chava, que presenció la discusión y constató la preocupación de la funcionaria, le ofreció sustituirlo. Ella entonces le pidió al maestro Alirio que le diera oportunidad a su alumno, le gustaba mucho su voz, su carisma y su modo amable.

Don Alirio dudó si debía hacerlo, no quería quemar a su estudiante en un foro popular, pero acabó aceptando porque el 10 de mayo estaba encima y había que salir airosos de aquel compromiso.

El concierto, como era de esperarse, resultó un éxito rotundo, sobre todo porque a Chava le aplaudieron en demasía. Saliendo de ahí, como una paradoja del destino, don Alirio tomó una decisión categórica. Mandó a volar a Chava, no le daría una sola clase más.

—Durante mucho tiempo creí que lo había ofendido.

En realidad, era otro el motivo. Don Alirio se lo explicó a una compañera del coro: "Para que Salvador cante ópera en Bellas Artes, tendrá que pasar ocho años más de preparación conmigo. Él ya demostró que sabe cantar música popular, con eso puede hacerse de una vida. A mí no me necesita más."

Lo cierto es que Chava tenía ansias de éxito, quería ser famoso y, aunque era demasiado joven, ya comenzaba a correr en la dirección correcta. Con la osadía que lo caracteriza, fue hasta San Miguel de Allende a tocar la puerta de la casa del tenor Pedro Vargas para pedirle que lo apadrinara. Éste se negó arguyendo que ya no salía, pero acabó dándole consejos y recomendándole a su pianista, a Ernesto Belloc, para que lo acompañara en sus presentaciones.

En esos días, Chava asistió a un concierto de José José en el Teatro de la Ciudad y quiso copiarle. Alquiló la Sala Chopin para el 16 de agosto 1980, vendió boletos para pagar el recinto, la orquesta y su ropa, contrató a los músicos que lo habían acompañado en el concurso de Televisa, que luego serían los de Juan Gabriel, e hizo un debut artístico para trescientos amigos y familiares.

Un mes después se enteró de un concurso en la xEW, fundada por Emilio Azcárraga Vidaurreta, cuyo lema desde 1930 era "xEW: La voz de la América Latina desde México". Emilio Azcárraga Milmo, magnate de las telecomunicaciones, retomó la estación con la que comenzó su padre, a fin de darle un nuevo impulso, sobre todo en ese momento en que cumplía medio siglo de vida. Para él, la radio, y no la televisión, era la verdadera capital del espectáculo.

Chava ganó segundo lugar en aquel concurso y su premio fue una beca en Televisa para estudiar canto con las maestras Quintero, profesoras de Manoella Torres, Yuri y Gualberto Castro, actuación con

Sergio Jiménez y baile con el coreógrafo Milton Ghio. Asimismo, le ofrecían participar a las tres de la tarde en el programa "Alegrías de Mediodía" del Canal 2, compartiendo el escenario con Lucerito, que entonces tenía diez años.

Chava, aún estudiante de Economía, salía de aquel programa y al subirse al Metro, le pedían autógrafos. Era indudable la penetración de Televisa que abría las puertas de la fama de par en par.

En casa, sin embargo, el entorno era cada vez más asfixiante. Las secuelas de la muerte de su hermano Sergio seguían causando estragos. Elena, la tía sordomuda, hermana de su padre, quien siempre vivió con ellos y era la absoluta adoración de Chava, había intentado suicidarse. Tras aventarse de una casa de dos pisos en la colonia Santa Mónica, donde trabajaba empaquetando aparatos para reducir la cintura, se rompió la cadera y, como los padres de Chava se negaron a seguirla cuidando, terminó en casa de otro tío, donde finalmente murió porque cayó en depresión y dejó de tomarse sus medicamentos.

Chava sentía una culpa enorme, con esa mujer sordomuda él tenía amorosos diálogos, era ella quien le daba cariño maternal, quien le sonreía y lo contenía. Él, por su parte, la llevaba al psiquiátrico y se hacía cargo de ella. Su muerte fue un pesar que se sumaba al vacío, a la depresión que le había dejado el fallecimiento de su hermano. Le dolía la tristeza que se acumulaba en casa, la falta de reconocimiento de los vivos.

Necesitaba aire y el matrimonio le pareció la única salida digna para huir de su casa. A los 23 años, Chava se casó con Norma Elsy, a quien había conocido en el coro de don Alirio. Era ella exageradamente celosa, no toleraba el mundo de Televisa y lo conminó a buscar trabajo en un banco, como analista económico, como finalmente hizo.

Su sueño, sin embargo, era ir al Festival oti de la Canción, grabar discos, dedicarse al canto y no estaba dispuesto a cerrarse puertas. Para despedir 1982, sus compañeros de Televisa lo invitaron a una fiesta a la que asistirían todas las estrellas y, aunque su esposa le armó un escandalo, él asistió gustoso.

El convivio, sin embargo, lo desconcertó. Vio circular platitos de droga junto a la comida y cuando le ofrecieron cocaína, se atrevió a decir que él a eso no le entraba. Para su pesar, eso bastó para hacerse fama de "santurrón y abstemio", para que sus jefes no le renovaran el contrato.

—La droga les servía a muchos para sentirse poderosos. Yo era muy inseguro y era fácil que resbalara, pero no me atreví a probarla... Algo en mi interior me salvó y, visto en perspectiva, fue mi suerte que me hubieran rechazado porque el ambiente del éxito era de mucha perdición y, en mi caso, lo reconozco, hubiera sido terrible.

Chava aún tenía esperanza de progresar en el canto y buscó al tenor octogenario Gil Mondragón, quien había participado en la inauguración de Bellas Artes en 1934, para que le diera clases. Fue él quien le dijo que no tenía que contentarse con ser barítono, que bien podía aspirar a ser tenor porque su voz alcanzaba notas más altas.

Fascinado de ser alumno de Gil, cuya portentosa voz se podía escuchar a kilómetros de distancia, Chava pensó que su maestro sería su mentor para llevarlo a la gloria; sin embargo, el gusto sólo le duró escasos meses porque el maestro murió poco tiempo después.

En junio de 1983, se lanzó la convocatoria del concurso Valores Juveniles Bacardí para jóvenes de hasta veinticinco años. Chava estaba a punto de cumplirlos, era su oportunidad. Su esposa nuevamente salió a la carga, no aceptaba que participara en la contienda. Aferrado como lo vio, finalmente puso condiciones: "No saludas a nadie de beso, no te llevas con nadie, cantas y te vas. Yo voy contigo."

Concursó con jóvenes que se convertirían en grandes figuras con el tiempo, pero en aquel momento, ni Chava ni ninguno de ellos ganó: Mijares, Alejandro Fillio, Gibrán, hoy maestro de canto de los actores de Televisa. No obstante, aquella competencia fue determinante. Su esposa lo vio saludar con un beso inofensivo a alguna de las participantes y ello bastó para que, en un arranque de celos, se terminara el matrimonio.

Hombre libre, Chava comenzó a cantar en las noches en el restaurante El Chato, de la Zona Rosa, donde también salía a escena Chamín Correa. El Chato Parada, un hombre trabajador y carismático que se convirtió en una leyenda en la historia empresarial de México, adoptó a Chava como hijo permitiéndole cantar y dándole la encomienda de administrar sus cinco restaurantes.

Chava le ayudaba a El Chato con los números y, a cambio, él le enseñaba de todo: desde recetas de cocina, reglas de etiqueta y buenos lugares para ir a comer, hasta lecciones de canto, consejos de vida y herramientas para lograr empatía con la gente.

El Chato tenía una historia sinigual. Había comenzado como comerciante de manzanas y melones que traía de su natal Chihuahua al mercado de La Merced. Cuando aprendió los vericuetos del mercado, se convirtió en coyote. A las tres de la mañana les compraba toda su mercancía a los productores independientes que llegaban a ofrecer frutas y verduras, unas veces ganaba, otras perdía, pero con disciplina y ahorro, se fue haciendo de capital para convertirse en lo que le dio fama a lo largo de décadas: ser empresario restaurantero.

En 1963, tras una jugada de dominó, instaló un primer restaurante taurino en un segundo piso de La Merced con piano bar y manteles para jugar dominó; un elegante sitio con buena comida, generoso espacio de amigos, nostalgia y música en vivo, donde promovía la bohemia entre los adinerados dueños de locales del mercado.

Jacobo Zabludovsky, asiduo a ese primer restaurante, con apoyo del regente Octavio Sentíes, le consiguió la licencia de vinos y licores en 1973. Fue tal el éxito entre políticos y comunicadores, que El Chato luego abrió cuatro restaurantes más y un centro nocturno: en Colima 235, en la colonia Roma; otros dos en la Zona Rosa, en la calle de Londres 117 y Copenhague 30; un centro nocturno en Londres 25, en la colonia Juárez, frente al Museo de Cera, y un último en Calle de la República 1, de cara al Monumento a la Revolución. Todos de altísimo nivel, todos célebres.

A diferencia de Chava, que casi era abstemio, El Chato bebía demasiado y el alcohol terminó por cobrarle la factura. Murió a los 58 años, muy joven, víctima de cirrosis.

—Con él me hubiera quedado toda la vida, ganaba dinero haciendo lo que más me gustaba. Me dejaba cantar con Chamín Correa, Carlos Lico, Pepe Jara y muchos otros que me recibían como igual. Fueron años muy productivos y felices de mi vida.

Tras el deceso de El Chato, Chava buscó contratos para cantar los fines de semana en bares de Insurgentes que, cuando él se presentaba, se llenaban a reventar. Asimismo, inició una nueva etapa amenizando fiestas: *bar mitzvot*, bodas, todo tipo de celebraciones.

Con lo que aprendió de El Chato, su querido mentor, inventó un modelo que fascinó. En aquella época, en las bodas de clase alta se solía contratar hasta cinco grupos en una noche: violines para recibir invitados, música tranquila para la cena, para el baile una orquesta en vivo, la más popular entonces era Los Internacionales, mariachis para invitar chilaquiles de madrugada y, finalmente, un cantador de boleros como Chamín Correa para prolongar la fiesta.

Chava se ofrecía como el hombre orquesta, era capaz de hacerlo todo él mismo. Podía amenizar todos los momentos, inclusive hacer saltar a todos de su silla para bailar sin parar. Además de poseer una voz bella y versátil, se sabía toda clase de ritmos y tenía una enorme sensibilidad para reconocer los momentos emotivos de una fiesta.

A la gente le fascinó. Si con El Chato ganaba sesenta mil pesos mensuales como gerente, ahora los ganaba por cantar unas cuantas horas de lunes a sábado. Se hizo fama, su agenda se atiborró de eventos y muchas parejas de novios fijaban la fecha de boda de acuerdo con su disponibilidad. Con enorme sencillez, sin intermediarios, siempre era él quien atendía a las familias a fin de planear los eventos, dar gusto a sus clientes y comenzar a construir relaciones de amistad duraderas.

Como consecuencia de ello, el dinero fluía a raudales. Poco tiempo después, ganaba cuatro o cinco veces lo del bar, lo que nunca había soñado. No ahorraba, vivía al día y dilapidaba sus ingresos en regalos para gente querida. Dinero para sus papás, para sus hermanos, dinero para prestar a amigos. Ahora sí se sentía el salvador de la humanidad entera.

Con ganas de "enmendar" su camino, al cumplir treinta años y con el gusto de estar esperando un bebé, se casó con Lupita, su novia de entonces. No era ella el amor de su vida, pero los unió el nacimiento de Fernanda, una pequeñita que se convirtió en su absoluta adoración. Como era de esperarse, el matrimonio no funcionó. Trabajaba demasiado, se dejó consumir por la fama y la vida nocturna, y a los tres años de estar juntos, nuevamente se divorció.

—Comencé a derrochar todo lo que ganaba, perdí piso y, lo acepto, no fui un buen esposo.

En 1998, una década después, rozando los cuarenta años, se casó por tercera vez. Ahora con Elena, una empresaria de origen cubano, siete años mayor que él. Ella era fanática de la música y, recién divorciada, cada viernes iba a escuchar a Chava cantar al Tony'O, en Insurgentes, hasta que logró quedarse con "el Gordo", como decía entre bromas. Era ella madre de una niña de diez años y un niño de doce, que él gustosamente crio con valores y buen ejemplo de trabajo.

—Les abrí su mundo, sobre todo en términos culturales. Los enseñé a leer el periódico, ir a museos, escuchar conciertos en Bellas Artes, asistir a funciones de teatro o pasear por el centro de la ciudad. Cuando eran ya jovencitos, los fines de semana me iban a ver cantar.

Chava creía haber aprendido la lección, sobre todo porque, siguiendo el consejo de un cliente de la comunidad judía, comenzó a poner cierto orden en su vida. Él le había dicho: 20% de lo que ganes, lo ahorras; 30% lo usas para vivir; otro 20% es para comprar un automóvil acorde con tu sueldo y, si ya tienes coche, para invertir en propiedades; el 30% restante es para vacacionar, para tener gustos y apoyar a otros.

Así lo hizo durante un tiempo, sobre todo porque ganaba dinero con enorme facilidad. Sin embargo, cuando a partir de 2010 se pusieron de moda los DJS, a Chava le bajó el trabajo 70%, los conflictos de pareja no tardaron en aflorar. De ciento cincuenta eventos al año, ¡en 2012 no tuvo ni treinta!

Los cantantes en vivo perdieron vigencia, Chava dejó de estar de moda y la relación con su mujer se volvió imposible porque él no podía seguir manteniendo el nivel de vida de casas, gastos y viajes. Además, con la crisis inmobiliaria de Estados Unidos perdieron el departamento en Miami que habían comprado y ello fue un pesar irreversible del que, como pareja, no se recuperaron.

—En un pleito sin control, ella me soltó una frase lapidaria que me devastó: "En el canto ya nada tienes que hacer, ya pasaste a la historia." Luego remató con algo peor: "Si tuvieras algo de dignidad, estarías cargando paquetes en el súper." Soy economista, he tenido éxito en el canto. Me dolió que me dijera acabado, que quisiera verme como cargador de paquetes.

El pleito duró años, se fue quedando sin un quinto y, apostando por el canto, en 2013 invirtió lo último que tenía ahorrado en un disco que tituló: "Y si te quedas qué...", provocando mayor disgusto de su mujer, de quien finalmente logró divorciarse en 2018, tras una batalla desgastante y perversa en la que las exigencias de dinero y la falta de comunicación acabaron con todo.

Para tener para comer en aquellos años tortuosos, los fines de semana se iba al bar La Cueva donde lo conocían. La intención era que lo invitaran a interpretar un par de canciones y, a cambio, pudiera vender sus discos: "Y si te quedas, qué", y uno previo, "Siempre en fiestas...", así llamado por la frase que repiten como buen augurio los miembros de la comunidad judía que le han dado trabajo a lo largo de su vida.

Así, con la venta de discos, a veces sacaba mil pesos para sobrevivir la semana. Los gastos eran superiores a sus escasos ingresos y, a consecuencia de ello, se vio obligado a dar de baja su seguro médico. Ese último disco, del que lleva quince mil copias vendidas, le abrió, sin embargo, puertas para conocer gente, para hacer conciertos en Oaxaca, presentaciones en la Ciudad de México y no sentirse fracasado. Para tener valor para seguir.

El 10 de julio de 2019 fue el parteaguas que tanto había buscado a lo largo de su vida. Ganó La Voz Senior de Televisión Azteca que, después de ser un éxito absoluto en España y Holanda, se llevó a cabo por vez primera en Latinoamérica.

Los cinco programas de La Voz tuvieron enorme audiencia y, al obtener el primer lugar y una difusión envidiable, Chava se convirtió en una estrella. Como premio le dieron un coche Toyota, cien mil pesos, la posibilidad de ser artista exclusivo de Universal Music y la promesa de grabar y promocionar un disco del más alto nivel con orquesta en vivo, para el cual invertirían cientos de miles de pesos y que, a más tardar, publicitarían en septiembre de 2020.

Con ese éxito, Chava abarrotó el Lunario del Auditorio Nacional en septiembre de 2019, quinientas personas pagaron mil pesos por escucharlo. Vigente y renovado, comenzó a cantar los fines de semana en clubs nocturnos, restaurantes y plazas comerciales. Estaba feliz, se había reinventado, saldó todas sus deudas, inclusive recontrató su seguro médico.

¡No había tenido que cargar paquetes para sobrevivir! Como amuleto de la buena suerte, guardó cinco mil dólares para pagar nuevamente el Lunario y hacer un concierto en septiembre de 2020.

En eso estaba cuando en marzo de 2020 llegó la pandemia. Cuando a finales de junio fue diagnosticado con covid-19.

Tres sueños, tres muertes

Dicen que cuando una persona está intubada no tiene nivel de conciencia. Sin embargo, cuando a Chava lo desconectaron del respirador, el 11 de julio, después de trece días de absoluta inconsciencia, se comprobó que ello no es tan cierto.

Durante esos días que pasó conectado a una máquina, él tuvo su realidad alterna. La tiranía de su inconsciente lo atormentó con pesadillas y fantasías en las que mezcló elementos y miedos de su pasado, imaginaciones que, al despertar, se convirtieron en un peso más real que cualquier verdad.

Durante esas casi dos semanas fueron recurrentes tres sueños, tres opresiones que lo atormentaron y que, a nivel clínico, coinciden con tres muertes que efectivamente padeció, porque tres veces su caso se agravó, tres veces sus signos vitales descendieron a niveles de alta peligrosidad; hubo tres noches en las que a Fernanda le anticiparon que su padre podía no despertar con vida.

El final, en su caso, no fue luz en el extremo de un túnel, como suelen apuntar otros que rozan la última etapa. Para él, esos espejismos fueron una necesidad brutal de huir de la muerte misma, una y otra vez. Tres alucinaciones del sueño que, como verán, queridos lectores, hubieran sido una joya para la interpretación de los sueños que tanto apasionaba a Sigmund Freud.

Primer sueño. Su hermana chica lleva a Chava a un hospital de mala muerte. Todos están reunidos en la sala de espera: papás, hermanas, tíos, primos y sobrinos. Lucy, la hermana responsable de pagar, dice que le están cobrando un tratamiento que nunca le aplicaron y se queja de que le están exigiendo el cuantioso desembolso, a pesar de que a su hermano no lo curaron y está a punto de morir. Ella recoge la documentación, incluida el acta de defunción y autoriza que, en cuanto muera, se lleven el cadáver de su hermano a los hornos de cremación de Pantaco.

Desde su cama hospitalaria, Chava escucha atento todo lo que dicen. Se hace el muerto para tener tiempo de pensar cómo escaparse. Antes de que pudiera decidir qué hacer, observa cómo meten su cuerpo dentro de una bolsa, una idéntica a aquella en la que estaba el cadáver de su hermano de trece años, cuando él fue a reconocerlo.

Chava busca desesperadamente cómo salirse de aquel saco plástico de color negro, cómo huir sin que nadie lo vea. Con sigilo, lo logra en un momento de distracción del personal de salud. La bolsa con su nombre se queda sobre la cama sin cuerpo que la habite. Chava observa, sigue escondido.

Pasa un tren de la época de la Revolución donde suben las bolsas para llevarlas a incinerar. Uno de los vigías se da cuenta de la presencia de Chava, se asoma desde la puerta del tren y le exige: "¡Súbete!" Él responde: "Ni madres", y se echa a correr a toda velocidad. El ferrocarril finalmente parte a tiempo, no puede esperar ni un minuto.

Al poco rato, alguien vuelve y le entrega las cenizas a su hermana. La siguiente escena es un sepelio, hay decenas de personas a quienes Chava ve de espaldas. Su mamá no está, sólo su papá y una prima, a quien él no tolera por escandalosa. Ella toma el micrófono en la ceremonia, cuenta chistes y se ríe.

Chava logra ver de perfil a su papá. Tiene el cuerpo del abuelo Gregorio, un hombre mucho más alto. Aquel personaje dual canta canciones viejas, de 1920. Canta fuerte. Una viejita que está tejiendo le dice: "Ay, pero ¡qué bonito canta, señor!" "Sí, canto bonito. Canto mucho mejor que mi hijo Salvador."

Después del supuesto entierro, Chava reaparece. Ahora como un niño de diez años en la terminal de tren. Tiene urgencia de llegar a su casa para decirle a sus padres que no ha muerto, que no quiere que sufran. Corre y corre, pero no logra avanzar ni un paso. Se angustia. Va vestido con la ropita que tuvo a esa edad: un suéter pachoncito de lana con cuello y cierre azul marino, calza los zapatitos blancos que tanto le gustaban. Pregunta a uno y otro transeúnte cómo llegar a su casa. Está perdido. El sueño termina cuando está en la reja tocando el timbre de su hogar. Despierta. No sabe si sus papás lo reconocen o no. No sabe si está vivo o no...

—Cuando me quitaron el tubo no supe que me había pasado. Desperté, volteé de un lado a otro, no había nadie. Pensé que estaba muerto, empecé a cuestionarme si reviví, si era yo mismo, si era otro o alguien más. No había espejos. No podía levantar la mano para vérmela, cuando al fin lo logré, la vi demasiado hinchada, no parecía mía. No podía tampoco reconocer la mordida de una perrita que me quedó en la base del dedo índice o el lipoma que tengo en mi brazo izquierdo. Mis piernas estaban cubiertas con medias gruesas anticoagulantes, no veía dedos, no veía pies. No podía saber si eran míos. No alcanzaba a distinguir mi dedo doblado del pie derecho, el segundo al lado del gordo que siempre he tenido deforme. No podía distinguir nada mío. No sabía si era yo. No sabía por qué estaba ahí. Era sumamente angustiante. No entendía cómo había vuelto, no estaba nadie de mi familia y no sabía cómo avisarles que estaba ahí. Viví ansiedad, mucho miedo...

Tiempo después, imposible saber cuánto pasó, se le acercó una voz. Era la doctora Paty, la intensivista de guardia, resguardada con una bata de manga larga y guantes, con su rostro oculto detrás de un respirador N95, *goggles* y una careta de acrílico, un absurdo disfraz que impedía verle los ojos, encontrarle la mirada...

—Salvador, acabas de regresar a la vida, estuviste muy grave. No has estado solo, tu hija y tu amiga Sylvia han estado siempre presentes, siempre esperanzadas de que....

—Mi hija no sabe que estoy aquí —la interrumpió con desesperación–. Mi hermana me trajo, a ella le entregaron el acta de... —guardó silencio, se dio cuenta que su voz no tenía peso.

No se acordaba que lo hubieran llevado al hospital, no se acordaba de Fer, mucho menos de la conversación que padre e hija sostuvieron al despedirse en la puerta de Urgencias. Es posible que se le hubiesen borrado todos los recuerdos recientes porque, inmediatamente después de haber llegado, lo sedaron para intubarlo.

—Estuviste trece días intubado, es un milagro que hayas regresado...

Segundo sueño. En un noticiero transmitido en la televisión, Chava se entera que hay dueños de antros coludidos con personal médico con el objetivo de contagiar gente con un malévolo virus llamado covid-19. En los bares seleccionan a sus víctimas, las inyectan de manera casual, son pacientes que tendrán que pagar onerosas cuentas a hospitales y que van a morir porque nadie va a curarlos. Chava se resguarda en casa, quiere evitar a toda costa ser blanco de esos seres miserables, pero un día tiene que salir y en Insurgentes, para su mala suerte, se topa con una mujer joven, una veinteañera de sonrisa cínica que se le acerca para pincharlo. Él se da cuenta de todo, con desesperación busca ayuda en un hospital, pero lo tildan de loco, nadie le cree una palabra de lo que dice.

—Tengo en mi mente grabado el rostro de aquella joven morena, tenía pelo largo, vestía como edecán y, al inyectarme, me dio escalofrío su mirada. Parecía decirme con cinismo: "Bienvenido al club, a ver cómo te salvas."

El desvarío prosigue. Dormitando en el sillón de la sala de su casa, se da cuenta que en el techo hay una imagen, un holograma de un hombre gritando. La puerta de su casa se entreabre. Un tipo con un bate de béisbol entra y lo amenaza. Le exige dinero. Chava no le contesta, se hace el sordo, se acurruca mientras ve cómo el tipo aquel viola la intimidad de su hogar.

Conoce los secretos. Domina el espacio, sabe dónde están los escondites y se dirige directamente al sitio dónde Chava oculta su dinero, distingue el rincón preciso: debajo de una tarima que usa para cantar, justo en la esquina inferior, pegado a la madera, está el sobre arrugado con los cinco mil dólares que guarda como amuleto. Esos billetes que, cuando se los dieron, venían con una bendición: "Que este dinero se te multiplique", mismos que siempre repone y guarda para garantizar el pago de futuros conciertos.

¿Cómo podía saber aquel tipo que ahí guardaba su capital, su esperanza de futuro? Jamás le había dicho a nadie que los cinco mil dólares estaban ahí, debajo de su escenario, ahí donde tiene atiborradas decenas de bocinas, atriles y micrófonos.

El tipo ni siquiera chistó, rompió la tarima de un batazo. En un instante se hizo del dinero. También se robó el pasaporte y la visa de

Chava, la factura del Toyota Avanza que le dieron al ganar La Voz, una maletita con su computadora, regalo de Fer, inclusive sus sacos nuevos, esos que no había podido estrenar por la pandemia, por la falta de contratos y porque ya no le quedaban. En esos meses de reclusión se dedicó a comer, llevaba ocho kilos de más.

Después de hurgar por aquí, por allá, se subió al coche viejo, al Corsar verde botella que estaba en el garaje. Chava alcanzó a ver que había una mujer en el asiento del copiloto. ¡Era Elena!, el ratero y ella eran pareja. Sonreían con descaro e insolencia.

Chava se quedó pasmado, no podía creer que su exesposa, con quien vivió veinte años y una amarga separación, estuviese coludida. La cuestionó a gritos: "¿Cómo es posible que vivas con ese tipejo?" Ella respondió altanera y sin el menor empacho: "Yo ando con él y con quien me dé la gana, aunque ni a ti ni a mi hijo les parezca." Luego, tras un respiro, añadió: "Si vieras lo bueno que es, me compra cosas. ¡Hasta me llevó a hacer la prueba del covid-19!"

Al siguiente día, el tormento prosiguió, el tipo se presentó para secuestrar a Chava. Lo amarró, se lo llevó y le puso un custodio. En reclusión escucha que a los mayores de sesenta los van a matar porque estorban y no merecen seguir viviendo.

Amarrado y encerrado en la sala de una residencia, a un lado de una hacienda con caballos y toros de lidia, nota que ahí hay otros secuestrados. A lo lejos, por la ventana, ve a una muchacha que convive con caballos pura sangre. Chava le dice al custodio que le diga a la joven que él con gusto le regala un ejemplar de raza, a cambio de que le permitan huir.

Él le brinda una pieza importante de información: "¡Ay, inocente, si es la hija de mi patrón, del señor Eduardo!" "¿Y quién es Eduardo?", insistió Chava. "Pues el tal Lalo Ascué."

Chava no puede creerlo, había intimidado con él, Lalo Ascué era amigo de El Chato Parada, tenía años de no verlo, pero lo recordaba como un tipo alegre, dicharachero, de personalidad que le imponía. Frecuentaba los restaurantes y a menudo, con El Chato, iban juntos a los toros, no se perdían ni una de las corridas de Manolo Martínez.

Le dice: "Dile a Lalo que soy Salvador Rivera." El custodio no le cree, ¿cómo podían haberse conocido? Unas horas después, Lalo aparece: "Mi Chava, ¿qué haces aquí?" Le dice que claro que lo dejará libre. Señaló que estaba a punto de ordenar que lo mataran: "Eres mayor de sesenta, ¿no?, creo que tienes sesenta y uno. No te apures, te indulto por ser mi amigo."

Chava ha prodigado la amistad con fruición, siempre ha creído que es clave para ser exitoso en la vida, para ayudar y ser socorrido en tiempos de necesidad.

Ya libre, camina por la Alameda, tiene una sed insoportable, el paladar pegado de la resequedad (me dicen que cuando los pacientes están intubados, padecen una sed insufrible). Entra al Hotel Fiesta Inn, junto al Cardenal, se sienta en la barra y pide un *Orange Crush*, su refresco favorito de la infancia. Se le hace agua la boca tan sólo de ver el vaso con hielos. Por las escaleras eléctricas ve bajar muñequitos que bailan al son de música de niños. Quiere disfrutar su *Orange Crush*, pero tiene urgencia de ir a ver a sus papás, tiene que decirles que se salvó, que no se preocupen más por él.

La tortura sigue. Caminando rumbo a su casa, le dan un volante anunciando una casa de masajes. El *spa* es de un conocido y decide pasar a saludarlo. No está, pero ya ahí, aprovechó para darse un masaje, le dolía cada músculo de su cuerpo, necesitaba apapacho, relajarse.

El masaje consistía en un simple baño de esponja (como los que tantas veces le dieron mientras estuvo entubado). Al término de éste, le cobran tres mil pesos. Le piden un código verificador que le llegará al teléfono. Como no tiene teléfono, porque se lo robaron, no recibe el código y le advierten que se quedará amarrado hasta que sea capaz de darles el código.

Desesperado, sin saber qué hacer, repasa la lista de sus conocidos. Piensa que Jaime Chaljón, un amigo solidario que contrata a Chava para sus cenas y fiestas, puede ayudarlo. Los funcionarios del *spa* se muestran intransigentes, no le piensan llamar a nadie, le anticipan que se quedará amarrado hasta que sea capaz de dar los números verificadores. No hay alternativa. Él le suplica a la señorita que lo deje ir a la tienda a comprar un refresco, nuevamente tiene mucha sed, y luego, promete, se dejará que lo vuelvan a atar.

Despierta en el hospital. Sigue amarrado. Dicen que es para evitar que se arranque el tubo que llega hasta la tráquea. Le estorba un plástico que muerde en su boca, algo que no deja entrar aire. Supone que lo tienen aún secuestrado. La enfermera, portando careta, cubrebocas, doble bata y guantes, le habla. Él no logra entenderle.

—Señor Salvador, si se porta bien y no se arranca sueros ni catéteres, le desamarro su brazo izquierdo para que pueda comunicarse con su hija, para que pueda tener su teléfono. Ya le quitamos el aparato, va usted muy bien. Fer le ha estado llamando, está muy contenta porque ahora sí podrá hablar con usted.

Ese 12 de julio recibió su celular con unas cartas de Fer y con sus lentes. Entre la vida y la muerte no reconocía qué era verdad. No tenía fuerzas para sostener el teléfono en sus manos, menos aún para picar algún botón o abrir pantallas. No sabía dónde estaba, ni qué hacía ahí. De repente, entró una videollamada. Era Fer.

Chava no puede hablar, sólo llora. Ella le dice: "Estoy muy orgullosa de ti, saliste del cuadro grave. Nunca dudé de tu fortaleza. Te amo mucho, papito lindo." Chava se agita, cuelga demasiado pronto, no entiende. ¿Sigue secuestrado? Necesita volver a hablar con Fer, le urge decirle que bloquee a Elena, que no le vaya a dar ninguna información. Debe de saber que ella es cómplice de los malvados que lo despojaron de todo.

Supone que recuperaron su teléfono de manos del bribón que entró a su casa, está seguro de que el celular está sin información, sin fotos ni contactos. Necesita que Fer sepa la verdad. No recuerda su número. Les pide de manera obsesiva a quienes se le acercan —no sabe que son personal médico, todos se esconden debajo de una careta, no sabe si son o no de fiar— que le hagan saber a Fer que se cuide de Elena.

—Díganle que la bloquee, que no le dé información, se metió a mi departamento con un tipo que se robó mi dinero, mi celular, mis documentos. Es mejor que ella se imagine que estoy muerto, no debe saber que estoy aquí.

Un par de horas después constató que tenía activo el Whatsapp, había más de seiscientos mensajes. Imposible verlos. Preguntó una vez más la fecha: 12 de julio. Se acordó que no felicitó a Fer el 8 de julio, por vez primera en la vida no habló con ella el día de su cumpleaños.

Había un video mensaje del 11 de julio: "Papito estamos muy contentos de que ya volviste, lograste salir de lo más grave. Tendrás tu celular, podremos comunicarnos. Es mi mejor regalo de cumpleaños."

Chava no reconoce la voz, está distorsionada, agudiza él sus sentidos... Le habla ella de la gente que ha estado al pendiente de él, de Sylvia, de sus papás, de sus perritos. Chava llora inconteniblemente.

Desperté sabiendo que me libré de un secuestro. Para mí esa era la única realidad, mi inconsciente lo había retorcido todo: mis relaciones, mi forma de ser con la gente, mis miedos, mis conflictos y aprehensiones. No quería saber de algunas personas y tenía que comunicárselo de manera urgente a Fernanda.

Tercer sueño. Una vez más, se libra de la muerte. Está en una fila en un jardín extenso, los que se van a morir hacen cola. A cada uno de ellos les preguntan quién debe recibir la noticia de su muerte y cómo quieren que esté vestida aquella persona. Chava pide que sea Sylvia, no quiere que Fer viva ese trance. Pide que vaya ella con un vestido largo color lila. A Sylvia, de lila, le dan las guirnaldas. Chava, formadito en la fila, va viendo cómo los cuerpos de las personas que están delante de él van ascendiendo al cielo. Cuando anuncian su nombre, él sorpresivamente sigue en la fila. Pareciera que pasó el trámite sin tener que morirse, sin subir al cielo. Antes de que otra cosa suceda, se da la vuelta, comienza a caminar en sentido contrario, hacia la vida. Huye. Se salva.

Tres veces, mientras estuvo intubado, le dijeron a Fernanda que su papá no pasaba la noche. Tres veces, en sus pesadillas, él se murió y esquivó a la muerte para vivir.

—Cuando trabajaba con El Chato, un día me dijo: "Tú tienes un enorme defecto, siempre llegas tarde. Tú vas a llegar tarde hasta cuando te mueras." Y eso hice: no llegué. No estaba listo, no quería. No quiero morirme. Tengo el corazón lleno de vida, quizá, producto del amor.

El cuadro clínico

La doctora Raquel Mendoza Aguilar asegura que Salvador Rivera estuvo tres veces a nada de irse del mundo y que luchó con todo para sobrevivir. A diferencia de otros enfermos de covid-19 que pasan hospitalizados dos o tres semanas, él estuvo cinco: del domingo 28 de junio al domingo 2 de agosto.

Ingresó con neumonía crítica por covid-19. Hay cuatro tipos de neumonía: leve, moderada, severa y crítica. En su caso la afección pulmonar era la más grave, 90% de sus pulmones estaba con moco, inflamación y coágulos. Estaba además descompensado, sus glóbulos blancos, es decir las defensas del cuerpo, estaban muy elevados y los linfocitos, demasiado bajos. Los marcadores de inflamación como la proteína C reactiva, la creatinina y las enzimas hepáticas estaban muy elevadas y su presión arterial, en el suelo.

En cuanto lo intubaron hicieron cultivos de todo y, además de covid-19, tenía *Klebsiella pneumoniae*, bacteria causante de enfermedades infecciosas oportunistas en los pulmones, incluidos abscesos y hemorragias extensas. Estaba gravísimo, con un alto porcentaje de probabilidad de morir. La prioridad era mantenerlo con vida.

Al tercer día de intubación, haciendo uso del ventilador de manera invasiva, Salvador empezó a responder, se estabilizó. Gracias a los antiinflamatorios, l os a nticoagulantes y l os a ntibióticos, s e le quitó la fiebre y los pulmones no se colapsaron. Sin embargo, sus riñones no respondían. La creatinina, es decir la proteína que refleja el funcionamiento del riñón, seguía subiendo a pesar del tratamiento.

Los médicos vivían una disyuntiva porque, por un lado, estaban limitados en la cantidad de líquidos que podían ingresar al cuerpo —con tanta inflamación el agua se puede fugar a los pulmones—, pero, por el otro, había que mantener irrigados los órganos vitales. El nefrólogo Fernando Magaña se hizo cargo, había que superar la difícil situación. Hizo los ajustes necesarios para estabilizar la creatinina, puso albúmina, dio diuréticos y otros medicamentos, evitando que su paciente llegara a hemodiálisis.

A la semana, estabilizados riñones y pulmones, la doctora Raquel nuevamente tomó cultivos de sangre, orina y secreciones respiratorias. La sorpresa fue que dos nuevas bacterias habían crecido y se sumaban al covid-19 y a la klebsiella. Ahora tenía también estafilococos en el catéter y pseudomonas en el aspirado endotraqueal.

Cada uno de ellos complicaba el panorama, nuevamente la vida estaba comprometida. Su salud había dado tres pasos atrás con cuatro bichos que tratar.

A fin de revertir la situación, los médicos cambiaron el catéter y comenzaron a suministrarle nuevos antibióticos: vancomicina para el estafilococo, meropenem y ciprofloxacina para la klebsiella y las pseudomonas, mismos que se sumaban a las altas dosis de corticoides para desinflamar las vías respiratorias inflamadas por el covid-19. Su preocupación era también la nutrición, Salvador perdía peso a pasos agigantados.

—Tenía él muchas ganas de vivir —afirma la doctora Raquel—. Se notaba, cooperaba con todo sin poner la mínima resistencia. Otros pacientes, pese a la ayuda y la asistencia que les brindamos, se dejan ir. Desde que los intubas, se oponen a todo: no responden al respirador, al tratamiento. Los pulmones de Salvador, a pesar de lo mal que estaban, aceptaban la ventilación, iban respondiendo poco a poco.

A las dos semanas de intubación, hubo que tomar decisiones. No se podía dejar la intubación más tiempo, había que decidir si hacer una traqueotomía o extubarlo de manera definitiva. Mejoró de un día a otro y, milagrosamente, su cuadro permitió la extubación, para ahora asistirlo con puntas de respiración de alto flujo.

En realidad, Salvador no tenía mayores precondiciones de salud para que el covid-19 lo hubiese golpeado tanto, sólo una: obesidad grado dos. Cuando entró al hospital pesaba 110 kilos, según su masa corporal tenía veinte kilos de más, un sobrepeso que genera un grado de inflamación crónica, adicional a las consecuencias de la propia enfermedad.

En esas dos semanas de intubación llevaba más de quince kilos perdidos, más lo que aún se acumulara, y se había consumido prácticamente todo su tejido muscular, sus piernas y brazos eran un hilacho sin fuerza. Las pantorrillas, antes robustas y fuertes, eran apenas unas bolsitas ponchadas. Los músculos son importantes para caminar, pero también para respirar y comer. No sabían aún si iba a tener capacidad para deglutir, la prioridad era rehabilitarlo.

Hubo un nuevo declive en la semana tres de hospitalización. Siete días después de ser extubado, otra vez sus marcadores de inflamación comenzaron a subir y la temperatura se elevó. El cultivo arrojó que ahora había hongos, el covid-19 en 20% de lo casos provoca neumonías con *Aspergillus*.

Además, el marcador de la prueba Dimero D que se usa para averiguar si hay trastornos de la coagulación en la sangre, reflejaba no sólo inflamación, sino el riesgo de coágulos venosos. Cualquier persona tiene un valor normal de cuatrocientos. Él había tenido nueve mil.

Con ese marcador tan elevado, practicaron una angiotomografía para ver cómo fluía la sangre a través de los pulmones. Tenía una tromboembolia bilateral, varios coágulos tapando las venas subsegmentarias de ambos pulmones, otra complicación del covid-19. A los médicos les sorprendió que hubiese formado coágulos porque estaba anticoagulado en dosis terapéuticas.

Como no tenía afectado el estado hemodinámico, es decir, como el lado derecho de su corazón no estaba comprometido para generar fallas cardiacas, se salvó de una intervención quirúrgica. El cirujano vascular sugirió un manejo médico conservador: anticoagulantes, rehabilitación, nutrición, hidratación y medicamentos.

En la semana cuatro, su salud seguía demasiado comprometida. Su capacidad pulmonar era muy limitada, no tenía posibilidades de moverse y mantenía un intenso programa de rehabilitación física, pulmonar y nutricional. La consigna principal seguía siendo generar músculos. Apenas podía sostenerse en pie, era casi imposible dar pasos y su cuerpo seguía sin oxigenarse a niveles adecuados por sí sólo.

En la semana cinco, de manera paulatina le fueron alternando las puntas de oxígeno de mayor flujo con un CPAP, un soporte respiratorio temporal, una mascarilla de presión positiva, que le amarraban con enorme fuerza a su cara, dejándole el rostro moreteado, los ojos marcados con un antifaz y pecas tiñendo la piel. Había que evitar que sus pulmones inflamados se colapsaran, había que brindarles apoyo para que, por sí solos, fueran respondiendo.

—No todo el tiempo creí que Salvador fuera a salir. Hay una parte que no depende de nosotros, cada organismo reacciona de manera diferente. Del sistema autoinmune de cada individuo poco sabemos. En los primeros días parecía que tenía más posibilidades de morir que de vivir; cuando nos emocionábamos porque iba avanzando, venía algo nuevo para derrumbarnos —afirma la doctora Raquel, sin saber de las pesadillas de Chava, porque los pacientes no le cuentan esos detalles a los médicos, sin entender los motivos que provocaban continuos ataques de pánico.

Reconoce que hubo tres momentos clínicos de enorme fragilidad en los que él parecía debatirse entre la vida y la muerte. Tres noches que parecía que no iba a amanecer más. Detecta con absoluta precisión los tres episodios: cuando llegó al hospital; cuando se infectó el catéter y se agregaron pseudomonas al grave cuadro pulmonar y, finalmente, cuando recayó por la tromboembolia y el *Aspergillus*.

—Admiré y admiro enormemente sus ganas de salir adelante. Por fortuna, de 100% de gente que se infecta por covid-19, sólo 5% llega a una situación tan grave como la de él. Prácticamente todos los que están en su situación, mueren. Por eso me llena de orgullo y satisfacción verlo tan pleno y con tantas ganas de vivir. Es un aliciente en esta época tan compleja de pandemia.

Realidad alterna

Chava quedó mucho tiempo desubicado. Durante su estadía en el hospital, siempre estuvo en el mismo cuarto de terapia intensiva del área de covid-19, pero él sentía que lo cambiaban de un sitio a otro. La televisión, que las enfermeras dejaban prendida, jugó un rol en la distorsión de los hechos.

—Día y noche la tele estaba encendida. Me sentía a ratos en la Plaza de las Tres Culturas, en Tlatelolco, con Cantinflas; luego me encerraron en un barrio horrendo. Estuve amarrado e inmovilizado en una casa, junto a un rancho con caballos, inclusive llegué a participar en el homenaje a Joan Sebastian. Disasociaba la realidad, me mantenía dormido-despierto.

El chaleco percutor de los pulmones para sacarle las flemas y el CPAP, la máscara que abarcaba nariz y boca expulsando un torrente de oxígeno para expandir sus pulmones, también eran parte de la trama. Eran el castigo para callarlo, la mordaza que le imponían los secuestradores, los golpes necesarios para que se mantuviera quietecito y sin protestar.

Nadie le explicaba con claridad lo obvio: que era un paciente interno en un hospital, recuperándose de covid-19.

—Estaba yo demasiado débil y no entendía nada. Los primeros días después de que me quitaron el tubo fueron un tormento. Cinco noches seguidas me las pasé aterrado, con los ojos abiertos, viendo mi nombre escrito en una placa. Cada dos horas llegaban a vigilarme, o lo que era lo mismo, a sacarme flemas, hacerme estudios, tomas de sangre, placas, electros...

Los trombos en los alveolos pulmonares los desintegraban con anticoagulantes, para luego extraerlos como flemas. Chava se espantaba de lo que excretaba su boca, secreciones cafés, espesas, que seguramente eran, eso creía, las secuelas de los golpes que le propinaban "los secuestradores" y que mujeres muy atentas, poco comunicativas, le ayudaban a expulsar.

Las incomodidades eran muchas: las medias le apretaban, sentía frío intenso, le dolía la garganta, tenía una sed de horror...

—El CPAP era un tormento. Me lo apretaban tan duro que si abría la boca cuando me lo ponían, porque sentía que era la única forma de jadear, de atrapar una bocanada de aire, me quedaba con la boca abierta toda la noche. No toleraba la garganta, se me secaba a muerte provocando una sed espantosa. Además, me sofocaba como si hubiese corrido un maratón.

Cuando varios días después el enfermero Israel le enseñó a Chava a cerrar su boca, a apretar los labios y a respirar por la nariz —los cantantes jamás cierran la boca, así modulan el aire—, dejó de sufrir y sus pulmones comenzaron a sanar.

En esos días, continuamente pensaba que estaba a punto de morir. La debilidad y la incapacidad de respirar eran abrumadoras. No podía sostenerse en pie y, al principio, no podía dar ni cuatro pasos sostenido de una andadera. Nada podía hacer solo, ni siquiera ir al baño, girarse en la cama o comer. No aguantaba el peso de los cubiertos, se le caía la sopa, se le salía la saliva de la boca... Se sentía un inútil.

Los pensamientos negativos lo invadían, también los ataques de pánico y, sin embargo, a pesar de estar sin visitas, nunca estuvo solo. A diario recibía letreros y llamadas de Fernanda: Papá te amo. Eres el mejor. Nuestro corazón late de nuevo porque aquí estás con nosotros —hablaba en plural, expresando cariño también de parte de Lupita, su mamá; de Sylvia y también de Lobito, Arenita y Regis, sus perritos adorados que ella ha ido rescatando y cuyo amor comparte con Chava—. Pronto estaremos juntos. Estamos cerca de tenerte en casa y sé que saldremos de esto más fuertes que nunca. Échale ganas. Todo este tiempo hemos estado conectados de mente y corazón.

Fer vive con su mamá, en un departamento que Chava les compró en la colonia Del Valle, y tres perritos que dice que son nietos de sus padres porque, según ella, no quiere tener hijos. Anexaba a sus cartas imágenes del centro de la ciudad, sitios a donde Chava la llevaba cada domingo durante su infancia, museos y casonas que sirvieron para que ella se enamorara de México.

Esas pequeñas cosas y los cientos de mensajes que recibía a diario le permitían acercarse un poco a la realidad, aunque aún pesaba la existencia desfigurada que él se fabricó. Por ejemplo, cuando la enfermera le daba baño de esponja, tocándolo por todos lados sin el menor pudor, se preguntaba si seguía o no en aquel siniestro *spa*.

Tardó varias semanas en ir entendiendo que no había muerto, que nunca le robaron, no lo secuestraron ni se elevó al cielo, nadie lo indultó, jamás se salió de la famosa bolsa, simplemente había tenido una nueva oportunidad de vida rodeado de amor y buenos deseos de su hija, de su familia, de sus amigos que no dejaban de confiar en su regreso.

En el hospital todos lo llamaban "Don Chavita", hasta los afanadores de limpieza que le pedían que les cantara una canción. "Don Chavita, ¿qué quiere comer hoy, pescado a la talla?" Era muy cortés con todos pero, en realidad, le daba igual, como efecto del covid-19 la comida seguía sin saberle y olerle a nada.

El jueves 30 de julio, tres días antes de dejar el hospital, Chava probó su voz, quería saber si aún era capaz de cantar. Grabó una canción que le dedicó y mandó a la doctora Raquel Mendoza: "Por si no te vuelvo a ver", de María Grever. "He venido a decirte únicamente que, aunque viva muy lejos, jamás te olvidaré..."

Su voz estaba intacta. ¡Era un milagro! Agradecido con todo el personal del Centro Médico ABC: médicos, enfermeras, terapeutas, camilleros, afanadoras, cocineros, técnicos, radiólogos y todos los que intervinieron en su retorno a la vida, bien sabía que jamás se olvidaría de ellos. En especial, de la doctora Raquel, una mujer que sin importar el machismo imperante entre médicos y pacientes, sabe nadar como tiburón en aguas agrestes con compromiso y sensibilidad, entendiendo al paciente como un ser humano integral.

A ella, la pandemia también le ha cambiado la vida. Su obligación, asegura, es estar donde está, en la primera línea, ayudando a los enfermos a recuperarse. Con triple trabajo, porque además del hospital tiene dos bebés en casa, hace ejercicio y medita, se enfrenta con entrega, responsabilidad y estoicismo a lo que le ha tocado vivir. Su mayor deseo es que la gente entienda que hay que evitar contagiarse, porque es terrible lo que a diario ven sus ojos: contagiados, intubados, muertos por asfixia.

—Es soberbio decir que ya sabemos tratar el covid-19. Tenemos más experiencia e información, pero sigue siendo muy difícil. Lo que alivia o derrota a un paciente no somos necesariamente los médicos, sino el propio sistema inmunológico de cada uno, y éste aún es una caja de Pandora. No sabemos ni entendemos cómo funciona.

El 2 de agosto, aún débil, salió del área de covid-19 del hospital en silla de ruedas. Reconocía que seguía un largo camino en el que requeriría del apoyo de enfermeros, medicamentos, terapistas, oxígeno y un CPAP casero. En el camino a la puerta de salida, estremecido con el aplauso de médicos y enfermeras, respirando a través de un compresor de oxígeno, intentaba sentarse bien derechito para que su hija no constatara lo delgado y ojeroso que estaba. En las cinco semanas había bajado más de veinte kilos.

En la calle, del otro lado de la puerta automática de cristal, estaba Fernanda. Lo estaba esperando. El cubrebocas revestía su sonrisa, pero su mirada lo decía todo. Padre e hija se veían a los ojos después de treinta y cinco días de miedo e incertidumbre. Estaban en el mismo sitio, en la puerta de Urgencias, donde dejaron de verse cinco semanas atrás. Las lágrimas se les escurrían. Tita, la amiga ginecóloga, también estaba ahí, empuñaba emocionada un ramo de flores y unos globos de gas. Las puertas del coche estaban abiertas, a medida que se acercaban se escuchaba la música. Era la voz de Chava cantando "Te quiero, te quiero...", un disco en el aparato reproductor de música, la grabación con la que lo habían aceptado para concursar en La Voz Senior.

—Fue una gran emoción, salí del naufragio y volví a tierra firme. Crucé el umbral para regresar a la vida.

En aquel momento, aunque no lo verbalizó, aún pensaba llegar a su departamento para buscar lo que le habían robado. Se tardó muchos días en darse cuenta que Elena no era cómplice de ningún secuestrador, que nadie había entrado a su casa y que, aunque estaba en un entorno nuevo —porque Fernanda lo mudó a un departamento más amplio, de dos cuartos, para tener un enfermero en casa las 24 horas del día—, todo estaba en su sitio: la ropa, la computadora, la maletita que le dio Fer, el pasaporte... Todo, inclusive el sobre con los cinco mil dólares que seguía bajo la tarima, capital que servirá para contratar su próximo concierto en el Lunario.

—Durante semanas no quise saber nada de Elena. Tras muchas llamadas de su parte, tuve que reconocer que no me había hecho daño y, con mucha pena, terminé por confesarle mi sueño.

Cobró también conciencia de que nadie lo había pinchado en ningún sitio, que seguramente se contagió de algún técnico o músico en el estudio de grabación o, quizá, en La Cueva, durante el concierto del Día del Padre. Todavía en un intercambio de mensajes que tuvo conmigo durante su estadía en el hospital, me dijo que se había contagiado porque lo inyectaron "en un sitio insalubre en Insurgentes".

Con la ayuda de Fernanda, su gendarme, triple de estricta que cualquiera, y con la enorme disciplina con la que él se maneja, ha logrado, a lo largo de varios meses, una recuperación sorprendente. Pronto pudo vestirse y bañarse solo, incrementar los pasos en las caminatas, inclusive ir dejando el oxígeno. Mantiene la esperanza de que algún día pueda librarse de éste por completo.

De las secuelas de la enfermedad le quedó una debilidad en la parte izquierda del cuerpo porque, por los manejos naturales de la intubación y la forma en que los enfermeros manipulaban su cuerpo, un nervio a nivel del sacro se pinchó. Por otra parte, su diafragma no tiene la fuerza de antes y los pulmones se quedaron con cicatrices que no serán reversibles.

Sin embargo, sólo tiene gratitud. Las muestras de afecto y los mensajes de amigos han sido inconmensurables y de todo tipo. Por ejemplo: continuamente recibe comida y atenciones de una treintena de meseros, capitanes y cocineros de La Cueva o del restaurante Finesse, donde cantaba; de personas queridas como Simón, un chef oaxaqueño, Milton, Joaquín, Moisés, Juanita o Feli, sin trabajo ni propinas por la pandemia y a quienes Chava, antes de que lo atacara la enfermedad, llegó a regalarles dinero y una despensita.

—A diario recibo flores, detalles y regalos, oraciones de todas las religiones, continuas bendiciones y muestras de amor. Hay quienes me han depositado dinero, sin preguntarme siquiera si lo necesito.

Quizá ello ha sido la respuesta al proceder de Chava, un hombre generoso que siempre se ha preocupado por dar a otros, aunque haya tenido poco, aunque en algunas épocas de su vida el dinero le haya faltado. En 2005, por ejemplo, organizó un concierto para seiscientas personas para recaudar fondos para el tratamiento de cáncer de su sobrino Miguel y, cuando se salvó, Chava le dijo: No tienes ninguna deuda conmigo, tendrás que tenderle tus manos a otros que te pidan ayuda en el camino.

Reconoce que el diálogo con la muerte no fue opción para él. Quizá porque aún tenía pendientes: hacer su disco, tener conciertos, compartir con sus papás, familia, hija y amigos queridos, volver a enamorarse, valorar las pequeñas cosas y, sobre todo, disfrutar que a sus 62 años, la gente siga creyendo en él y en su canto.

—No me tocaba irme. No me toca dejar la vida trunca.

Seguramente su próximo concierto en el Lunario se abarrotará con gente querida que estaremos encantadas de escucharlo. Amigos que celebraremos la vida con él, la dicha de coincidir, apreciando, aún más, el torrente de energía con el que nos acarician su corazón, su canto y su mirada sincera. Querremos gozar su voz emotiva y sensible que entona "Color esperanza" y "Coincidir", canciones emblemáticas que en su poder hoy palpitan, aún más, por saber a cuenta propia lo que es renacer a la vida.

—Hoy quiero ser más fiel a mí mismo. Ser más generoso, valorar más, no criticar tanto. No me importa estar de acuerdo ni imponer mi pensamiento. Simplemente quiero vivir, saludar al colibrí que cada mañana se detiene en mi barandal. Cantar con libertad, con el corazón en la mano, con el amor que hoy llena mi corazón y todo mi ser.

Y sus amigos de siempre lo celebramos.

Ese instante de Silvia Cherem
se terminó de imprimir en el mes de octubre de 2021
en los talleres de Diversidad Gráfica S.A. de C.V.
Privada de Av. 11 #1 Col. El Vergel, Iztapalapa,
C.P. 09880, Ciudad de México.